Speech Therapy ①

사람들 앞에서 당당하게 말하기

멍석만 깔아주면 나도 신나게 말할 수 있다

윤치영 화술박사

도서출판 영혼의 숲

차례

프롤로그 • 7

Chapter1
사람앞에 서면 작아지는 나 • 13

1. 멍석 깔아주면 겁부터 먹는다 • 13
2. 대중 앞에서만 서면 작아지는 나 • 17
3. 대중 앞에서 말하기가 가장 두렵다 • 19
4. 발표불안증에서 해방되어라 • 21
5. 발표불안증의 정체는 무엇일까? • 24
6. 가역성의 법칙 • 25
7. 대중 앞에서 공포증 없애기 • 26
   1) 욕심이 화를 부르는 법 - 적절한 자기노출이 필요하다 • 27
   2) 카메라 샤워를 받아라 • 28
   3) 연단공포증을 느끼는 사람이 더 낫다 • 29
8. 불안증을 극복하는 보다 구체적인 방법 • 30
9. 많은 사람 앞에서 스피치를 위한 지침 16가지 • 38
10. 스피치 대중화시대 • 45
    1) 끊임없는 연습과 경험이 답이다 • 46
    2) 윤 교수가 말하는 '대중 앞에서 말 잘하는 법' • 47
11. 대중 앞에서 스피치에 자신감을 갖는 법 • 49
    1) 많은 사람 앞에서 스피치를 위한 지침 • 50
    2) 듣는 사람을 과대평가할 필요는 없다 • 51

3) 즉흥조로 스피치하라 • 53
   4) 공백pause을 두려워 말고 시간적 여유를 가지라 • 54
   5) 스피커 혼자서 말하려 하지 마라 • 55
12. 많은 사람들 앞에서 말을 한다는 것은 즐거운 일 • 58

Chapter2
긍정으로 한계를 극복하라 • 61

1. 두려움을 극복하라 • 61
2. 나의 한계는 어디까지 인가? • 63
3. 내가 나를 깬다 • 66
4. 자신이 소망하는 것을 붙들고 끝없이 상상하라 • 68
5. 긍정도 훈련과 연습의 결과이다 • 72
6. 강하게 밀어 붙이지 말고 천천히 끌어 당겨라 • 74
7. 감정을 조절하라 • 77
8. 자기 암시는 잠재의식에 자극을 주는 훌륭한 도구다 • 80
9. Image training • 83
10. 당신의 이미지를 진단하라 • 86
11. 시각화(Visualization)와 자기암시 훈련 • 90
12. 자기개방(self-disclosure)의 힘 • 94
13. 부정도 뒤집으면 긍정이 된다 • 98
14. 긍정화 하라 • 101
15. 행동으로 마음을 바꿔라 • 104
16. 당신의 운명을 몰고 가는 주인공이 되어라 • 107
17. 성공의 자화상을 가져라 • 111

Chapte3
말할거리를 준비하면 든든해 진다 • 115

1. 이야기의 레파토리를 준비하라 • 118
2. 개똥도 약에 쓰려면 없다 • 119
3. 무엇을 담을 것인가? • 121
4. 평소에 말할거리를 만들어라 • 121
5. 키워드(Key ward, 압축된 단어)로 당신의 역사(history)를 쓰세요 • 132
6. 의미 + 재미 = 음미 • 137
7. 입심 = 관심 + 뱃심 • 138
8. 자료정리의 요령 • 138
9. 기억법 • 141

Chapter4
성공인에겐 특별한 말하는 법도(法道)가 있다 • 145

1. 말 못하는 사람들의 공통점 • 145
2. 공식석상에서 말이 잘 되지 않는 이유와 대책 • 147
3. 나만의 스피치 스타일로 말하라 • 149
4. 훌륭한 화술가가 되기 위해서는 자기분야에서 최고가 되어라 • 152
5. 노래하듯 말하라 • 153
6. 포즈의 힘 • 154
7. key message를 분명히 하라 • 155
8. 자기 스타일로 말하라 • 156
9. 스피치는 씨름판과 같다 • 157
10. 주류가 되려거든 이렇게 말하라 • 160
11. 파워풀한 스피치를 구사할 수 있는 정리된 스피치 체크리스트 • 161
12. 윤치영 박사의 말하는 공식 • 166

Chapter 5
유창하게 말하기 • 169

1. 말의 내용도 중요하지만 시각적인 요소에도 신경을 쓰자 • 171
2. 스피치의 기본 요령은 무엇일까? • 176
3. 대중을 상대로 하는 스피치 요령 • 180
4. 청중의 관심을 끄는 법 • 184
5. 호소력있는 스피치 전개 방법 • 191
6. 시선을 주면 시선을 끈다 • 194
7. 제스처 • 195
8. 발표 형식 • 199
9. 스피치의 효과적인 수사법 • 202
10. 프로패셔널한 발표(프레젠테이션) 기법 • 206
    1) 목적을 정하여 이야기한다 • 208
    2) 한여름 밤 째즈 훼스티발같은 열정을 담아라 • 210
    3) 세상을 꿰뚫는 식견을 가져라 • 210
    4) 혼이 담긴 스피치를 하라 • 212
    5) 거역하는 마음에 불을 질러라 • 214
    6) 현재 시제로 이야기하도록 노력할 것 • 215
    7) 수채화를 그리듯 감각적으로 묘사하라 • 217
    8) 시적(詩的)으로 표현하고 문학적으로 말하라 • 218
11. 공식적인 스피치 요령 • 222
12. 리더의 성공적인 스피치 스타일 • 224
13. 즉석 스피치와 테이블 스피치 • 226
14. 사람 앞에 말을 잘하고 싶어요 • 229
15. 클라이언트Client를 내편으로 만드는 발표(프레젠테이션Presentation) • 234
16. 생활스피치 면접&인터뷰Interview 요령 • 238

Chapter6
프로다운 자세와 태도를 가져라 • 243

1. 태도가 모든 것을 말해준다 • 245
2. 이미지 메이킹 • 247
3. 삶 자체가 감동적인 사람이 귀인(貴人) • 249
4. 당신의 호감도를 높여라 • 251
5. 이미지를 점핑시켜라 • 259
6. 말로 가꾸는 이미지 • 263
7. 심리행동학(보디랭귀지로 상대방의 심리 파악하기) • 266
8. FunFun하게 말하기 • 270
   1) 유머 원리 • 271
   2) 유머감각을 키우려면 평소의 관심과 뱃심이 필요하다 • 273
   3) 언어를 시각화하라 • 274
   4) 격차이론 • 274
   5) TPO(Time, Place, Occasion)법칙 • 276
   6) 언어의 순서를 역전시켜라 • 276
   7) 유머를 생활화 하라 • 277
   8) 유머 백전백패 • 278
   9) 유머 포인트 12공식 • 279
9. 유머리스트는 유머 리스트가 많아야 한다 • 280
10. 성공한 리더들의 화술 • 285

에필로그_ 윤치영은 말한다 • 289

| 프롤로그

세상에서 가장 무서운 일

　서울 미아리에 있는 성바오로딸 수도회에 강의를 초청받은 적이 있었다. 수도회에 들어서는 순간 정갈하게 정리된 분위기가 엄숙 경건하였다. 담당자의 친절한 안내를 받으며 수녀님들이 순진(?)하다는 정보를 받았지만 대기실에서 강의실에 들어서는 순간 적막이 흐르면서 공포(?)스러움이 느꼈다.

　필자는 지금 기분을 전달하고 싶어, "수녀 여러분! 세상에서 가장 무서운 것이 무엇일까요?"라고 물었다. 그러자 까르르... 웃음소리가 여기저기에서 들려왔다.

　"수녀 여러분! 세상에서 가장 무서운 것이 무엇일까요?"라 다시 물으니...

　"어둠, 높은 곳, 사람, 빗자루 몽당귀신, 천둥번개, 불빛, 무덤, 죽음, 깊은 우물 속...." 등 소녀처럼 수줍은 듯 자신의 의견을 내놓았다.

　"그렇군요. 아무 것도 보이지 않는 어둠, 오솔길을 혼자 걷는데 앞에서 사람이 오면 무섭지요. 옛날 옛날 전기가 없던 시절 어두운 밤에 담장밖에 있는 뒷간(화장실)에 살았다는 빗자루 몽당귀신, 동네에서 조심성 없는 애들이 빠졌다는 깊은 우물 속... 다 무서운 것들이지요."

　그 외에도 죽음, 실패, 가보지 않은 길 등 많은 것들이 있습니다.

　분석해 보면 보이지 않기 때문에 오는 두려움, 보지 않았기 때문에 오는 두려움, 무지해서 오는 두려움, 미래에 대한 불확실감에서 오는 두려움, 사랑, 건강, 행복 등 잃으면 어쩌나 하는 상실감에서 오는 두려움 등 많고 많지만, 의외로 많은 사람들 앞에 말을 해야 하는 상황도 두려움 중에 하나이지요. 특히 말할 거리가 없는데 말을 하라면 시쳇말로 '미치고 환장할 일입니다."

"말할 거리가 없다고요? 도대체 무엇을 말하냐구요?"

"앞이 깜깜해요. 앞이 안보여요?"

"앞에서 괴물이 나를 잡아먹을 듯 다가오는 듯해요."

"경험이 없다고요."

"남사스러워요. 남들이 어떻게 생각할지 두렵다구요."

"좀 더 잘하고 싶은데 그게 쉽질 않네요.'

"'피할 수 없다면 즐겨라'는 말이 있듯이 즐길 순 없을까?"

그렇다면

'말할 거리를 준비하면 되지 않을까?'

'눈을 감지 말고 두 눈 크게 뜨고 앞을 직시하면 되지 않을까?'

'예방주사 맞듯 경험이 없다면 경험을 해서 면역력을 키우면 되지 않을까?'

'다른 사람들의 시선이나 평가에 연연하지 말고 내질러 버리면 되지 않을까?'

'프로도 아마추어 시절이 있었던 것처럼 반복하고 반복하면 되지 않을까?'

'즐길 줄 아는 능력을 키우면 되지 않을까?' 등 고민해 보지만 쉽지 않은 것이 사람들 앞에서 말하는 것이다. 심지어는 회식장소에서 '건배제안'을 하라고 할까봐 구석에 앉아 마음을 졸이며 음식을 먹고 있는 모습이 불쌍하기만 하다.

증상으로는 목소리가 떨리고 침이 마르고 심장이 터질 것 같다고 하소연 한다. 울렁증, 공포증...

이런 증상이 없는 사람들도 고민이 많다. 더 잘하고 싶고 인정받고 싶은 것이다.

사람들은 경제적으로 안정이 되면 인정받고자 하는 사회적 욕구가 강해진다.

사람들 앞에서 '자알~' 말하고 싶은데 결코 쉽지 않는다.

우왕좌왕하지 않고, 버벅대지 않고, 막힘없이 목표하는 방향으로 멋지게 나아가고 싶은 게다.

하고 싶은 '말'을 마음대로 할 수 있다면 얼마나 좋을까?

살고 싶은 대로 살아 갈 수 있고 마음먹은 대로 잘 말할 수 있다면 얼마나 좋을까?

그런데 알고 보면 자기 마음먹은 대로, 자기 멋에 겨워서 자기 말하는 대로 자기답게 살아가고 있다. 그러면서 사람들과 함께 웃고. 울고, 공감하고, 소통하며 그렇게 어우러져 살아가게 된다.

- 진정한 성공자는 시간으로부터, 경제적인 제약으로부터 사람들 앞에서 자유로워지는 것이다.
  사람들 앞에서 자유로워 지려면 '도그마'에서 해방되는 것이다. '도그마'란 다른 사람들의 생각과 평가이다. 도그마로부터 해방되어 진정한 자유를 누리시기 바란다.
- 스피치(발표)와 말(소통의 도구)은 비즈니스와 삶의 도구이전에 그 사람의 인품의 바로미터이다.

- 스피치(발표)와 말(소통의 도구)이 풀리면 관계가 풀리고, 관계가 풀리면 비즈니스가 풀리고,
  비즈니스가 풀리면 인생이 풀린다.   - 윤치영 화술박사

일상의 도구가 말(스피치)이다. 그 사람의 말격이 인격이다. 그 사람의 말의 습관이 삶의 방식이다. 따라서 말이 그 사람의 삶의 질을 좌우한다. 사람의 말의 수준이 그 사람의 실력으로 평가되고 있다. 이처럼 말의 효능과 중요성을 알기에 많은 이들이 말을 잘하고 싶어 한다. 스피치(말이 풀리면 대인관계가 풀리고, 대인관계가 풀리면 비즈니스가 풀리고 비즈니스가 풀리면 인생이 풀린다. 스피치를 풀어라. 그러면 만사형통 운수대통 한다.

그런데 막상 멍석을 펴 놓으면 무너지는 사람이 부지기수다. 그렇다고 말솜씨를 높이는 것이 난공불락은 아니다. 쪼개 보면 별것도 아닌 것이 괴물처럼 앞을 가로 막는다.

'누구에게', '무엇을', '어떻게' 말할 것인가를 전제로 '관심을 끌게 말하는 법, 흥미 있게 말하는 법, 뜻있게 말하는 법, 유익하게 말하는 법, 논리적으로 말하는 법, 효과를 얻을 수 있게 말하는 법과 윤리적인 감각으로 말하는 법을 제시함과 동시에 언어적 커뮤니케이션 차원에서의 스피치 내용, 전달기술, 그리고 비언어적 커뮤니케이션 차원에서의 자세와 태도 그리고 표정 등으로 구분하여 생활현장에서의 고충을 타파하고 설득력과 공감적이고 감동의 전율을 선사할 수 있는 파워풀한 스피치를 구사할 수 있도록 대안제시와 훈련 방법 등을 소개해 놓았다.

1998년 8월 15일, '인생을 바꾸는 7가지 성공에너지'란 책을 '을유문화사'를 통해 출간한 이후 '당신도 화술의 달인이 될 수 있다'이란 책을 '책

이있는마을'에서 출간하여 3년간 월급처럼 매달 인세를 받기도 했었다. 얼마 전에는 한국리더십센터 한근태 소장, 한양대학교 유영만 교수, 비젼택시 정태성 총장, 이랑주 VMD연구소 소장, 윤치영 화술박사 5인의 공저한 어른수업은 서울문화사를 통해 출간하는 등 총 39권의 책을 출간하였다.

  그 힘으로 청와대부터 제주까지 총3천여회 강연을 하고 있으며, 대전의 한복판 둔산에서 면접, 프레젠테이션, 연설, 강의, 스피치커뮤니케이션 등에 관한 개인코칭과 그룹강의(수요CEO강좌, 토요CEO강좌)를 하고 있다. 최근에는 'YCY강사자격과정'을 신설하여 강사를 배출하는 일에 열심히 하고 있다.

  이제 윤치영 박사는 '카네기'처럼 대여섯 권으로 묶어서 전집류를 내고 싶은 것이 소망이다. 하여 몇 해 전부터 준비해 온던 끝에 '멍석을 펴 놓아도 잘 놀 수 있다'는 부제의 '사람들 앞에서 잘 말하기'란 책을 내놓게 되었다. 이 책의 반응을 보아 가며 다음 작품(성공인의 행복한 소통법-공감)을 출간할 예정이다.

  30여 년 동안 화술과 자기개발서에 관한 책을 쓰고 강연하고 개인코칭한 경영마케팅 박사 논문을 화술과 접목해 학위를 받은 화술박사가 스피치로 발표를 잘하고, 소통의 도구인 말 잘하는 법을 단호하게 구체적으로 서술하였다. 아마도 이 책을 읽으면 말솜씨, 화력, 말습관뿐 아니라 삶의 살아가는데도 많은 도움이 될 것이다.

2020년 3월 15일

출세코치 윤치영 화술박사

Chapter1
사람 앞에 서면 작아지는 나

• **두려워 말라_ 두려워하지 마라.** 해보면 다 할 만하다. **자신을 평가절하하지 마라.** 돼지가 열 받으면 어떻게 될까? 바비큐 된다. 당신은 존귀한 만물의 영장 사람이다. 천상천하 귀한 존재이다. **포기하지 마라.** 실패는 실력이 부족해서가 아니라 포기했기 때문이다. 처질이 어느 졸업식장에서 반복적으로 세 번 외친 말은 Never give up이다. 포기는 김장할 때나 필요한 말이다.   - 윤치영 화술박사

1. 멍석 깔아주면 겁부터 먹는다

"앉아서는 말을 잘하는데 사람들 앞에만 서면 말을 잘 못해서 고민입

니다."

　기업체 임직원을 대상으로 커뮤니케이션 교육을 할 때 가장 많이 듣는 말이다. 동료나 친구들과 생각나는 대로 이야기를 나누는 데는 아무 문제가 없는데 막상 멍석을 깔아주고 이야기하라고 하면 반벙어리가 된다고 고민하는 이들이 많다. 제대로 말하는 방법을 모르는 사람들이 많다는 뜻이다.

　사람들은 유난히 남을 비난하기를 좋아한다. 이런 현상도 말하는 방법을 제대로 배우지 못한 데서 비롯된 문제이다. 말의 위력을 경시하는 문화는 하나의 현상만 보고 함부로 말하고도 두려워하지 않는 태도를 갖게 했다. 그러다 보니 공식적인 말하기에는 자신이 없어지는 것이다. 앉아서는 청산유수인데 멍석 깔아주면 말을 못하는 사람들은 몇 가지 유형으로 나눌 수 있다.

첫째, 공식적인 자리에서는 체면이 깎이지 않도록 말해야 한다는 강박관념을 가진 사람들이다.

　이런 사람들은 대개 매우 권위적인 성격을 가지고 있다. 그리고 평소 비공식적인 자리에서는 생각나는 대로 함부로 말하는 습관도 가지고 있다. 그런 습관이 공식적인 자리에서도 드러날까 봐 지나치게 신중을 기하게 된다. 말 한마디를 하기 위해 너무나 많은 것을 걱정하고 고려해야 하기 때문에 말하는 데 자신이 없어지는 것이다. 게다가 그동안 공식적으로 말할 기회가 그다지 많지 않아 그럴 때 어떻게 해야 할지 제대로 파악하지 못해 말하기가 더욱 두려운 것이다. 이러한 유형의 사람들은 사담을 나눌 때도 공식적인 자리처럼 조심성 있게 말하는 습관을 갖도록 노력하는 것이 좋다. 우리 속담에 "집에서 새는 바가지 밖에서도 샌다"는 말이 있듯 사석에서 비속어를 자주 사용하거나 남을 험담하면 공식적인 자리에서도 그런 말이 튀어나오기 십상이다. 평소의 말 습관은 이처럼 예기치 않은 곳에서 문제를 일으킬 수 있다. 때문에 평소의 말 습관을 다듬지 않으면 공식적인 말하기가 두려울 수밖에 없다.

두 번째 유형은 담력이 부족한 사람들이다.

우리나라 사람들은 유사 이래 중국이나 일본 등 주변국의 침략에 시달리며 살아왔다. 그러다 보니 능동적으로 일하기보다 수동적으로 방어하는 데 익숙한 편이다. 다른 나라 사람들에 비해 새로운 일에 도전하는 실험 정신도 부족하다. 때문에 공식적인 자리에서 자신 있게 자신의 의견을 피력할 수 있는 담력이 부족한 사람들이 많다.

공식적인 말하기에 필요한 담력은 후천적으로 길러야 한다. 훈련 방법으로는 기회가 주어지면 되나 안 되나 사람들 앞에 자주 서 보는 것이다. 아니면 축구 경기장이나 지하철 안, 아니면 동물원처럼 사람들이 많이 모인 곳에서 눈 딱 감고 자신의 생각을 큰 소리로 외치는 것이다. 처음에는 아주 큰 용기가 필요할 것이다. 그러나 일단 훈련을 마치고 나면 공식적인 자리에서 말할 수 있는 담력이 길러질 것이다.

세 번째 유형은 매사에 완벽을 기하는 사람들이다.

이런 유형은 다른 사람들과 일을 나누지 않고 독점하려는 의식이 강해 혼자서 하는 일은 완벽하게 잘한다. 하지만 막상 멍석을 깔아주면 지나치게 완벽을 추구하다가 낭패를 보는 경우가 허다하다.

"아니, 평소에는 딱 부러지는 사람이 왜 그렇게 심하게 떨지? 가여워서 봐 줄 수가 없네."

쥐구멍이라도 있으면 들어가고 싶은 심정이었다. 그런 일이 있은 후 사람들 앞에서 말하기를 기피하기 십상이다.

이런 사람들은 다른 사람과 일을 나누어 과중함을 덜어야 한다. 그래야만 공식적인 발표 능력을 향상시킬 수 있다. 또한 여러 차례 실수를 경험함으로써 실수에 대한 두려움을 없애는 것도 중요하다. 완벽주의자는 체면이 손상되는 것을 매우 싫어한다. 때문에 한 번의 실수로 말하기에 대한 자신감을 영원히 잃어버릴 수도 있다. 그러므로 프레젠테이션을 해야 하는 상황이 되면 일을 독점하지 말고 동료들과 나누어서 하도록 하고 공과도 나누겠다는 마음가짐을 가져야 한다.

마지막 유형으로 자신의 실력을 실제보다 부풀려 광고하는 사람들이 있다.

이들은 어디선가 주워들은 이야기를 마치 자신만 알고 있는 비밀스러운 정보인 양 과장해서 말하거나 정확하지 않은 정보를 그럴싸하게 각색해 재미있게 말하는 것이 특징이다. 예전에 함께 일했던 한 사람은 나에게 들은 이야기를 나보다 더 그럴듯하게 포장해서 다른 사람들에게 들려주어서 입을 다물지 못하게 했다. 이런 유형의 사람들은 앉은 자리에서는 달변가인데 공식석상에서는 '왜 저럴까' 싶을 정도로 말하는 것을 두려워한다. 자신이 말하는 정보가 정확하지 않다는 것을 알기 때문에 두려움을 느끼는 것이다. 이런 유형은 평소 확실하지 않은 정보에 대해서는 반드시 확인한 후 말하는 습관을 가져야 약점을 보완할 수 있다.

2. 대중 앞에서만 서면 작아지는 나

다른 사람과 평상시에 대화할 때는 전혀 문제가 없는데 유머 감각도 풍부해서 남들에게도 재미있다는 소리를 많이 듣는단다. 성격도 넘 밝고 외향적이지만 무대에서 발표할 일이 생기면 너무 떨리고 두려워서 전날 잠도 자지 못한다고 한다. 마치 심장이 멎어 버리는 듯 하다고 하소연하는 사람들이 의외로 많다.

사람들에게 사람 앞에서 식사(행사장에서의 인사말)나 주제 발표 혹은 제안 설명을 하라고 하면 다음과 같은 고민이나 반응을 보인다.

첫째, 앞이 안 보인다.

둘째, 그 말이 그 말이라 반응이 설렁하다.

셋째, 속도가 빨라진다.

필자는 그에 따른 대책을 제시하여 본다.

첫째, '앞이 안 보인다' 하소연하는 사람들은 사람 앞에 섰을 때 아예 눈을 감아 버리거나 다른 곳을 바라보며 말을 하는 경우가 많은데 이는 더욱 공포심을 유발하고 만다. 사람 앞에 서는 것이 두렵거나 긴장 초조 불안감에 시달리는 사람들일수록 시선을 놓쳐서는 안 된다. 적당히 상대방을 시선을 잡을 수 있는 아이콘텍을 구사해야 한다.

둘째, '그 말이 그 말이라 반응이 없다.'고 고민을 털어 놓은 분들은 이렇게 하면 된다. '반응을 보이도록 말하라!'이다. 이렇게 말하면 '그런 말은 누구는 못하느냐?'며 반문할지 모른다. 그러나 지금 필자가 제안한 방법이야 말로 최고의 처방이다. 반응을 보이기 위해서는 흔해빠진 내용을 가지고서는 역부족하다. 반응은 자극을 주었을 때 나타나는 법이다. 자극도 주지 않고 반응을 기다리는 것은 무모한 일이다. 화자의 특별한 경험담이나 색다른 색깔 특별한 스피치 스타일…등으로 반응을 유도해야 하는 것이다. 이는 독창적이고 구체적이며 재미있는 내용을 가지고 말하는 방법이다.

셋째, 사람 앞에 발표해 본 경험이 많지 않은 사람일수록 말하는 속도가 빨라진다. 그 이유는 긴장하고 초조한 마음에 불안감을 느끼기 때문에 빨리하고 들어가겠다는 심리의 작용 때문이다. 사람들은 보다 안전하고 편한 상태로 돌아가고자 하는 심리가 있다. 일테면 서있는 사람은 앉고 싶고 앉으면 눕고 싶은 것이다. 그래서 불안하게 말하고 있는 자신의 처지를 빨리 끝내기 위해 빨라지는 경향이 있다. 그러나 말하는 속도가 빠르면 상대방이나 청중과의 공감할 수 있는 시간이 없다. 무슨 말을 하고 있는데 귀에 잘 들어오지 않는다. 차를 타고 가는데 운전자가 너무 빨리 몰면 불안하기도 하고 빠른 스피드에 차창에 스치는 풍경을 감상할 수 없는 것처럼 말이 빠르면 공감대를 갖지 못한다. 스피치는 단어의 나열이 아니라 느낌의 전달이여야 한다. 느낌의 전달, 교감을 위해서는 적당한 말의 속도가 중요하다. 그러기 위해 포즈pause을 적용해야 한다. 호흡 장단에 맞춰 가락을 타며 말하는 법, 입술을 모으고 휴지를 갖는 법, 레카토'Legato'/스타카토'Staccato'의 적용으로 빠르고 느름을 조화 있게 배열하는 방법 등으로 스피드에서 스릴감을 살려야 한다.

3. 대중 앞에서 말하기가 가장 두렵다

화술이 뛰어난 사람 주위에는 항상 사람들이 많다. 인기가 있다는 뜻이다. 누군가를 설득하거나 누군가를 감동시키기 위해서, 영업을 하기 위해서 우리는 '말'이라는 수단을 사용한다.

모든 대인관계도 말에 의해 이루어진다. 말은 사람의 모든 것을 나타내는 바로미터다. 말은 인격이 되고, 재능이 되고, 때로는 개인의 가장 중요한 재산이 되기도 한다. 비즈니스 세계에서건 연예계에서건 성공한 사람들은 말하는 법이 다르고 설득하는 법도 다르다.

서점에 가보면 화술에 관한 수많은 서적이 끊임없이 출판되고 많은 사람들에게 선택되는 것을 볼 수 있다. 이것은 바로 성공하는데 있어서 화술이 필수적인 요소이기 때문일 것이다.

미국에서 3000명의 사람들을 대상으로 한 '가장 무서운 것이 무엇인가?'라는 질문에 '사람들 사이에서 이야기하는 것'이라는 대답이 가장 많았다고 〈북 오브 리스트(Book of list)〉는 밝히고 있다. 이처럼 누구에게나 말하는 것은 쉬운 일이 아니다.

의외로 많은 이들이 앉고 있는 고민거리임을 알수 있다. 말을 잘하기 위해서는 기회가 된다면 전문가에게 교육을 받아 보기를 권하고 싶다.

혼자서 자신의 태도를 측정하고 바로잡으려면 대단한 인내심과 끈기가 요구되기 때문이다. 우선 여기에서는 혼자서 인내를 갖고 할 수 있는 방법을 소개한다.

◎ 본인의 발표 불안증은 어느 정도인가? (메크로 스키가 만든 발표 불안증 척도)

(1:전혀 그렇지 않다, 2:거의 그렇지 않다, 3:보통이다, 4:자주 그렇다, 5:거의 항상 그렇다)

1. 나는 일반적으로 그룹토론에 참여하는 동안 편안하게 느낀다.
2. 나는 그룹토론에 참여하고 싶다.
3. 그룹토론에 참여하는 동안 나는 침착하고 느긋하다.
4. 나는 회의에 참여하는 동안 보통 침착하고 느긋하다.
5. 나는 회의에서 견해를 피력해 보라고 요청받을 때 침착하고 느긋하다.
6. 나는 회의에서 질문에 답할 때 매우 느긋하다.
7. 나는 대화하는 동안 나서서 말하는 것을 두려워하지 않는다.
8. 나는 보통 대화하는 동안 아주 침착하고 느긋하다.
9. 나는 새로 알게 된 사람과 대화하는 동안 매우 느긋하다.
10. 나는 스피치 하는 것에 대한 두려움이 없다.
11. 나는 스피치 하는 동안 느긋하다.
12. 나는 스피치 해야 할 경우가 생기면 자신을 가지고 대처해 나간다.

각 항목을 5단계 척도(1점~5점)로 두고 체크했을 경우, 총점 (12*5=60)에 아나운서는 평균 40점이었다. 발제와 발표를 자주 하는 대학생의 경우는 35점이었다. **(다양한 의사소통 상황에서 느끼는 나의 기분은 (전혀 그렇지 않다 1점, 거의 그렇지 않다2점, 보통이다3점, 자주 그렇다 4점, 거의 항상 그렇다 5점)**

- **40점 이상** : 의사소통의 문제가 없는 상태
- **35점~39점** : 의사소통의 약간의 문제는 있으나 걱정할 필요는 없는 상태
- **25점~34점** : 의사소통의 문제가 있으므로 훈련이 필요한 상태
- **24점 이하** : 의사소통에 심각한 문제가 있는 상태로 체계적인 훈련이 시급한 상태

4. 발표불안증에서 해방되어라

　인간은 '사회적 동물(social animal)'로서 상호간의 커뮤니케이션(communication)을 중요시 여기며 사회생활을 영위해 왔다. 커뮤니케이션은 인간의 사회생활 속에서 상호간 의사소통을 성립시키는 기본적인 조건이므로 이것이 원활하게 이루어지 않으면 작게는 개인에서, 크게는 사회 전반에 걸쳐 문제를 야기 시키게 된다. 개인적 문제로는 사회 부적응으로 인한 정서장애의 원인이 될 수 있으며, 사회.국가적으로는 조직운영의 능률이 저하되고, 국제사회 속에 중대한 외교적 장애가 될 수도 있다. 이러한 커뮤니케이션의 수단은 다양하지만, 대개 상호간에 스피치(Speech, 말하기)가 대부분을 차지함은 물론이며, 그것이 인간관계 형성에 있어 중요한 역할을 수행한다.
　따라서 현대인에게는 비즈니스는 물론 성공적인 삶을 위한 커뮤니케이션의 한 수단으로 원활한 스피치 능력이 요구된다. 즉 '정확하고 설득력 있게 의사를 전달할 수 있으면서도 동시에 다른 사람들과 원만한 인간관계를 맺을 수 있는 의사소통 능력은 현대인들이 겸비해야할 자질'

중 하나이다.

또한 현대사회는 정보화, 세계화, 탈산업화, 다원화적 특성의 지식기반 사회이다. 이러한 사회에서는 과거 암기식 지식 습득이 아닌, 기초 지식을 탄탄히 갖추어 지식을 응용하는 것이 중요하다. 다시 말해 탄탄한 기초 지식을 바탕으로 끊임없이 필요한 지식을 생성해내어 자아실현은 물론이고, 전문적 구성으로 대중 앞에 발표할 수 있는 능력을 갖춘 사람이 성공할 수 있다.

그러나 현대사회가 발달하여 인간의 생활이 윤택해진 반면, 그에 따른 부작용으로 인간소외 현상이 사회적 문제로 대두되고 있다. 인간소외 현상은 곧 개개인의 발표불안장애 (Speech anxiety of trouble)를 초래하여, 상호간 소통의 단절은 물론이고, 사회불안장애(Social anxiety of trouble)에까지 이르렀다.

발표불안장애는 사회불안장애의 주요 유형이며 많은 부분을 차지하고 있다. 사회불안은 직업적 수행뿐만 아니라 사회적인 기능에서 심각한 지장을 가져오기 때문에 신경 정신적 상담에서 중요하게 다루어져 왔다. Curan의 연구에서 사회불안의 발생률을 보면, '수행불안 혹은 사회적 상황에서의 불편감을 전체 인구의 20~41%가 경험하며 사회적 상호작용을 회피할 만큼 불편감을 경험하는 것으로 알려져 있다' 더군다나 사회불안의 주요 원인인 발표불안장애를 지니고 있는 사람들은 대부분 대중 앞에서 효과적이고 적절한 스피치를 하지 못하기 때문에 사회활동 수행에 있어 많은 애로(厓路)를 겪는다. 따라서 발표불안장애를 극복하기 위해서는 효과적인 스피치 방법을 터득해야 한다. 그러기 위해서는 내담자가 지니고 있는 불안요소인 트라우마(Trauma)의 정확한 진단 및 파악이 우선시되어야 한다. 아울러 개개인에 가장 효과적이고 적합한 치유법을 제공하고, 점진적인 상담과 치료를 병행해야 한다.

'스피치 치료'는 개인의 트라우마적 심리를 파악하고, 발표 또는 상호간 대화시 긴장된 감정과 정신 그리고 신체적 불안한 움직임을 바로 잡는데 목적을 두고 있다.

특히 '스피치 치료'는 일반인들에게는 익숙하지 않은 일상에서 늘 사용하는 '말하기'를 치료 수단으로 사용하므로 발표불안 치료를 힘들어하는 사람들에게 효과적이다.

스피치 치료 방법은 크게 3단계로 나눌 수 있는데, 첫째는 심리적 불편함을 토설(吐說, 내적 불안요소를 발산)하게끔 유도하는 것이다. 이는 현재 겪고 있는 발표불안장애의 원인(트라우마)을 규명하고, 그에 적합한 치료법을 적용하기 위함이다. 둘째, 다양한 상황을 경험하게 하여 순간 대처능력과 상황통제력을 강화시켜주는 것이다. 길거리.버스.지하철.백화점 등 많은 사람들이 왕래(往來)하는 다양한 장소와 상황에서, 그에 따른 '말하기' 경험을 연습함과 동시에 청중에 대한 자신감을 배가 시키는 방법이다. 셋째, 앞의 두 과정을 거쳐 충분한 치료와 훈련이 되었다면, 실제 현장에서 적용할 수 있어야 한다. 따라서 자신이 발표하게 될 행사의 성격을 인지함은 물론, 상황과 주제에 따른 사전준비를 철저히 해야만 한다. 이를테면 발표의 원만한 진행을 위한 메모나 관련 서류를 준비한다. 또한 프레젠테이션을 위한 PPT(파워포인트) 자료를 준비하여 청중들에게 보다 설득력 있고, 호소력 있는 발표 준비를 하는 것이다.

스피치 치료는 자신의 조직 안에서 사회적 역할 수행 능력을 향상시킬 수 있는 생생한 기회를 제공해 주는데, 그 이유는 정신적으로 안정되고, 자신감 있는 스피치로 자신의 부정적인 요소들을 극복할 수 있기 때문이다. 다시 말해 치료 과정을 통해 대인과의 대화나 청중 앞 발표에 있어 보다 안정되고 설득력 있는 스피치를 구사할 수 있게 되는 것이다.

5. 발표불안증의 정체는 무엇일까?

 스피치를 하는 사람이라면 정도의 차이는 있지만 잘돼야 될 텐데 하며 긴장하는 것은 아주 당연하다. 그런데 긴장이 지나쳐서 불안으로 된다면 이것이 문제다. 대부분의 발표불안증은 대인공포증과 같은 성격적 결함에서 나오는 것보다 스피치를 해야 하는 상황의 중요성을 인식하기 때문이다. 즉, 스피치를 잘해야 된다는 것에서 오는 스트레스와 청중의 반응이 어떻게 나올지 하는 불확실성이 작용하여 생겨난다. 이 발표불안증은 다음과 같은 경우에 느끼게 된다.
 ① 여러 사람을 상대로 한 스피치 경험이 부족할 때
 ② 과거에 망신당한 경험이 있을 때
 ③ 실패하지나 않을까 하는 두려움을 가질 때
 ④ 스피치의 준비(특히 말할 내용)가 불충분할 때
 이러한 발표불안증에 사로잡히면 긴장과 흥분, 초조와 걱정을 하게 되고, 지나치면 말투와 행동도 부자연스러워 진다. 이러한 불안한 심리는 준비할 때부터 점차 느껴지기 시작해서, 실행의 직전이나 시작을 전후해서 그 불안의 정도가 최고도로 고조되며, 스피치를 해나가는 동안 적응하게 되어 끝나갈 때쯤이면 모든 불안 심리로부터 벗어나게 되는 4단계의 과정을 거치게 되는 것이 사람들의 심리다. 스피치를 불안해하는

사람들은 대부분 경험이 부족해서 스피치를 해야 할 상황에서 말하기를 피하거나 미루거나, 더듬지 않는 말로 그 상황을 모면하려고 한다. 이를 고치지 않으면 여러 사람들 앞에서 말하는 것을 영원히 잘할 수가 없다.

6. 가역성의 법칙

누구나 많은 사람 앞에 서게 되면 부담을 느끼게 된다. 어떤 사람은 사회생활에 지장을 줄 정도로 사람 앞에 서는 것을 두려워한다. 무대를 서 본 경험이나 성격유형에 따라 무대공포증을 느끼는 정도가 차이가 난다.

필자도 내성적인 성격으로 남앞에 서는 것이 두려웠다. 그러나 지금은 수백 명이 있는 강당에서도 별로 부담스럽지 않다. 지금 생각해 보면 경험이 저의 스승이었다. 많은 사람 앞에 발표할 수 있는 기회를 많이 만드는 일이 무엇보다 중요하다. 필자는 '경험보다 훌륭한 스승은 없다.'고 말하고 싶다.

또 욕심이 화를 부른다. '이번에 사람들 앞에서 무엇인가를 보여줘야 돼'라는 강박관념이 나를 구속시켜버리기 때문이다. 말하는 사람이 어떻게 하건 남들의 평가는 잘했다는 사람도 있고, 못했다는 사람도 있다. 사람이 모든 것을 잘할 수는 없는 일, 못하면 못하는 대로 자신을 인정해 버리는 것이다, 잘해서 박수 받는 것보다 못하고 나서 못하는 것을 인정해 버리면 사람들은 더 좋아한다. 예를 들어 나가서 노래를 부르라하면 그냥 부르는 것이다. "너 참 노래 잘한다"라고하면 "응, 내가 그림은 못 그리는데 노래는 잘 부르는 편이야" "너 참 노래 되게 못한다"하면 "응,

나는 그림은 좀 그리는 편인데 노래는 완전 음치야" 이렇게 가볍게 받아들이면 된다. 이렇게 상대방이 잘했다 하건, 못했다 하건 그 평가에서 자유스러워지면, 사람 앞엔 내 움직임도 자연스러워 진다.

또 나와 가장 친한 관객 한명의 얼굴을 보며, 그 곳에 둘만 있다고 상상하며 얘기하는 것입니다. 우리는 보통 감정에 따라 행동이 바뀌는 것으로 알고 있지만, 그 반대의 경우도 성립한다. 행동에 따라 감정이 바뀐다는 얘기다. 이것을 심리학에서는 '**가역성의 법칙**(Law of Reversibility)'이라고 한다. 긍정적으로 행동하면 긍정적인 감정이 만들어지고, 부정적으로 행동하면 부정적인 감정이 생긴다는 것이다. 자기의 단점(?)을 오픈시키는 것도 한 방법이다. "제가 지금 많은 분들 앞에 서니까 떨리거든요."라고 고백하는 순간 공포증이 사라지고 홀가분한 마음을 느낄 수 있게 될 수 있다. 마치 범죄자가 도망 다니다 잡히면 오히려 안도감이 드는 것처럼 지금의 심정을 고백함으로 얻는 자유함이다.

7. 대중 앞에서 공포증 없애기

누구나 많은 사람 앞에 서게 되면 부담을 느끼게 된다. 어떤 사람은 사회생활에 지장을 줄 정도로 사람 앞에 서는 것을 두려워한다. 무대를 서 본 경험이나 성격유형에 따라 무대공포증을 느끼는 정도가 차이가 난다. 필자도 내성적인 성격으로 남 앞에 서는 것이 두려웠다. 그러나 지금은 수백 명이 있는 강당에서도 별로 부담스럽지 않다. 지금 생각해 보면 경험이 나의 스승이었다. 많은 사람 앞에서 발표할 수 있는 기회를 많이 만드는 일이 무엇보다 중요하다. 필자는 '경험보다 훌륭한 스승은 없다'고 말하고 싶다.

1) 욕심이 화를 부르는 법! - 적절한 자기노출이 필요하다

또 욕심이 화를 부른다. '이번에 사람들 앞에서 무엇인가를 보여줘야 돼'라는 강박관념이 나를 구속시켜버리기 때문이다. 말하는 사람이 어떻게 하건 남들의 평가는 잘했다는 사람도 있고, 못했다는 사람도 있다. 사람이 모든 것을 잘할 수는 없는 일, 못하면 못하는 대로 자신을 인정해 버리는 것이다, 잘해서 박수 받는 것보다 못하고 나서 못하는 것을 인정해 버리면 사람들은 더 좋아한다. 예를 들어 나가서 노래를 부르라하면 그냥 부르는 것이다. "너 참 노래 잘 한다"라고 하면 "응, 내가 그림은 못 그리는데 노래는 잘 부르는 편이야", "너 참 노래 되게 못한다"하면 "응, 나는 그림은 좀 그리는 편인데 노래는 완전 음치야" 이렇게 가볍게 받아들이면 된다. 이렇게 상대방이 잘했다 하건, 못했다 하건 그 평가에서 자유스러워지면, 사람 앞에선 내 움직임도 자연스러워 진다.

또 나와 가장 친한 관객 한명의 얼굴을 보며, 그 곳에 둘만 있다고 상상하며 얘기하는 것이 큰 도움이 된다. 우리는 보통 감정에 따라 행동이 바뀌는 것으로 알고 있지만, 그 반대의 경우도 성립한다. 행동에 따라 감정이 바뀐다는 얘기다. 이것을 심리학에서는 '가역성의 법칙(Law of Reversibility)'이라고 한다. 긍정적으로 행동하면 긍정적인 감정이 만들어지고, 부정적으로 행동하면 부정적인 감정이 생긴다는 것이다. 자기의 단점(?)을 오픈시키는 것도 한 방법이다. "제가 지금 많은 분들 앞에 서니까 떨리거든요."라고 고백하는 순간 공포증이 사라지고 홀가분한 마음을 느낄 수 있게 될 수 있다. 마치 범죄자가 도망 다니다 잡히면 오히려 안도감이 드는 것처럼 지금의 심정을 고백함으로 얻는 자유함이다.

Self-Disclosure(자아노출) 적절하게 하는 것이 큰 도움이 된다. 자아노출이란 스피치를 실행할 때 적절하게 자기 자신이 갖고 있는 은밀한 정보를 들어내면서 하는 말을 의미한다. 이러한 정보는 개인이 갖는 은밀성과 함께 위험성도 있는 정보를 뜻하고, 따라서 자아노출이 지나치면 오히려 역효과를 초래하기도 한다. 자아노출과 함께 주로 사용되는 것이 self-description(자기진술)이 있다. 자기진술이란 나 자신을 있는 그대로 서술, 정보를 전달하는 내용을 뜻하며, 이미 자기 자신에 대해 알려진 사실들을 진술해 나가는 것을 뜻한다. 따라서 스피치커뮤니케이션에서는 적절한 자기노출을 해가면서 말을 하면 대체적으로 좋은 평가를 얻게 되는 것이다.

2) 카메라 샤워를 받아라

돈이 많은 한 70대 노인이 새장가를 들게 되었다. 그 노인을 너무나 부러워하는 친구가 물었다.

"여보게 친구~ 어떻게 20대 여자와 새장가를 들게 되었나?"

"그거야 간단하지, 내 나이 90세라고 속였지!"

이처럼 자기의 단점(?)을 오픈시키는 것도 한 방법이다. 더욱 좋은 방법은 '카메라 샤워'를 받는 것이다. '카메라 샤워'를 받다보면 카타르시스는 물론 자신을 재발견하게 되고 깨달음에 이르게 되며 대중 앞에 자유함을 누리게 된다. '카메라 샤워'란 경험을 통해 상황통제력을 키우는 것이다. 가상적인 상황을 부여해서 그 상황에 익숙해지는 연습을 하는 것이다. 그래서 스피치에서 지시보다 더 중요한 것은 경험이다. 스피치 아카데미에 나와서 반복적으로 연습하다 보면 대중 앞에 면역력이 생기게 된다.

매일 매일 거울을 보며 자신감 있는 다짐과 긍정적인 '할 수 있다'는 강력한 메시지를 보내보자. 힘들다고 움츠려들지 말고 적극적으로 자신 있게 행동하자. 그러면 긍정적인 강력한 상승의 기운이 성공으로 이끌 것이다.

3) 연단공포증을 느끼는 사람이 더 낫다

여러 사람 앞에서 말하게 될 경우 또는 다른 사람 앞에서 말할 경우 긴장하거나 주눅이 들린다던가 숨이 가쁘고 목소리가 잘 안 오고 목소리의 변화가 없고 거칠게 되며 음성이 높아지는 것. 또는 말문이 막히고 청중들의 눈을 피하거나 내용이 생각 안나는 것 등...이러한 모든 것을 연단공포 감정적 긴장 혹은 신경과민이라고 한다. 식은땀이 나고 입이 마르고 가슴이 뛰고 경련이 일어나거나 아랫배가 빈 것 같은 것을 느끼는 것도 모두가 감정적 긴장인데 이는 생리적 반응으로서 아드레인 홀(Adrenalin h-ormon)이 직접 혈액 속으로 분비되고 더 많은 산소가 필요하게 되므로 숨이 빨라지고 심장이 뛰는 것은 혈액 순환이 가속되기 때문이고 땀이 나는 것은 몸을 식히기 위한 것이며 공복감을 느끼는 것은 위액의 분비가 정지되기 때문이다. 즉 온 몸 전체가 그러한 장면에 적응하기 위하여 활동이 중단 되는 것이다.

말하기에 있어서 가장 큰 장애는 이러한 연단 공포증이다. 학교에서 학생들에게 앞에 나와 말을 시켜보면 학급에서 대여섯 명을 제외하고는 모두가 연단공포증을 느끼고 있다고 한다. 그런데 흥미 있는 사실은 연단공포를 느끼지 않는 학생들은 대개가 가치 없는 이 이야기 저 이야기를 횡설수설 하는 경우를 발견 할 수 있다. 반면에 가치 있고 흥미로운 이야기를 잘한 학생들에게 물어보면 그들은 굉장히 공포증을 느꼈다는 것이다.

　미국「미네쏘타」대학교수「프랭크린 노우머」의 조사에 의하면 277명 중 61%가 또 한 경우는 210명 중 56%가 말할 때 신경적인 흥분이나 공포증을 느낀다고 대답했다. 또 그린리프(Green Knower) 교수의 조사에 의하면 1172명의 자기 반대학생 중에서 61%는 아주 심하게 ,45%는 보통으로 35%는 약간 흥분했으며 오직 16%의 학생들만이 아무런 흥분이나 공포를 느끼지 않았다고 한다. 고등학교 학생들의 조사에서는 74%가 연단 공포증을 느끼고 있으며 29%가 괜찮다고 밝혀졌다. 이러한 감정적 긴장이란 위대한 인물 중에서도 공통된 현상을 나타냈다. '다니엘 웬스터',' 데모스테네스', 인도의 '네루'수상, '윈스턴 처칠' 등도 모두 이러한 장애를 극복하였다고 한다.

8. 불안증을 극복하는 보다 구체적인 방법

　불안증을 극복하기 위해서는 불안 자체가 전혀 문제가 되지 않는 것이 아니라 정도의 문제임을 명심해야 한다. 우리는 자신이 불안해한다는 사실을 불안해하는 경향이 있다. 그러므로 애써 불안증을 부정하거나 없애려고 노력하지 말고, 어떻게 극복할 것인가 그 방법을 제대로 알아 극복하는 것이 중요하다. 우선 발표를 준비하는 과정에서 발표 불안증을 극복하는 법은 다음과 같다.

 1) 성공적인 역할 모델을 활용할 것 _ 자신이 좋아하거나 존경하는 인물을 정하여 그의 가치관, 자신감, 태도, 말투, 제스처 등을 면밀하게 분석한다. 그리고 자신에게 익숙해질 때까지 똑같이 모방한다. 어느 정도 자신이 있게 되면 자신만의 스타일을 연구한다.

 2) 수줍음을 극복할 것 _ 수줍음은 낯선 환경이나 낯선 사람들을 꺼리는 심리이다. 이를 극복하기 위해서는 낯선 사람을 대하거나 환경에 처할 때 편안해지려고 노력해야 한다. 아무도 대신해줄 수 없는 것이므로 스스로 극복하려는 적극적인 노력이 필요하다. 그 동안 남의 눈이나 평가가 두려워서 하지 못했던 일을 찾아보고, 과감하게 시도하여 보는 좋은 방법이 될 수 있다. 청중들은 자신이 생각하는 것보다, 자신이 긴장하고 있다는 점을 간파하지 못하는 경우가 많다. 따라서 자신감을 갖고 여유 있는 자세로 임하는 것이 좋다.

 3) 자기 예언을 할 것 _ 불안증을 유발하는 요인은 자신과의 말하기에서 대개 유발된다. 발표가 잘 될 것이라고 막연하게 '잘 될 것이라'고 예언하는 태도는 일회성으로 끝나기 쉽다. 만약 한번 발표에서 좋은 결과가 나지 못할 경우, 그 다음부터는 더욱더 불안해지는 악순환에 빠질 수 있다. 그러므로 자신이 스스로 불안해하는 점을 면밀하게 파악하고, 이에 대해 정확한 근거를 가지고 점검하는 자세가 필요하다. 특히 발표가 이루어지는 상황을 구체적으로 상상하게 되면, 발표를 성공적으로 해내기 위한 전략을 짜거나, 정신적으로 무장하도록 도움이 된다.

 4) 구체적인 목표를 설정하여 자신을 조정할 것 _ 불안에 떠는 이유

는 준비를 잘 못하였거나 준비를 잘하지 못했다고 여기는데서 비롯된다. 따라서 발표의 구체적인 목표를 세우고, 이를 바탕으로 철저하게 계획을 세워 준비를 해야 한다. 우선 자신이 잘 알거나 알고 싶은 할 수 있는 화제를 골라, 발표의 목적을 정하여 이에 맞추어서 발표를 준비하도록 자신을 조정하고 계획하는 단계가 필요하다.

  5) 완전한 발표문을 준비할 것 _ 발표할 때에는 내용 전체를 상세하게 쓴 것과 대강의 뼈대를 메모한 것을 같이 준비하는 것이 좋다. 대부분 발표 내용을 충분히 암기하여 자연스러울 정도가 되어야 하지만, 이렇게 준비를 하면 발표가 잘 안될 최악의 경우에도 대비할 수 있게 된다. 우선 전체 쓴 것은 앞의 테이블 위에 올려놓고, 가장 잘 보이는 곳에 메모한 것을 놓는다. 주로 메모를 보며 순서에 따라 발표를 하지만, 발표가 잘 안될 경우에는 상세하게 준비한 발표문을 보고 말할 수 있도록 해야 당황하지 않고 침착하게 태도를 유지할 수 있다.

  6) 실제로 발표하는 것처럼 충분히 연습할 것 _ 아무리 준비를 많이 하였다 해도, 실제로 발표를 할 때에는 당황하거나 실수하는 경우가 많다. 이에 대비하여 실제로 발표하는 상황을 연출하여, 어느 지점에서 어떤 제스처를 취할 것인지, 내용에 따라 어떤 표정을 지을 것인지, 어떤 유머로 청중들의 반응을 유도할 것인지 등에 대비하여 충분히 연습을 해야 한다. 자신이 발표할 내용을 녹음하여 반복적으로 들어서 자연스럽게 외우는 것도 하나의 방법이 될 수 있다. 이와 같이 구체적으로 충분히 연습을 하게 되면 마음에 여유가 생겨서, 실제 상황에 쉽게 적응하여 상황에 맞게 약간의 변화를 가미할 수 있는 융통성을 발휘할 수 있게 된다.

7) 무대에 서기 전에 긍정적인 확신을 다짐할 것 _ 발표 앞서서 무대 바로 뒤에 대기할 때가 가장 떨리는 시점이다. 이때 긴장된 나머지 불안한 마음을 키우거나, '잘 못할 것 같다'는 생각에 빠지면 지금까지 준비해온 것이 허사가 되기 쉽다. 때문에 발표 직전에는 "난 잘 할 수 있다"를 반복하거나, '잘 될 것이라'는 생각으로 여유 있게 긍정적인 확신을 다짐하는 것이 가장 중요하다. 불안감을 완화하기 위해서 커피나 우유 등의 음료수 등을 마시게 되면 목소리에 지장을 줄 수 있으므로 피하는 것이 좋다. 다만 입이 마를 경우를 대비하여 물을 준비하거나 마시는 정도는 좋다.

8) 시작하기 전에 2-3초간 휴지시간을 가질 것 _ 발표를 하기 전에는 2-3초간 가만히 숨을 고르고, 청중을 향해 미소를 지으면 좋다. 이때 청중과 눈을 맞추면서 2-3번 깊은 숨을 쉬면, 긴장감이 훨씬 누그러진다. 첫 문장을 말할 때는 약간의 몸동작을 하여, 자연스러운 분위기를 이끄는 것이 좋다. 이때 약간의 제스처나 한 두 걸음을 옮기면서 청중을 천천히 바라보게 되면 마음에 여유가 생기게 된다.

9) 편안하게 대해주는 청중을 몇 명을 찾아, 그들을 보며 말할 것 _ 발표하는 동안 청중과 딱 눈이 마주치는 순간, 긴장감이 증폭되어 발표한 내용을 하얗게 잊거나 다음에 이어질 말을 찾지 못해 당황하며 말을 더듬는 경우가 종종 있다. 이때에는 자신을 중심으로 좌측, 중앙, 우측에 위치한 청중들 중에서 자신에게 편안하게 웃어주거나 반응을 보여주는 청중을 찾아, 그들을 차례차례 보면서 발표를 하면 된다. 어느 한 사람만 보거나 어느 한 방향에 시선을 고정하지 않고 골고루 분산함으로써, 청중 전체에게 말하는 효과가 배가될 수 있다.

발표 불안(연단공포)의 원인과 극복방법

1) 새롭고 낯 설은 언어 장면에 들어갈 때
2) 말해야 할 내용에 대한 충분한 지식이 없을 때
3) 실패하지나 않을까 하는 두려움을 갖거나
4) 준비가 불충분 하거나
5) 열등감 및 성격상의 결함
6) 그 외에도 청중의 심리적 반응을 잘못 해석하기 때문에 일어나는 경우가 많다. 또 어떤 근심 때문에 화자의 주위가 밖으로 향하지 않고 그 자신에게 집중되는 경우 특히 그러한 말을 함으로서 공격이나 테러를 당하지 않을까 하는 두려움이라던가 지능적이나 사회적으로 잘 맞지 않을 때 이런 원인의 이유가 되는 경우도 있으며 자기의 말이 좋지 않게 평가되지나 않을까 해서 긴장하는 경우도 있다.

충분한 준비에 의한 방법

1) 말 첫머리의 3,4개의 문장을 써서 외워 가지고 나가서 말하라
2) 자세한 아우트라인(Outline)을 작성하라
3) 그 아우트라인 을 갖고 나가서 탁상 위에 놓고 하라
4) 아우트라인을 철저하게 암기해서 눈을 감고도 그 제목이 눈에 선하게 하도록 할 것

육체적 통제에 의한 방법

1) 말하기 전에 긴장을 풀고 ,연단에 섰을 때에는 긴장을 완전히 풀 것
2) 회장에 들어가기 전에 몇 분 동안 심호흡을 한 후 입을 열것

3) 되도록 많은 신체적 동작을 사용 할 것

정신적 태도에 의한 방법
- 열등의식을 없애라_ 단점을 극복하고 자기의 단점을 발전시키고 불행한 사람들을 도와주고, 권위 있는 직업을 갖는다.
- 다른 사람도 모두 공포감을 갖고 있으니. 그 공포와 맞설 용기가 있다는 것 등을 생각하라. 그런데 여기서 우리가 알아야 할 것은 이러한 긴장상태가 한편으로는 오히려 꼭 필요 하다는 것이다. 문제는 그런 긴장상태에서 나오는 힘이 건설적으로 사용하느냐 아니면 파괴적으로 사용 되느냐 하는 것뿐이다. 사람은 무엇인가 하지 않으면 안 될 일이 눈앞에 닥칠 때 긴장되는 것은 정상 이다. 흔히 우리들은 훌륭한 일을 하기 위해 성실하고자 한다든가 또는 양심적이 되고자 하면 할수록 그만큼 더 걱정이 될 경우가 있다. 따라서 경험 있는 화자나 운동가들도 이와 같은 감정에서 벗어날 수 없다. 남의 주목을 받게 되거나 또는 동료들의 앞에서 훌륭하게 행동해 보이기 위해 노력해야 할 정황에 있을 때 그 정황을 훌륭하게 타게 하고자 필요한 행동에 대하여 신경을 쓰게 되는 것은 아주 자연스러운 일이라고 할 수 있다. 이렇게 우리가 흥분하고 긴장하는 것은 동물과는 달리 인간이기 때문에 지불하는 벌금이라 할 수 있다. 저 위대한 단거리 선수인 "멜파톤"이 중요한 경주 출발 직전에는 사람들 앞에 얼굴을 보일 수 없을 만큼 신경이 흥분되었다던가, 배우 "알프레드란트"가 극이 시작되기 직전에 비상하게 신경을 긴장하였다던가 ,미국에서 가장 경험이 풍부한 연설가 "노맨 토마스"가 연단에 서기 전에는 테이블을 중심으로 이리저리 걸었다던가, 유명한 가수 마담 "슈만 하이크"가 음악회에서 노래를 부르기 전에 흥분하느냐는 질문

을 받았을 때 "노래하기 전에 신경이 흥분하지 않는다면 그때는 내가 은퇴하지 않으면 안 될 때이다"라고 말한 것 등은 신경에너지는 모든 면에서 우리에게 유익한 것이라는 것을 이야기 하고 있다. 우리들이 어떤 일을 훌륭히 해나가는데 그것은 필요 하다. 그것이 없다면 우리들은 냉담하고 무관심한 화자가 되고 말 것이다. 말하기(Speech)란 우리가 지금껏 경험해 온 것과 곧 연설일 뿐이다. 그러므로 우리가 말하기 전에 신경이 흥분될 때는 다음의 사항을 항상 기억해야 한다.

1) 우수하게 말하는 사람은 흥분한다.
2) 신경에너지는 훌륭히 일해 넘길 때 직접적인 힘이 된다.
3) 그러나 우리가 유의해야 할 것은 먼저 뚜렷한 목적과 말할 내용과 충분한 준비를 해야 한다는 것이다.

이와 같은 정신을 갖추고 또 충분한 준비를 했는데도 연단 공포증이 없어지지 않을 때는 다음과 같은 방법을 취해 보아야 한다. 즉 자기 차례를 기다리면서 앉아있다면 몸의 긴장을 풀고 현재 말하고 있는 사람의 말을 경청 하라. 또는 천천히 규칙적으로 깊은 호흡을 하라. 그리고 말 할 때는 자신의 태도나 말 등에 관하여 너무 신경을 쓰지 말고 청중들이 어떤 생각을 하고 있을까에 대하여 생각 하라. 연단으로 나갈 때는 보통 걸음으로 등단하고 청중을 쭉 훑어보면서 약간의 포즈를 취하고 청중의 주위를 끌어 보라. 말 할 때에도 역시 규칙적으로 호흡을 함으로서 긴장감도 풀 수 있고 목소리에도 좋은 공명이 생기게 된다. 말하는 약간의 포즈(쉼)를 두는 것은 자신의 긴장을 푸는 방법도 되지만 청중의 주의를 이끄는 방법도 되는 것입니다. 너무 청산유수격으로 말하려고 애쓰지 말아야 한다. 한 이야기의 단락이 끝나면 약간 더 긴 쉼을 두는 것은 다음에 할 이야기를 생각해 내는데도 좋은 것이다. 그리고 이야기를 중도에 잊어버리면 앞에 한 이야기를 되풀이해서 생각하면 기억이 살아날 것이다.

자기 노출 시켜라

오바마의 스피치를 보면 자신의 힘들었던 과거를 이야기한다. 단, 너무 헤프게 이야기 하면 안 된다.

발상을 전환해야 하라

모임에서 앞에 나가 여러 사람에게 말할 기회가 있으면 정면으로 부딪쳐야한다. 떨려도 해야 하고 부끄러워도 해야 된다. 시도를 자꾸 하면 나중에는 아무런 불안을 느끼지 않기 때문이다. 이 증세를 극복하려면 먼저 자신을 불안하게 만드는 것이 무엇인지를 생각해보고 발상을 전환하도록 해야 한다.

① 스피치가 어렵고 힘든 과정이라는 부정적인 것으로 생각하고 있는지?_ 스피치를 찬스라고 생각하라.

② 자신의 발표능력을 과소평가하고 있는지?_ 능력이 있기 때문에 스피치할 기회가 생긴 것이라고 생각하라.

③ 청중을 감동시키는 세련되고 화려한 스피치를 해야겠다고 하는 강박관념에 빠져 있지는 않은지?_ 말하는 내용이 중요하다고 생각하라.

④ 개요서의 준비와 연습이 미흡했는지?_ 준비와 연습을 철저히 하면 된다고 생각하라.

발상을 전환한 뒤에는, 철저한 스피치 준비와 연습을 하고, 사전에 스피치할 장소를 익혀두고 극복체조법과 연단에서의 대처 요령을 익혀두도록 이를 활용하라.

9. 많은 사람 앞에서 스피치를 위한 지침 16가지

대중 스피치란 바닷가에서 밀려오는 파도처럼 변화무쌍한 흡인력으로 청중을 사로잡을 수 있어야 한다. 대중 스피치는 강의가 아니다. 지나치게 논리를 앞세워 강변을 늘어놓거나 이론만 나열하는 형식의 스피치는 청중의 호응을 얻지 못한다. 대중 스피치는

첫째, 내용과 어조(음의 고저, 강약)의 적절한 변화가 있어야 하고

둘째, 무엇보다도 부담 없는 소재의 선택이 중요하다. 따라서 시사적이거나 일상생활에서 쉽게 접할 수 있는 신선한 이야기를 적당히 응용할 수 있는 이야기꾼으로서의 기질을 갖춰야 한다. 이러한 대중 스피치를 잘하기 위한 16가지 지침을 제시하니 주목해보기 바란다.

1) 청중 공포증에서 벗어나라

일대일의 대화는 무난히 해내는 사람도 대중 앞에서 스피치를 한고 생각하면 지레 겁을 먹게 된다. 그러나 무턱대고 당황할 것이 아니라 청중 앞에서도 편안한 마음을 유지하는 법을 배워야 한다. 가령 100명의 청중 앞에서 말을 한다면 일대일의 대화시나 똑같은 말을 100명과 할뿐이라고 생각하자.

대중 스피치란 거창한 것이라는 고정관념을 버리고 나면 이웃집 사람에게 인사하듯이 차분하게 청중 앞에 나설 수가 있게 된다. 다만, 대중 스피치란 사람이 많이 모였으니 마이크를 쓰는 것이고 시간이 한정되어 있으므로 좀 더 조리 있게 말해야 하는 차이점이 있을 뿐이다. 공개 장소에서의 대담이나 토론회도 같은 방식으로 생각하면 그만큼 부담을 덜

느끼게 된다.

2) 연단으로 나설 땐 최대한 침착하고 진지한 자세로
  사회자의 호명이 있고 난 후에는 천천히 의도적으로 차분한 태도로 나가야 한다. 그러나 무기력한 모습을 보여서는 안 된다. 연단 앞에 도달했을 때는 잠시 멈춰 서서 장내를 한 번 둘러보며 청중의 관심을 유도하도록 한다. 그런 다음 엄지발가락 끝에 힘을 주어 꼿꼿하게 선 채로 아랫배에 힘을 주며 박력 있게 자기소개를 하는 것이다.

3) 청중의 보디랭귀지를 너무 자세히 읽으려고 하지 말라
  현재 자신의 모습이 청중에게 어떻게 받아들여지고 있는지에 대해서 지나치게 의식하다 보면 쓸데없이 위축되거나, 생각지도 않던 실수를 범할 수 있다. 그러나 실제로는 청중보다는 연사가 심리적으로 우위에 있는 경우가 더 많다는 걸 유념해야 한다. 청중의 반응에 관심을 기울이되, 그것을 너무 자세히 읽으려고 애쓸 필요는 없다

4) 듣는 사람을 과대평가하지 말라
  상대가 나보다 더 말을 잘하고 수준이 높기 때문에 내 말이 하찮게 들릴 것이라는 선입견은 일찌감치 버리는 게 좋다. 이 세상에 완전무결한 스피치를 구사하는 사람은 한 사람도 없다. 누구나 입장을 바꿔 놓고 보면 당신만큼 긴장하고 소심한 마음이 들 수밖에 없을 것이다. 중요한 것은 최선을 다해 자신의 뜻을 전달하는 데 있는 것이다.

5) 스스로 긴장을 없애라

 기본적으로 모든 사람은 자기와 같은 처지에 있다고 생각하면 대인공포증에서 벗어날 수 있다. 아무리 두려운 대상도 결국 나와 똑같은 인간임을 생각한다면 겁낼 까닭이 없다는 것이다. 상대방이 나와 똑같은 사람이라 생각하면 열 명이든 백 명이든 청중을 두려워할 이유가 없다. 그래도 안 된다면 긴장을 풀기 위해 다음 몇 가지 연습을 할 수 있다.

 (1) 지압법 ; 손을 무릎에 놓고 오른쪽 엄지손톱으로 왼쪽 손바닥을 힘껏 눌러 긴장을 완화시킨다.

 (2) 숨고르기법 ; 몸을 느슨하게 한 뒤 공기를 천천히 내보내는 방법으로 한번 숨을 내쉴 때마다 20~30초간 호흡을 유지한다.

 (3) 요가 훈련법 ; 몸의 근육 전체를 탄탄하게 조인 다음 천천히 이완시키면 점차 긴장이 풀린다. 가장 좋은 방법은 발이나 다리부터 시작하는 것이다. 이런 식으로 얼굴과 목까지 몸 전체를 조이고 풀어주기를 반복한다.

 (4) '도로시 사노프'법 ; 샤노프가 연극 '왕과 나'의 주연 율 브린너의 떨림 방지 테크닉을 변형한 것으로 갈비뼈 아래에 있는 근육들을 위축시키는 방법이다.

 - 갈비뼈를 위로 올린다.

 - 몸을 약간 앞쪽으로 기울인다.

 - 손가락이 위로 향하도록 하고 팔꿈치를 옆구리에 댄다.

 - 팔 밑과 손바닥 밑이 똑같이 힘을 받는 것처럼 느껴지도록 손바닥으로 허리를 민다.

 - 바이털 트라이앵글을 수축시키면서, 앞 이빨 사이로 '스으으으

으……' 하면서 천천히 숨을 내쉰다. 이때 이 삼각지대 부분은 코르셋을 입었을 때처럼 수축감이 느껴지도록 해야 한다.

　- 숨을 다 내쉰 후에는 근육을 천천히 이완시킨다.

　- 천천히 숨을 들이쉰다.

　(5) 염력법(念力法) ; 미간의 긴장을 풀고, 턱의 긴장을 풀고, 두 발의 긴장을 풀고, 그리고 생각나는 대로 '머니'나 '김치'같은 단어를 조용히 발음해 가며 입을 그 상태로 유지한다.

　6) 선택된 주제에 열중하라

　한 사람이 어떤 테마를 가지고 이야기한다고 해서 반드시 스스로 그 테마에 확신을 갖고 있다고는 말할 수 없다. 때로는 그 테마가 본인이 선택한 것이 아닐 수도 있다. 그렇다고 해서 마지못해 하는 식으로 대중 앞에 나선다면 그 스피치는 분명 실패하고 만다.

　상대가 당신의 말을 상쾌하게 받아들일 수 있도록 멋진 스피치를 하려면 당신 스스로 이야기 속에 자신을 투입시켜야만 한다. 일단 선택된 테마에 대해서는 최선의 준비를 하고 스피치에 임하라는 것이다.

　내가 이런 주제로 말할 자격이 있나? 테마를 바꾸면 안 될까? 이렇게 생각하는 것은 절대 금물이다. 이 테마는 말할 가치가 있고 또 반드시 내게 주어진 과제라는 사명감으로 그 테마에 몰입해 보도록 하라.

　7) 남의 흉내를 내지 말라

　어떤 사람이 말을 잘한다고 여겨지면 그 사람의 흉내를 내기 쉬운데 그것은 나쁜 방법이다. 아무리 흉내를 잘 내려고 해도 결국 그 사람만큼은 할 수 없을 뿐더러, 자기가 가진 능력의 최대치도 발휘할 수 없게 된다.

자기의 음성을 사랑하고 자기가 가장 쉽다고 생각되는 방법으로 말하자. 그러면 다른 누구와도 견줄 수 없는 독특한 자기 스타일의 스피치가 될 것이다.

8) 즉흥조로 스피치 하라

미리 써 온 원고를 기계적으로 읽어내려 가기만 해서는 청중을 장악하기 어렵다. 잘못하면 누가 써 준 원고를 대신 읽는 것 같은 느낌을 주기 십상이다. 공적 사항을 전달하는 식의 담화문이나 수사 발표 같은 경우는 공정하고 정확하게 읽기만 하면 되겠지만 대중 스피치에 있어서는 낭독만큼 무의미한 게 없다. 이는 십중팔구 스피치 따로 대중 따로 겉돌게 되기 쉽다. 대중 스피치는 연사가 원고를 충분히 준비한 상태에서 즉흥적인 말투로 이야기해야 한다. 내용도 충실해야겠지만, 중요 테마는 자연스럽고 유창한 달변으로 청중을 감동시키는 제스처가 필요하다.

9) 변명하는 투로 말하지 말라

'저는 원래 말재주가 없어서'라든지 '갑자기 나오느라고 준비를 못해서 좋은 말씀은 드릴 수 없지만…' 이런 사과의 말로 스피치를 시작하면 거의 대부분 청중의 박수갈채를 닫지 못한다. 이럴 때 청중은 당연히 '들어보나 마나겠군' 하면서 실망하거나, 혹은 '그럼, 뭐 하러 나왔지' 하는 의문을 갖게 될 것이다. 설령 준비가 소홀했다 해도 당당하게 열의를 다하는 모습을 보여줄 수 있어야 청중의 반응도 뜨거워지는 법이다.

10) 지나치게 감정을 억누르지 말라

 말하는 사람이 스스로 정직한 감정을 억압할 필요는 없다. 그때그때의 감정을 토로하며 열심히 자기주장을 펼치면 청중은 따라 오기 마련이다.

11) 틀리는 것을 두려워 말고 자신 있게 표현하라

 경험이 부족한 스피커가 원고만 가지고 스피치에 임하는 것을 꺼리는 이유는 말이 잘못 튀어나올 것을 두려워하기 때문이다. 그러나 말은 하다 보면 틀릴 수도 있는 법이다. 표현이 적절치 못했다고 생각하면 이를 고치거나 다시 표현하면 된다. 따라서 "틀리면 어떻게 하나"하고 두려워 말고 자신 있게 표현하면 큰 문제는 없다.

12) 공백을 두려워 말고 시간적 여유를 가지라

 사람은 누구나 말이 막힐 때가 있으며 이때는 도중에 말을 쉴 수밖에 없다. 따라서 공백현상을 두려워 말고 마음의 여유를 가져야 한다.

13) 자연스럽게 생각나는 대로 발표하겠다는 자세를 가져라

 스피치는 준비한 그대로 정확하게 발표해야 한다는 그릇된 믿음을 버려라. 스피치는 준비를 필요로 하지만 준비한 것을 토대로 하여 현장에서 실행하는 것이다. 핵심명제나 주요 아이디어 그리고 세부 내용 등 스피치 내용을 구성하는 본질적인 아이디어들만 빠지거나 바뀌지 않으면 된다.

 이들에 대한 세세한 표현들은 얼마든지 바뀔 수 있으며 바뀌어도 좋고

빠져도 좋다. 준비된 대로 전달되어야 할 핵심명제나 주요 아이디어가 잘 생각나지 않으면 이때 준비한 원고를 참고로 하면 된다. 따라서 준비한대로 정확하게 발표하겠다는 욕심을 버리고 자연스럽게 생각나는 대로 발표하겠다는 자세를 가져야 한다.

스피치를 하다보면 준비한 내용 중 많은 것을 발표하지 못하는 경우도 있고, 표현도 준비해 둔 것과 상당히 달라지는 경우도 있으며, 전혀 예상치 않았던 부분에서 많은 시간을 소모하게 되는 경우도 있다. 이런 것들은 청중의 반응에 적응하고 상황에 따라 자연스럽게 스피치를 실행하다 보면 얼마든지 발생할 수 있는 일이다.

14) 외지 못할 만큼 긴 내용은 원고를 보고 읽어도 좋다
보고 읽는 것은 실력이 들통 나는 일이란 고정관념이 심적 부담을 갖게 한다. 외지 못할 만큼 긴 내용은 준비된 원고를 보고 읽어도 좋다.

15) 스피커 혼자서 말하려 하지 마라
많은 스피커들이 스피치는 일방적으로 이루어지는 것이라 믿는 경향이 있다. 즉 스피커는 자기 말만 충실히 전달하면 되고 청중은 가만히 앉아 듣기만 하면 된다고 생각한다. 이런 생각에 익숙한 스피커들은 청중에게는 별로 신경을 쓰지 않고 자기 스피치에만 집중하게 된다. 마치 아무도 없는 방안에서 혼자 스피치를 하는 것처럼 자기만의 세계 속에서 스피치를 실행한다는 것이다. 그러나 일상적인 대화와 같이 듣는 사람과의 상호작용(inter-active)적인 스피치가 이루어져야 한다. 물론 대화처럼 서로 차례를 바꾸어 가면서 발표하는 것은 아니지만, 마치 청중

에게 차례라도 넘겨줄 것 같이 그들을 끌어들이는 자세로 발표해야 한다. 한 마디 한 마디를 할 때마다 청중의 반응을 구하고 그들의 반응에 적절하게 대응하는 스피치야말로 진정한 스피치라 할 수 있다.

16) 잡소리로 공백을 메우려 마라

 말이 잘 생각나지 않을 때 무의미한 말이나 듣기 거북한 소리로 공백을 메우는 스피커가 많다 .'에', '그리고', '마', '그', '음' 등이 흔히 쓰이는 공백 메우는 소리(Filler)인데 이것들은 가급적 사용하지 않는 것이 좋다.

10. 스피치 대중화시대

 이제 저명인사나 연예인 등 특별한 사람이 아니더라도 대중 앞에서의 스피치가 정말 대중화된 시대가 되었다. 누구나 각자의 위치에서 소리를 낼 수 있는 열린 민주사회이기 때문일 것이다. 더구나 직장에서나 사회에서 지도층에 진입하는 30대 중반에서 40대 중반에 이르면 그 기회가 많이 늘어난다. 회의도 주재해야 하고 각종 모임에 나가 인사말이나 교육을 해야 하니 말이다.

 그런데 문제는 사람 앞에만 서면 할 말을 잃어버린다는 사람들이 의외로 많다는 데 있다. 어떤 이는 "저는 대중 앞에 서면 무엇을 말해야 될지 막막할 때가 많아요"라며 말할 거리가 없다고 하소연한다. 그렇다면 어떻게 하면 대중 앞에서 자신감을 회복할 수 있을까?

1) 끊임없는 연습과 경험이 답이다

　필자는 이렇게 말한다. 우선 하고자 하는 말을 준비하라는 것이다. 이렇게 말하면 '그걸 누가 모르냐'라고 반기를 들지도 모른다. 그래도 필자의 대답은 변함이 없다. 평소에 이야깃거리를 준비하라. 관심분야나 시사상식에 관해 메모하고 스크랩 하라. 그리고 소가 되새김질하듯 되풀이해서 소리 내어 읽으라. 신문 사설이든 칼럼이든 요즘 잘 읽히고 있는 책이든 읽어야한다. 6개월만 훈련하면 어느덧 풍부한 어휘력으로 재치 있고 논리적인 화법으로 말하고 있는 자신을 발견하게 될 것이다. 도대체 이 세상에서 연습하지 않고 되는 것이 있던가? 걷는 것, 숟가락 뜨는 법, 쓰는 법, 운전, 운동 등 모두가 그러하다. 하물며 숨 쉬는 것까지 연습하지 않으면 안 되지 않는가. 연습 없이 잘하겠단 생각은 날로 먹겠다는 생각과 다름없다.

　둘째는 경험을 쌓는 일이다. 사람 앞에서 말하기를 좋아 하지 않는 사람은 사람 앞에서 절대 말을 잘할 수 없는 법이다. 기회를 피하고 미루다 보면 사람 앞에서 더욱 움츠려 들게 된다. 기회를 잡아라. 실수를 두려워하지 말고 부딪쳐라. 한 번, 두 번 경험을 쌓다 보면 차츰 좋아질 것이고 그러다 보면 자신감도 회복하고 나중에서 대중 앞에 말하는 것이 재미있어지는 날이 반드시 오고야 만다. 노래방에서 마이크 잡고 노래 부르는 것이 싫지 않은 것처럼 사람 앞에 서는 것이 즐거워질 날이 올 것이다.

　셋째는 절대 포기하지 않는 것이다. 한 번 실수했다고 포기하면 영원히 사람 앞에 설 수 없다. 필자는 '화술과 대중스피치' 강좌를 진행하면서 우리 주변에 그런 사람들이 너무 많다는 사실에 놀라지 않을 수 없었다. 학창시절에 발표하다 실수했던 기억이 악몽처럼 남아 자신을 학대하며 아예 많은 사람 앞에는 고개도 들지 않는 사람들이 의외로 많다고 한다.

그러나 명배우에게도 어설펐던 아마추어 시절이 있었다는 것을 기억하고 대중 앞에서 말하는 것은 재미있고도 보람된 일이라고 생각해야 한다. 마이크를 멋지게 잡고 인생과 삶을 얘기하고, 전문영역의 정보와 지식을 논한다는 것이 멋진 일이라고 하니 적극적인 마음이 중요한 듯싶다.

2) 윤 교수가 말하는 '대중 앞에서 말 잘하는 법'

회사에 입사할 때는 면접을 거쳐야 하고, 승진을 하기 위해서는 업무 보고를 잘해야 한다. 스피치(발표, 표현)를 잘하느냐 못하느냐가 그 사람의 능력을 평가하는 시대이다. 이른바 사회에서 성공했다고 평가되는 사람들을 보면 정말 자기표현과 발표를 잘한다. 일반적으로 능숙하게 스피치 하는 능력을 갖는다면 다음과 같은 삶의 열매를 얻을 수 있다. 자기의 능력을 바르게 평가받을 수 있다. 남에게 인정받고 존경의 시선을 받는다. 자존심은 만족되고 항상 당당하게 행동한다. 매사에 자신감이 생기고 적극적으로 된다. 성격이 밝아지고 생활 속에 웃음도 많아진다. 이성이나 동성 모두가 호의적이다. 주체성을 갖게 되며, 언제나 개방적이다. 능수능란은 기본이고 쓰는 용어나 트렌드를 읽는 표현도 듣는 사람에게 감명을 줄 정도로 새롭다. 자기표현을 잘하는 사람이 성공하는 시대다. 그런데 의외로 많은 사람들이 앉아서는 말을 잘하는데 사람들 앞에만 서면 말을 잘 못해서 고민하는 사람이 많다. 심지어는 공포증까지 느끼고 있다. 그렇다면 공식석상에서 말을 제대로 못하는 사람들의 문제는 어디에 있을까?

첫째, 공식적인 자리에서는 체면이 깎이지 않도록 말해야 한다는 강박관념이다. 둘째, 담력이 부족한 사람들이다. 셋째, 매사에 완벽을 기하는 사람들이다. 넷째, 자신의 실력을 실제보다 부풀려 말하려는 사람들이다.

스피치는 사람을 대상으로 하고 한정된 시간 내에 전하고자 하는 말을 끝내야 한다는 시간 제약과 함께 목적을 달성해야 한다는 점 때문에 심리적 부담이나 정신적인 구속이 가해진다. 한편으로 마지못해 하면서도 '이왕 하는 것 잘해야 한다'는 이율배반적인 생각이 마음속에 도사리고 있어 갈등과 부담이 고조된다. 그러나 그 가운데서도 얼마나 알찬 내용을 어떻게 효과적으로 전달하느냐 등에서 실패와 성공이 좌우된다. 따라서 말을 잘하기 위해서는 첫째, 심리적 안정감이 있어야 한다. 둘째, 효과적인 전달능력이 있어야 한다. 셋째, 논리적이고 알찬 내용 구성이 있어야 한다. 그러나 중요한 것은 말에는 특별한 공식이 없다는 것이다.

사람들이 비슷한 고민거리중 하나가 어디서부터 말을 해야 하는지 모른다는 것이다. 뭐 공식 같은 것이라도 있었으면 좋겠다는 것이다. '말할 내용이 잘 생각이 나질 않거나 말할 거리가 없다'는 것이다. 말은 기술이 아니라 마음의 표현이다. 말을 공식에 대입시키려면 경직되어서 말문이 막힐 수 있거나 상황에 맞지 않는 스피치를 하는 경우가 있다. 상황에 적합한 유연한 스피치를 위해서라면 오히려 공식을 깨주어야 한다. 그래서 훈련할 때의 주제가 자신의 인생 이야기부터 시작하는 것이 손쉬운 트레이닝 방법이다. 자신의 이야기를 하다보면 내가 잘 살고 있는지, 그렇지 않은지 알 수 있게 된다. 자신에 대해 말하기는 자신이 말한 것에 대해 책임을 진다는 것이다. 그 결과 나의 의견은 다른 사람들이 듣기에 더 명확하고 이해하기가 쉬워진다. 즉 사람들은 나의 말을 내가 경험한 것으로 받아들이게 되고 나의 생각, 감정, 바람을 무시하지 않게 됨으로써 자신감을 갖게 된다.

11. 대중 앞에서 스피치에 자신감을 갖는 법

대중 앞에서 스피치에 자신을 갖는 법으로 다음 7가지를 유의해야 한다.

첫째, 자기에게 말할 만한 무엇이 있다는 것을 확신하는 한편 '나는 못할지도 몰라.', '안되면 어떡하지?' 등 자기 자신에 대한 생각을 하지 말라.

둘째, 주제에 대하여 충분한 연구를 하고 사고 전개의 차례를 완전히 자기 것으로 만들라.

셋째, 자기 연설의 중요성을 너무 과대평가하지 말고 그 모임과 분위기의 엄숙함을 너무 과장해서 생각지 말라.

넷째, 만약 그 모임의 성격이 용서한다면 연설의 시초에 듣는 사람들을 웃겨라

다섯째, 큰소리로 자주 연습하고 단 위에서는 몸의 동작을 담대하게 하라

여섯째, 약간의 불안과 흥분은 자연스러운 것이다. 듣는 사람의 인격

을 존중하는 마음에서 오는 것이기 때문이다.

일곱째, 어려운 고비가 있더라도 중도에 내 던지지 말고 끝까지 끌고 나가라.

1) 많은 사람 앞에서 스피치를 위한 지침

대중 스피치란 바닷가에서 밀려오는 파도처럼 변화무쌍한 흡인력으로 청중을 사로잡을 수 있어야 한다. 대중 스피치는 강의가 아니다. 지나치게 논리를 앞세워 강변을 늘어놓거나 이론만 나열하는 형식의 스피치는 청중의 호응을 얻지 못한다. 대중 스피치는

첫째, 내용과 어조(음의 고저, 강약)의 적절한 변화가 있어야 하고

둘째, 무엇보다도 부담 없는 소재의 선택이 중요하다. 따라서 시사적이거나 일상생활에서 쉽게 접할 수 있는 신선한 이야기를 적당히 응용할 수 있는 이야기꾼으로서의 기질을 갖춰야 한다.

대개 일대일의 대화는 무난히 해내는 사람도 대중 앞에서 스피치를 한고 생각하면 지레 겁을 먹게 된다. 그러나 무턱대고 당황할 것이 아니라 청중 앞에서도 편안한 마음을 유지하는 법을 배워야 한다. 가령 100명의 청중 앞에서 말을 한다면 일대일의 대화시나 똑같은 말을 100명과 할뿐이라고 생각하자. 대중 스피치란 거창한 것이라는 고정관념을 버리고 나면 이웃집 사람에게 인사하듯이 차분하게 청중 앞에 나설 수가 있게 된다. 다만, 대중 스피치란 사람이 많이 모였으니 마이크를 쓰는 것이고 시간이 한정되어 있으므로 좀 더 조리 있게 말해야 하는 차이점이 있을 뿐이다. 공개 장소에서의 대담이나 토론회도 같은 방식으로 생각하면 그만큼 부담을 덜 느끼게 된다.

연단으로 나설 땐 최대한 침착하고 진지한 자세로 사회자의 호명이 있고 난 후에는 천천히 의도적으로 차분한 태도로 나가야 한다. 그러나 무기력한 모습을 보여서는 안 된다. 연단 앞에 도달했을 때는 잠시 멈춰 서서 장내를 한 번 둘러보며 청중의 관심을 유도하도록 한다. 그런 다음 엄지발가락 끝에 힘을 주어 꼿꼿하게 선 채로 아랫배에 힘을 주며 박력 있게 자기소개를 하는 것이다.

청중의 보디랭귀지를 너무 자세히 읽으려고 하지 말아야 한다. 현재 자신의 모습이 청중에게 어떻게 받아들여지고 있는지에 대해서 지나치게 의식하다 보면 쓸데없이 위축되거나, 생각지도 않던 실수를 범할 수 있다. 그러나 실제로는 청중보다는 연사가 심리적으로 우위에 있는 경우가 더 많다는 걸 유념해야 한다. 청중의 반응에 관심을 기울이되, 그것을 너무 자세히 읽으려고 애쓸 필요는 없다.

2) 듣는 사람을 과대평가할 필요는 없다

다음으로 듣는 사람을 과대평가하지 말라는 것이다. 상대가 나보다 더 말을 잘하고 수준이 높기 때문에 내 말이 하찮게 들릴 것이라는 선입견은 일찌감치 버리는 게 좋다. 이 세상에 완전무결한 스피치를 구사하는 사람은 한 사람도 없다. 누구나 입장을 바꿔 놓고 보면 당신만큼 긴장하고 소심한 마음이 들 수밖에 없을 것이다. 중요한 것은 최선을 다해 자신의 뜻을 전달하는 데 있는 것이다.

더욱 중요한 것은 스스로 긴장을 없애야 한다. 기본적으로 모든 사람은 자기와 같은 처지에 있다고 생각하면 대인공포증에서 벗어날 수 있다. '일본을 읽으면 돈이 보인다'란 책을 쓴 작가 이규형씨는 대인공포증을 해소하려면 화장실을 떠올려보라고 했다. 아무리 두려운 대상도 결국 화장실에서는 똑같은 인간임을 생각한다면 겁낼 까닭이 없다는 것이다. 상대방이 나와 똑같은 사람이라 생각하면 열 명이든 백 명이든 청중을 두려워할 이유가 없다.

그리고 다른 사람의 평가나 시선에 억매이지 말고 선택된 주제에 열중해야 한다. 한 사람이 어떤 테마를 가지고 이야기한다고 해서 반드시 스스로 그 테마에 확신을 갖고 있다고는 말할 수 없다. 때로는 그 테마가 본인이 선택한 것이 아닐 수도 있다. 그렇다고 해서 마지못해 하는 식으로 대중 앞에 나선다면 그 스피치는 분명 실패하고 만다. 상대가 당신의 말을 상쾌하게 받아들일 수 있도록 멋진 스피치를 하려면 당신 스스로 이야기 속에 자신을 투입시켜야만 한다. 일단 선택된 테마에 대해서는 최선의 준비를 하고 스피치에 임하라는 것이다.

내가 이런 주제로 말할 자격이 있나? 테마를 바꾸면 안 될까? 등의 생각하는 것은 절대 금물이다. 이 테마는 말할 가치가 있고 또 반드시 내게 주어진 과제라는 사명감으로 그 테마에 몰입해 보도록 하라.

또 남의 흉내를 내지 말라. 어떤 사람이 말을 잘한다고 여겨지면 그 사람의 흉내를 내기 쉬운데 그것은 나쁜 방법이다. 아무리 흉내를 잘 내려고 해도 결국 그 사람만큼은 할 수 없을 뿐더러, 자기가 가진 능력의 최대치도 발휘할 수 없게 된다. 자기의 음성을 사랑하고 자기가 가장 쉽다고 생각되는 방법으로 말하자. 그러면 다른 누구와도 견줄 수 없는 독특한 자기 스타일의 스피치가 될 것이다.

3) 즉흥조로 스피치하라

　미리 써 온 원고를 기계적으로 읽어내려 가기만 해서는 청중을 장악하기 어렵다. 잘못하면 누가 써 준 원고를 대신 읽는 것 같은 느낌을 주기 십상이다. 공적 사항을 전달하는 식의 담화문이나 수사 발표 같은 경우는 공정하고 정확하게 읽기만 하면 되겠지만 대중 스피치에 있어서는 낭독만큼 무의미한 게 없다. 이는 십중팔구 스피치 따로 대중 따로 겉돌게 되기 쉽다. 대중 스피치는 연사가 원고를 충분히 준비한 상태에서 즉흥적인 말투로 이야기해야 한다. 내용도 충실해야겠지만, 중요 테마는 자연스럽고 유창한 달변으로 청중을 감동시키는 제스처가 필요하다.

　변명하는 투로 말하지 말라. '저는 원래 말재주가 없어서'라든지 '갑자기 나오느라고 준비를 못해서 좋은 말씀은 드릴 수 없지만…' 이런 사과의 말로 스피치를 시작하면 거의 대부분 청중의 박수갈채를 받지 못한다. 이럴 때 청중은 당연히 '들어보나 마나겠군' 하면서 실망하거나, 혹은 '그럼, 뭐하러 나왔지' 하는 의문을 갖게 될 것이다. 설령 준비가 소홀했다 해도 당당하게 열의를 다하는 모습을 보여줄 수 있어야 청중의 반응도 뜨거워지는 법이다.

　지나치게 감정을 억누르지 말라. 말하는 사람이 스스로 정직한 감정을 억압할 필요는 없다. 그때그때의 감정을 토로하며 열심히 자기주장을 펼치면 청중은 따라 오기 마련이다.

　틀리는 것을 두려워 말고 자신 있게 표현하라. 경험이 부족한 스피커가 원고만 가지고 스피치에 임하는 것을 꺼리는 이유는 말이 잘못 튀어 나올 것을 두려워하기 때문이다. 그러나 말은 하다 보면 틀릴 수도 있는 법이다. 표현이 적절치 못했다고 생각하면 이를 고치거나 다시 표현하면 된다. 따라서, "틀리면 어떻게 하나"하고 두려워 말고 자신 있게 표현하면 큰 문제는 없다.

4) 공백pause을 두려워 말고 시간적 여유를 가지라

사람은 누구나 말이 막힐 때가 있으며 이때는 도중에 말을 쉴 수밖에 없다. 따라서 공백현상을 두려워 말고 마음의 여유를 가져야 한다. 스피치를 하다가 해야 할 말이 잘 생각나지 않으면 누구나 당황하게 된다. 허겁지겁 원고를 내려 보지만 필요한 부분이 눈에 선뜻 들어오지 않을 수도 있으며 그렇게 되면 더욱 당황하게 된다. 그러나 이것은 스피치 중에 불필요한 공백을 두지 말아야 한다는 강박관념 때문에 일어나는 현상이다.

자연스럽게 생각나는 대로 발표하겠다는 자세를 가져라. 스피치는 준비한 그대로 정확하게 발표해야 한다는 그릇된 믿음을 버려라. 스피치는 준비를 필요로 하지만 준비한 것을 토대로 하여 현장에서 실행하는 것이다. 핵심명제나 주요 아이디어 그리고 세부 내용 등 스피치 내용을 구성하는 본질적인 아이디어들만 빠지거나 바뀌지 않으면 된다. 이들에 대한 세세한 표현들은 얼마든지 바뀔 수 있으며 바뀌어도 좋고 빠져도 좋다. 준비된 대로 전달되어야 할 핵심명제나 주요 아이디어가 잘 생각나지 않으면 이때 준비한 원고를 참고로 하면 된다. 따라서 준비한대로 정확하게 발표하겠다는 욕심을 버리고 자연스럽게 생각나는 대로 발표하겠다는 자세를 가져야 한다.

스피치를 하다보면 준비한 내용 중 많은 것을 발표하지 못하는 경우도 있고, 표현도 준비해 둔 것과 상당히 달라지는 경우도 있으며, 전혀 예상치 않았던 부분에서 많은 시간을 소모하게 되는 경우도 있다. 이런 것들은 청중의 반응에 적응하고 상황에 따라 자연스럽게 스피치를 실행하다 보면 얼마든지 발생할 수 있는 일이다.

경험이 부족한 스피커들은 "연습해 둔 것이 잘 생각나지 않으면 어떡하지?" 또는 "표현이 제때 제때 떠오르지 않으면 큰일인데?"하고 걱정한다. 그래서 스피치를 가능한 한 자세하게 준비한 다음 표현 하나 하나를 암기해 두려고 노력한다.

외지 못할 만큼 긴 내용은 원고를 보고 읽어도 좋다. 보고 읽는 것은 실력이 들통 나는 일이란 고정관념이 심적 부담을 갖게 한다. 외지 못할 만큼 긴 내용은 준비된 원고를 보고 읽어도 좋다.

5) 스피커 혼자서 말하려 하지 마라

많은 스피커들이 스피치는 일방적으로 이루어지는 것이라 믿는 경향이 있다. 즉 스피커는 자기 말만 충실히 전달하면 되고 청중은 가만히 앉아 듣기만 하면 된다고 생각한다. 이런 생각에 익숙한 스피커들은 청중에게는 별로 신경을 쓰지 않고 자기 스피치에만 집중하게 된다. 마치 아무도 없는 방안에서 혼자 스피치를 하는 것처럼 자기만의 세계 속에서 스피치를 실행한다는 것이다. 그러나 일상적인 대화와 같이 듣는 사람과의 상호작용(inter-active)적인 스피치가 이루어져야 한다. 물론 대화처럼 서로 차례를 바꾸어 가면서 발표하는 것은 아니지만, 마치 청중에게 차례라도 넘겨줄 것 같이 그들을 끌어들이는 자세로 발표해야 한다. 한 마디 한 마디를 할 때마다 청중의 반응을 구하고 그들의 반응에 적절하게 대응하는 스피치야말로 진정한 스피치라 할 수 있다.

잡소리로 공백을 메우려 하지 않아야 한다. 말이 잘 생각나지 않을 때 무의미한 말이나 듣기 거북한 소리로 공백을 메우는 스피커가 많다. '에', '그리고', '마', '그', '음' 등이 흔히 쓰이는 공백 메우는 소리(Filler)인데 이것들은 가급적 사용하지 않는 것이 좋다. 어떤 스피커는 공백을 메우기 위해서가 아니라 아예 습관적으로 이런 소리들을 사용하는데, 이것은 연습을 통해서라도 고쳐야 한다.

12. 많은 사람들 앞에서 말을 한다는 것은 즐거운 일

사람 앞에만 서면 할말을 잃어버린다는 사람들이 의외로 많다. 어떤 이는 "저는 대중 앞에 서면 무엇을 말해야 될지 막막할 때가 많아요?"라며 말할 거리가 없다고 하소연하기도 한다. 그렇다면 어떻게 하면 대중 앞에서 자신감을 회복할 수 있을까?

우선 하고자 하는 말을 준비하는 것이다. 이렇게 말하면 '그걸 누가 모르냐'라고 반기를 들지도 모르겠다. 그래도 필자의 대답은 변함이 없다. 평소에 이야깃거리를 준비하라. 관심분야나 시사상식에 관해 메모하고 스크랩 해 나가라. 그리고 더욱 중요한 것은 소가 되새김질하듯 되풀이해서 소리 내어 읽으란 말을 해 드리고 싶다. 신문 사설이든 칼럼이든 요즘 잘 읽히고 있는 책이든 읽어라. 6개월만 훈련하시면 어느덧 풍부한 어휘력으로 재치 있고 논리적인 화법으로 말하고 있는 자신을 발견하게 될 것이다.

도대체 이 세상에서 연습하지 않고 되는 것을 보았는가? 걷는 것, 숟가락 뜨는 법, 쓰는 법, 운전, 운동 등 모두가 그러하다. 하물며 숨 쉬는 것까지 연습하지 않으면 안 된다. 연습 없이 잘하겠단 생각은 도공(盜工)과 같다 할 것이다.

두 번째는 경험을 쌓는 일이다. 사람 앞에서 말하기를 좋아 하지 않는 사람은 사람 앞에서 절대 말을 잘할 수 없는 법이다. 기회를 피하고 미루다 보면 사람 앞에서 더욱 움츠려 들게 됩니다. 기회를 잡아라. 실수를 두려워하지 마시고 부딪쳐 보자. 한 번, 두 번 경험을 쌓다 보면 차츰 좋아질 것이고 그러다 보면 자신감도 회복하고 나중에서 대중 앞에 말하는 것이 재미있어지는 날이 반드시 온다. 노래방에서 마이크 잡고 노래 부르는 것이 싫지 않은 것처럼 사람 앞에 서는 것이 즐거워질 날이 올 것이다.

세 번째는 절대 포기하지 않는 것입니다. 한 번 실수했다고 포기하면 영원히 사람 앞에 설 수 없다. 필자는 '화술과 대중스피치' 강좌를 진행하면서 우리 주변에 그런 사람들이 너무 많다는 사실에 놀라지 않을 수 없었다. 학창시절에 발표하다 실수했던 기억이 악몽처럼 남아 자신을 학대하며 아예 많은 사람 앞에는 고개도 들지 않는 사람들이 있다.

그러나 여러분! 명배우에게도 어설펐던 아마추어 시절이 있었다는 것을 기억하기 바란다. 대중 앞에서 말하는 것은 재미있고도 보람된 일이다. 마이크를 멋지게 잡고 인생과 성공담을 얘기하고, 전문영역의 정보와 지식을 논한다는 것 멋진 일 아닌가?

스피치에 자신을 갖는 법

1) 자기에게 말할 만한 무엇이 있다는 것을 확신하는 한편 자기 자신에 대한 생각을 하지 말라.(나는 못할지도 몰라 . 안되면 어떡하지? 등)

2) 주제에 대하여 충분한 연구를 하고 사고 전개의 차례를 완전히 자기 것으로 만들라.

3) 자기 연설의 중요성을 너무 과대평가하지 말고 그 모임과 분위기의 엄숙함을 너무 과장해서 생각지 말라.

4) 만약 그 모임의 성격이 용서한다면 연설의 시초에 듣는 사람들을 웃겨라

5) 큰소리로 자주 연습하고 단 위에서는 몸의 동작을 담대하게 하라

6) 약간의 불안과 흥분은 자연스러운 것이다. 듣는 사람의 인격을 존중하는 마음에서 오는 것이기 때문이다.

7) 어려운 고비가 있더라도 중도에 내 던지지 말고 끝까지 끌고 나가라.

많은 사람들 앞에서 말한 다는 것이 불안하기도 하고 스트레스 받는 일이다. 사람이라면 당연한 일이 아니겠는가? 아주 정상적인 일인 것이다. 뇌에 손상이 없다는, 치매가 아니라는 확실한 증거이기도 하니 감사

하게 생각하고 즐겨야 한다. 스트레스조차 살아 있다는 증거라면 그 스트레스를 그 불안감과 긴장감을 줄여야 하지 않을까?   - 윤치영 생각

Chapter2
긍정으로 한계를 극복하라

• **파탈(破脫)**_ 가로 세로 3CM 정도의 정사각형을 그려보라. 그리고 그 정사각형에 색칠을 해 보라. 거의 모두 정사각형 안에 색칠을 한다. 제품을 디자인하고 색칠할 때 마카로 밖에서부터 그려 나간다. 내 생각이 나를 사로잡는다. 내가 규정해 놓은 원칙과 틀 그리고 습관, 안 된다는 생각을 깨고 부숴라.

1. 두려움을 극복하라

"무엇이 두려우십니까? 필자가 기업체 간부를 대상으로 강의중 던진 화두였다. 공통적인 대답은 '사람', '어둠', '죽음', '자기 자신', '대중 앞에서의 발표', '마누라'... 등이었다. 그렇다. 사람이 사랑의 대상이면서 두려운 대상일수도 있다. 죽음은 사람이 영원히 극복하지 못한 두려움인지도 모른다. 자기 내면의 싸움에서 자신을 극복하지 못하는 자기 자신이 두려운 대상이 될 수도 있겠다. 또한 준비가 되어 있지 않았는데 대중 앞에서의 발표하는 일이 또한 두려움의 대상일 수 있다. 요즘엔 마누라(아내)도 두려움의 대상이 되어 버렸다. 아무튼 일반적으로 사람들이 두려워하는 대상을 정리해 보면 다음과 같다.

첫째, 보이지 않는 것들의 두려움이다. 미래의 불확실성, 어두운 밤, 미심적음 등이 그것이다. 그 보이지 않는 것의 두려움을 극복하는 방법은 보이게 하면 된다. 어둠에 빛을 밝히면 어둠이 사라지듯 두려움도 사라진다. 불확실한 미래도 마찬가지다. 서치라이트처럼 미래를 비춰주면 된다. 불확실함이 확실함으로 미심적음이 확신으로 바뀌게 되면 두려움도 사라지게 된다. 사람들이 후회하는 것에는 경험해 본 것에 대한 후회와 해보지 않은 것에 대한 후회가 있는데 사람들은 경험하지 않은 것에 대한 두려움을 갖고 있다. 막상 경험해 보면 별것 아닌 것을 경험하지 않음으로서 오는 두려움도 만만치 않다. 그 두려움을 극복하는 방법은 오직 경험해 보는 것이다. 행동하라. 그러면 이해하게 되고 이해하는 것만큼 즐길 수 있게 되며 즐기다 보면 새로운 응용력이 생기게 된다.(I do, I understand, I enjoy, I apply)

사람들은 또 실패하면 어쩌나 하는 실패에 대한 두려움도 이다. 실패해서 두려운 것이 아니라 두려워하기 때문에 실패하는 것이니 Out Put를 두려워 말아야 한다. 좀 더 나아지면 내놓겠다고 한다면 평생 내놓을 수 없다. 세상에 내 것을 내놓을 때는 과감하게 내놓아야 한다. 그러려면 큰 소리로 기합을 넣어라. 기합을 넣으면 정신이 집중되어 힘을 모을 수 있기 때문에 15%의 힘을 더 발휘할 수 있게 된다. 이처럼 기합을 넣거나 큰소리로 말하면 자신도 모르게 그 실패에 대한 두려움을 극복하는 위력을 발휘할 수 있게 된다. 자신감이 없어 작은 소리로 말하는 것이 아니라 작은 소리로 말하기 때문에 자신감이 없어지는 것이다. 큰소리로 말하라. 그러면 자신감이 생긴다.

2. 나의 한계는 어디까지 인가

여러분! 요즈음 저는 "내 능력의 한계는 어디일까?"이다. 그래서 더 적극적이고 도전하는 한해를 살고자 한다. 위험을 감수하고 멀리 가보는 자만이 자신이 얼마나 멀리 갈 수 있는지를 알 수 있다.

많은 사람들이 가지 않는 길을 가보는 데는 두려움과 어색함이 따른다. 그래서 대부분 다른 사람들이 가는 무난한 길을 선택하게 된다, 그러나 그런 안전한 선택을 하면 자신이 얼마나 더 멀리 갈 수 있는지, 무엇을 할 수 있는지, 얼마나 더 잘할 수 있는지를 알지 못한 채 살다 가게 될 것이다. 얼마나 멀리 갈 수 있는지, 얼마나 잘할 수 있는지는 위험을 감수하고 용감하게 시도해 볼 때만 알 수 있을 것이다. 많은 사람들이 택하는 안전한 길로 가려는 사람은 결국 이름 없는 들꽃으로 사라지고 말 것이라 생각 된다. 그렇게 살기에는 인생이 너무 아깝지 않은가?

저와 함께 인생의 하얀 눈밭 위를 아무도 지나지 않은 두려운 발자국을 남기며 타인의 이정표 되어 한번 달려가지 않겠는가?

한계를 뛰어 넘게 하소서

어떤 심리학자가 여러 개의 벼룩을 가지고 벼룩이 얼마나 높이 뛸 수 있나 하는 것을 실험해 보았다. 그는 이 실험을 통해 모든 벼룩들이 20cm는 충분히 다 뛸 수 있고, 어떤 벼룩들은 무려 30cm를 뛸 수 있다는 것을 발견했다. 그래서 그는 높이뛰기에 실력을 가진 벼룩들만 모아서 7-8cm 높이의 유리컵에 놓고 그 위에다 뚜껑을 덮었다. 그래도 벼룩들은 유리컵 안에서 계속 뛰었다. 그러나 유리컵의 한계 때문에 더 높이 뛰지 못하고 유리벽에 자꾸만 부딪쳤다.

한 두 시간이 지난 후 심리학자는 벼룩이 들어있던 유리컵 뚜껑을 벗겨주었다. 그런데 놀랍게도 그 이상을 뛸 수 있음에도 불구하고, 벼룩들은 '이제 나는 그 이상 뛸 수가 없다. 이 7-8cm인 유리컵의 한계가 내 한계다'라는 생각(?)에 더 이상 뛰지 못하고 있다는 것이다.

자기의 한계를 너무 낮게 낮추어 버리고 인생의 어떤 난제 앞에서 인생의 어려움 앞에서 삶을 스스로 포기하는 사람들이 적지 않게 우리 주변에 있는 것을 볼 수가 있다.

나는 98년도에 출간된 '인생을 바꾸는 7가지 성공에너지'란 책을 시작으로 6여 년 동안 14권의 책을 저술하였다. 나는 한 길을 위해 뛰었고 노력을 집중하였다. 지금은 유명세를 탄 것은 아니지만 나름대로 인정받고 있는 '저술가'겸 '동기부여 스피커'로 '산업교육계'에 '전문 강사'로 활동하고 있다.

나는 알고 있다. 내가 하는 일에 아직 '폭발적인 인기'를 얻지 못하고 있다는 것을……. 그것이 스스로의 '한계'인듯하다. 어떻게 하면 그 한계를 뛰어 넘을 수 있을까?

나는 그 한계를 잘 알고 있다. 글을 쓰고 강의를 하는 사람으로서 나만의 개성, 나만의 색깔, 나만의 향기를 담아 낼 수 있어야 한다는 것이다. 그러나 살아가노라면 인간의 한계를 느낄 때가 많다. 그 한계를 뛰어 넘고 싶다.

하나님! 인간의 한계를 뛰어 넘게 해 주십시오! 능력의 한계를 뛰어 넘게 해 주십시오! 저의 길에 빛이 되어 주시옵소서! 저를 인도하여 주시옵소서!

당신의 한계는 어디까지 인가? 그 한계를 뛰어 넘으면 어떤 일이 벌어질 것 같은가? 그렇다면 당신은 그 한계를 극복하기 위해 어떤 노력을 하고 있는가?

----

3. 내가 나를 깬다

긴장감을 그대로 받아들여라.

대중 앞에 밥 먹듯 서는 연예인들도 무대에 서면 긴장하게 된다고 한다. 그러나 그들은 그 긴장감을 연기를 위해 노래를 위해 적당히 이용한다고 한다. 몰입하는데 도움이 된다는 것이다. 이처럼 긴장감도 적당히 즐기면 오히려 도움이 된다는 것이다. 너무 긴장감이 없이 사람 앞에 선다는 것은 오히려 느슨해져서 장애가 될 수 있다.

대부분의 초조감이나 긴장감 또는 무대 공포증 등은 시간과 경험이 쌓임에 따라 사라지게 마련이다. 그럴 땐 오히려 적당한 긴장감을 갖기 위해 몰입하여 긴장 상태로 진입하고자 하는 노력이 필요하다. 그러니 긴장감조차 즐기겠다는 마음으로 담대히 대중 앞에 다서기 바란다.

말하기 전 말할 내용을 사전에 준비하라.

말을 해야 하는데 말할 거리가 없다는 것처럼 두려운 것이 없다. 실제로 두려운 것은 성격적인 것이나 경험이 부족한 것보다 말할 거리가 부족해서 혹 말하는 중에 본전이 탈로나지 않을까 하는 염려 때문인 경우가 많다. 따라서 사전에 준비가 필요하다. 준비 없이 말하려는 사람은 도적과 같다고 해도 과언이 아니다.

자신을 드러내라

사람들은 무의식적으로 자신의 본 모습을 숨기려는 경향이 있다. 숨기려고 하면 할수록 더욱 불안하고 긴장하기 마련이다. 긴장하거나 불안

할수록 자신을 드러내라. 그러면 오히려 편안하게 말을 할 수 있게 된다.

※ 다음은 정목일 선생의 '수필의 모습'이란 글이다. 소리 내어 읽고 그 의미를 생각해 보자

　수필은 고해성사와 같다. 촛불 앞에서 자신이 지닌 모습을 그대로 진실의 거울 앞에 비춰 보이는 일이다. 자신의 참모습을 드러내기 위해선 맑게 닦여진 마음의 거울이 있어야 한다.
　수필은 촛불 앞에서 행하는 고해성사 그 자체는 아니다. 모든 것을 진실의 거울 앞에 다 드러내 놓았을 때, 마음속으로부터 넘쳐흐르는 눈물을 다 흘리고 난 뒤의 독백 같은 것이 아닐까 한다.
　온갖 감정의 앙금과 갈등의 응어리를 눈물로써 씻어내고 자신의 영혼이 맑은 거울을 갖게 되었을 때, 수필의 모습은 비로소 드러난다.
　"이것이야말로 나의 참모습이며 영혼이다."

〈중략〉

　수필은 마음의 대화라고 생각한다. 사람마다 아름다운 이야기를 가지려 하고 남기고 싶어 한다. 한 사람의 생애는 결국 하나의 이야기가 아닌가. 유명하고 훌륭한 사람은 그가 엮어 낸 인생 얘기가 오랫동안 많은 사람들에게 감동을 주고 기억되는 사람이다.
　우리의 삶은 하나의 잊혀지지 않는 이야기를 만들어 가는 과정이 아니겠는가.

〈중략〉

　수필은 연꽃처럼 피어난다. 남들이 눈여겨보지 않는 진흙 속에 뿌리를 내리고 있다가 어느 날 환한 연꽃처럼 피어난다. 흙이 썩어야 연꽃을 피울 수 있듯이 냉대와 소외의 기다림 속에 한 송이 연꽃이 피어난다. 수필은 원대한 포부나 찬란한 꿈을 지니지 않는다. 욕심으로부터 초탈한 마음의 경지, 소박한 생각이 피어 올린 꽃일 따름이다. 자신의 가슴 속까지 다 썩힌 바탕에서 뜻밖에 연꽃이 피어난다. 연꽃을 피우려고 진흙 구덩이 속에 자신을 묻고 기다릴 줄 알아야 좋은 수필을 쓸 수 있다.

수필의 세계는 다양하다. 굳이 장미나 난(蘭)만이 꽃이 아니듯, 꽃마다 일생을 통해 피워 낸 아름다움을 지니고 있다. 각자의 삶과 개성으로 피워 낸 수필을 가꿔야 한다. 개성과 함께 자신이 추구하는 독자적인 세계를 가진다든지, 전문성을 지니는 일도 중요하다.

〈중략〉

단순히 신변잡사(身邊雜事)의 나열이 아니라, 그 속에서 진실의 발견, 본질의 탐구, 의미의 창출이 있어야 한다. 수필이야말로 다른 어떤 글보다도 진지하고 심오해야 한다는 이유가 여기에 있다.

수필의 모습처럼 마음에서 우러나오는 말을 고해성사하듯 표현하고 스피치해 보자.

4. 자신이 소망하는 것을 붙들고 끝없이 상상하라

세상에는 바꿀 수 없는 것과 바꿀 수 있는 것이 있다. 얼마 전까지만 해도 타고난 얼굴이나 외형은 죽을 때까지 그 모습 그대로 살아야 하는 바꿀 수 없는 것에 해당되었다고 할 수 있다. 그러나 성형수술의 발달로 지금은 본인이 원하는 대로 상당 부분 바꿀 수 있다.

좁은 길을 넓히거나 불편하거나 마음에 덜 드는 집안의 내부를 바꾸는 것도 쉬운 일이다. 아무도 그런 변화를 불가능하다고 생각하지 않다. 바꿔야 할 필요성이 있고 바꾸고 싶으면 언제든지 바꿀 수 있다고 믿으며 또 그렇게 바꿔가며 산다. 하물며 여자를 남자로 남자를 여자로 성전환까지도 가능한 세상에 우리는 살고 있다.

과학 기술의 발달이 인간생활에 가져온 가장 큰 혁명은 아마 많은 것을 바꿀 수 있는 방법을 제시해 주었다는 점일 것이다. 이처럼 발달한 과학기술을 이용해서 변화를 가져오는 데는 많은 자본과 잘 훈련된 전문 인력이 필요하다. 단순히 마음만으로는 모든 기술을 끌어올 수는 없다. 그만큼의 준비가 필요하다.

그런데 가장 흥미로운 사실 하나는 가장 쉽게 자본이나 기술, 전문 인력의 도움 없이도 바꿀 수 있는 것이 있는데 세상에서 가장 바꾸기 힘든 것이 바로 또 이것이다.

무엇이라고 생각하는가? 바로 사람의 마음이다. 나의 생각이다. 한번 입력된 나의 생각은 최첨단의 과학기술로도 최고급의 인력으로도 바꿀 수 없다.

우리는 흔히 사람의 마음이 바람에 흔들리는 갈대처럼 쉽게 바뀐다고 믿고 있지만 많은 경우에 땅 속에 뿌리를 둔 바위처럼 움직이지도 바뀌지도 않은 채 살아가는 모습을 자주 만나게 된다.

서양의 선교사를 통해서 테니스가 우리나라에 처음 소개되었을 때 땀을 흘리며 테니스를 하는 사람을 보며 '저렇게 힘든 일은 종을 시키면 되지 왜 저리 땀을 흘리며 스스로 하노'하는 우리의 조상들과 비슷한 세상에서 살고 있는 사람들이 많다. 운동을 하는 기쁨이나 유익함을 모르는 사람에게는 공을 쫓아 땀을 흘리며 뛰어다니는 모습이 어리석어 보일 수도 있다. 왜냐하면 그 사람은 최소한 운동이 주는 기쁨을 경험해 보지도 않았을 뿐더러 운동이 주는 유익함을 이론적으로 모르기 때문이다.

이렇듯 자신의 세계에 갇혀 있는 사람은 남이 주는 기쁨, 새로운 것을 배우는 기쁨에 익숙하지 않다. 오직 내가 알고 있는 이것, 내가 경험한 이것만이 전부요 최고의 기준으로 여기며 살아간다. 여러분이 주위의 어른들의 충고에 마음을 닫고 어른들의 말씀을 다 옛날 사람들의 시대에 뒤떨어진 이야기 정도만으로 여기고 만다면 여러분 역시 바꿀 수 없는 마음을 가지고 있는 사람이다.

세상이 바뀐다고 순간순간 모든 것을 다 바꿔갈 수는 없습니다. 그러나 우리의 마음만큼은 항상 남의 의견을 향해 열려 있어야 하고 마음을 바꿀 준비가 되어 있어야 한다.

내가 아는 것만이 전부가 아니고 남의 말을 들을 줄 아는 귀를 가져야 한다. 그 들려오는 소리에 마음을 기울일 때 마음을 바꾸는 힘이 생긴다. 세상에서 가장 어려운 일이 한 사람의 마음을 바꾸는 일이다. 생각을 바꾸는 일이다. 특히 자신의 생각이나 마음을 바꾸는 일은 오직 자신만이 할 수 있는 일인데도 가장 하기 힘든 일이다. 그러나 명상을 통해 새로운 것을 받아 드리는 순간 여태껏 몰랐던 자유로움과 기쁨을 알게 될 것이다.

개구리는 움직이는 것은 감지할 수 있지만 정지해 있는 것은 감지할 수 없다. 개구리의 세계를 영상화한다면 틀림없이 아주 불가사의하고 흥미로울 것이 될 것이다. 개구리에게 하늘을 날고 있는 새는 보인다. 그러나 그 새가 나뭇가지에 앉는 순간, 새의 존재는 개구리의 세계로부터 존재의 저편으로 사라져 버린다. 개구리에게는 정지해 있는 물체는 존재하지 않는 것과 같다. 무(無)인 것이다. 왜냐하면 알 수 없는 것은 존재하지 않는 것과 같기 때문이다.

일반적으로 존재와 인식은 일치한다. 이것은 개구리만의 이야기는 아니다. 정지된 세계가 개구리에게는 다른 차원의 세계인 것처럼, 인간에게도 현재의 차원 너머에 다른 차원의 세계가 피라미드 형태의 계단식으로 존재하고 있다.

이 차원의 세계를 인간의 이성으로는 현상학적으로 파악할 수는 없다. 그러나 우리 자아가 명상에 잠겨 있을 때에는 영적인 세계가 내면의 막막한 공간 속에 투영되고 초험적 지식이 생겨난다. 이것은 우리 자아가 영적인 차원의 의식에 연결되어 있다는 것을 입증하고 있는 것이다.

인간의 상상력은 무한하다. 조용히 마음을 가다듬고 눈을 감으면 여러분이 할 수 없는 것은 아무 것도 없다. 우주를 다시 창조할 수 도 있고, 새로운 세상을 가 볼 수도 있으며, 원하는 모든 것을 소유할 수도 있다.

'생각은 습관을 만들고 습관은 현실을 만든다.' 인간에게 주어진 잠재능력은 무한하여 우리가 원하는 무엇이든 현실로 만들어 준다. 우리가 가능성을 믿고 반복해서 상상한다면 그것은 우리들의 잠재의식 속에 기록되고 우리도 모르는 사이에 그것은 현실로 나타나 우리를 놀라게 할 것이다. 모든 성공한 사람들의 공통된 특징은 자신이 소망하는 것을 붙들고 끊임없이 상상하고 전진한 것이었다.

성공의 비결은 우리가 가능성을 믿고 그것을 향하여 우리를 변화시킴으로 가능한 것이다. 하루에 5분씩 3회 15분 정도만 할애해서 우리들의 잠재의식 속에 성공의 씨앗을 심는다면 그것은 머지않아 몇 백 배의 소득을 우리에게 가져다 줄 것이다.

또한 이 상상게임의 부수적인 기능은 상상력을 발전시키고 기억력과 집중력을 높이는 것은 물론 스트레스를 없애고 건강을 증진시키는 등의 부수적이면서도 아주 중요한 역할을 하는 훌륭한 명상이 될 것이다.

5. 긍정도 훈련과 연습의 결과이다

'파블로브가 개에게 종을 치고 나서 고기를 주었더니, 나중에는 종만 치고 고기는 주지 않아도 종소리에 개는 침을 흘리게 되었다.'라는 이야기를 들은 적이 있을 것이다. 개가 종소리를 듣고 고기를 줄 것으로 믿어 자동적으로 반응을 하여 침이 나오게 되는 것으로서 이러한 개의 반응을 반사적 행동의 원형으로 우리는 자주 예를 들고 있다.

개는 사람보다 지능이 모자라서 진짜 고기를 주려는 의도가 있는지 아니면 종만 치고 자기를 실험하는지 잘 몰라서 이렇게 반사적인 행동을 한다고 하지만 사람은 어떤가?

지능이 발달되어 만물의 영장이라고 일컫는 인간도 파블로브의 개 못지않게 반사적으로 행동하는 것을 우리는 자주 보게 된다.

멀리 볼 것도 없이 우리 주변을 한번 살펴보자. 자동차를 타고 가다 보면 갑자기 끼어드는 차 때문에 위험한 경우를 당할 뻔했던 때가 한 두 번이 아니다. 요즈음은 정말 많이 나아지고 있지만 대개 이런 일을 당하면 자기도 모르게 "어휴! 저 거시기. 확 받아버릴까 보다."는 등의 말을 거침없이 하게 된다.

때로는 자녀들이 보는 앞에서도 체면 염치없이 이런 말이 나오기도 한다. 이 때 내 입으로 나간 말은 나의 선택이 아니라 갑자기 끼어든 사람 때문에 내가 할 수없이 한 것이 되고 나쁜 사람은 그 사람이다. 나는 성인군자이고 절대 욕 같은 것을 할 사람이 아닌데도 그 사람이 갑자기 끼어듬으로 해서 내 입에서 욕이 나오게 했으니 잘못은 전적으로 그 사람에게 있지 나에게 있지 않다고 믿는다.

그런데 만약 그 끼어든 차의 번호판을 보았더니 '강원 3 가 xxxx'였다고 하자. 아하! 이 사람은 서울 지리를 잘 몰라서 이렇게 갑자기 차선을 바꾸게 되었구나. 내가 끼워주자. 라고 했을 경우 완전히 상황은 달라진다. 이제는 그 차가 끼어든 것이 아니고 내가 끼워준 것이 된다. 즉, 나의 선택으로 그 차가 끼어들게 되었으니 내가 선택한 결과이고 내가 기분이 나쁠 이유도 없다. 당연히 욕도 할 필요가 없다.

우리는 매일 매일 여러 가지 환경으로부터 자극을 받고 산다. 그 때마다 파블로브의 개처럼 반사적으로 행동하느냐 아니면 자동차 끼워주기처럼 주도적으로 행동하느냐에 따라 우리 인생의 질과 운명이 달라지게 된다.

우리가 매일 매일 마주서게 되는 선택의 순간마다 어떤 태도로 살아가느냐에 따라 우리는 성공의 문으로 들어가느냐 아니면 반대의 문으로 들어서는가가 결정된다.

오늘 몇 시에 일어날까? 밥은 무엇을 먹고 어느 학원을 가고 무슨 과목을 공부하며 누구를 만날까 모두가 우리의 선택을 기다리고 있다.

우리의 인생을 누가 대신 살아 줄 수 있는가? 내가 우리 삶의 주인이 되지 못하면 남이 나의 주인이 될 것이다. 우리 모두가 이 세상에서 매일 하고 있는 가장 중요한 일은 무엇일까? 그것은 숨쉬기 운동이다. 그 다음은?

나는 주저 없이 '선택하기'라고 말하고 싶다. 우리가 매일 매일 만나게 되는 수많은 문제들은 우리의 선택을 기다리며 아우성치고 있다. 아우성친다고 한꺼번에 모두 다 원만하게 해결할 수도 없고, 또한 시간을 갖고 천천히 생각한다고 해서 크게 달라지지 않는 문제들도 있다. 여하튼 이러한 문제들을 어떤 방식으로 대하느냐에 따라 그 선택하는 사람의 인생이 완전히 달라지게 된다.

성공한 사람들의 특징을 살펴보면 그들은 대부분이 문제의 해결책을 독특하게 선택하는 노하우를 잘 알고 있으며 이를 항상 잘 실천하여 습관화하고 있음을 알게 된다. 그래서 '성공도 습관이다'라고 말할 수 있다. 주변을 보라. 성공하는 사람들이 점점 더 성공하고 있지 않은가?

6. 강하게 밀어 붙이지 말고 천천히 끌어 당겨라

이솝우화 '바람과 태양'_ 어느 날 바람과 태양이 누가 더 힘이 센지 언쟁이 붙었다. 언쟁 끝에 길을 지나가던 나그네의 외투를 누가 더 빨리 벗기느냐로 강한 자를 정하기로 했다. 먼저 바람이 나섰다. '차고 강한 바람'을 그 나그네에게 뿜어내 그 기세로 행인이 입고 있던 외투를 벗기려고 했다. 하지만 바람이 강해지면 강해질수록 그 나그네는 외투가 벗겨지지 않도록 필사적으로 겉옷을 붙잡았다. 이번에는 태양의 차례였다. 태양은 '따뜻한 햇살'을 나그네에게 비추었다. 그러자 얼마 지나지 않아 나그네는 입고 있던 겉옷을 스스로 벗었다. 자신만만했던 바람은 얼굴이 빨개져 도망갔다.

위의 이솝우화의 교훈은 무엇일까? 아마도 그것은 사람을 움직이는 것은 강압적인 힘이 아니라 스스로의 필요성 인식이라는 것이다. 이를 코칭 리더십의 관점에서 보자면, 성과가 잘 나지 않는 직장인들에게 강압적으로 할당을 주는 것보다는 보다 나은 성과를 낼 수 있도록 그 필요성을 인식하도록 동기를 부여시키는 것이 보다 효과적이라는 말이다. 그래서 나는 코칭 리더십을 고민하는 직장인들에게 **강하게 밀어 붙이지 말고 천천히 끌어 당겨라** 라고 권한다. 내가 진단하기에, 현재 우리들의 직장은 20세기 산업시대의 유산물인 밀어붙이기 식의 성과관리가 아직도 팽배해 있다. 매출을 올리라고 윽박지르고, 출근이 늦다고 잔소리를 해댄다. 자, 이제 잠깐. 지금은 21세기에 맞는 당기기 식의 성과관리가 필요하다. 매출을 올리고, 출근시간을 제대로 지키자는 의도는 같다. 하지만 방법은 전혀 다르다.

"자네는 왜 성과가 그 모양인가?", "자네는 출근 시간 하나 제대로 못지키나?"와 같이 그저 강압적으로 밀어붙이기만 해서는 진정한 변화를 기대하기 어렵다. 왜냐하면, 자네(You)가 강조되는 너(You)-메시지는 '너(자네)에게 문제가 있다. 그리고 네가 변해야 한다.'는 생각을 전제로 하기 때문에, 이 말을 듣는 상대방은 '지가 뭔데 나에게 변하라 마라 해? 내 일은 내가 알아서 한다고...'고 같은 반항심만 키울 뿐이기 때문이다. 이때는 부드럽고도 천천히 상대방을 끌어당기는 기술이 필요하다. 예를 들어, "(나는) 요즘 자네 성과가 좋지 않아 걱정이야." 혹은 "요즘 집에 어려운 일이라도 있나, 출근이 늦어. 내가 뭘 도와줄 일이 있나?"와 같이 나(I)-메시지로 감정을 전달하는 것이 효과적이다. 걱정하는 상사의 말을 듣고서 변화해야 할지를 고민하는 것은 상대방의 몫이다. 태양과 같이 그저 따뜻한 햇살만 비추어주면, 사람은 심리적 외투를 벗고 리더를 따라오게 마련이다.

얼굴이 빨개져 도망가는 바람을 보며 어린 왕자가 물었다. "무슨 일이니?" 시무룩하게 바람이 대답했다. "태양보다 강하다고 생각했는데, 내가 태양에게 졌어. 나는 아무짝에나 쓸모없는 녀석이라구!" 어린 왕자가 바람의 어깨에 손을 얹고는 이렇게 말했다. "내가 방금 그 나그네를 보고 왔는데, 엄청 더워서 땀을 뻘뻘 흘리고 걸어가고 있어. 난 네가 태양보다 강한 지는 모르겠지만, 네가 잘할 수 있는 일은 따로 있을 꺼야! 그것은 아마도 태양과는 전혀 다른 일이겠지?" 그 질문에 바람은 무언가를 깨달은 듯, 하얀 치아가 보이도록 함박 미소를 짓고는 다시 왔던 길로 되돌아갔다. 그리고는 그 나그네에게 시원한 바람이 되어 주었다.

솔루션을 제공하지 말고, 질문하라_ 위의 어린 왕자가 했던 행동이나 말에 주의를 기울이고 잘 살펴보라. 그가 한 것이라고는 질문밖에 없다. 그럼, 어떻게 질문하는 것이 좋을까?

첫째, "무슨 일인데?"라고 물어라 _ 이 질문은 어린 왕자가 바람에게 물었던 첫 질문이다. 상대방이 이 말에 답을 한다는 것은 변화할 마음이 있다는 그리고 변화할 수 있다는 강력한 증거이다. 문제를 정의할 수 있는 것은 **문제해결의 첫 출발점**이기 때문이다.

둘째, "네가 잘할 수 있는 일은 뭔데?"라고 물어라 _ 이 질문은 어린 왕자가 바람에게 물었던 두 번째 질문이다. 우리는 늘 경쟁하면서 살고 있다. 그렇기 때문에 자신만의 게임 룰을 익힐 시간이 없다. 자기만의 재능이나 소질이 무엇인지 혹은 자신이 인생에서 추구하고자 하는 가치가 무엇인지에 대하여 생각할 겨를도 없다. 그래서 우리는 우리가 잘하는 것이 무엇인지 전혀 알지 못한다. 그리고는 경쟁에서 졌다고 슬퍼한다. 여기에 도전하는 것이 두 번째 질문이다. 이 질문의 핵심은 자신이 잘하는 일이 무엇인지를 탐색하고자 하도록 동기를 부여하는 것이다. 설사, 질문을 하는 사람이 그 답을 모르고 있어도 상관없다. 오히려 그 답을 모르는 것이 알고 있다고 말하는 것보다 낫다. 그리하여 상대방으로 하여금 스스로 그 답을 찾도록 내버려두어라.

7. 감정을 조절하라

"불쾌함을 많이 느끼는 사람일수록 주변에 '이유 없이 싫은 사람'이 많이 있다.

'왜 이렇게 내 주변에는 이상한 사람만 있는 것일까?'라고 생각하고 인간관계의 불운을 한탄할지 모르겠지만, 이런 사람은 오히려 '이유 없이 싫은 사람'을 늘려가고 있을 뿐이다.

그들은 조금이라도 싫은 느낌이 들면 '이 사람은 이유 없이 싫다'고 단정 짓는다. 그리고 자신의 악감정에는 눈을 돌리지 않는다. 따라서 주변에는 온통 '이유 없이 싫은 사람'만 늘어나게 되는 것이다." – "인생을 바꾸는 감정정리의 기술" 중에서 "꽃에는 나비가 날아드는 것이고 쓰레기엔 파리가 날아드는 것입니다." 나의 감정이 꽃이 된다면 함께 춤을 출 나비가 날아들고 나의 감정이 쓰레기 냄새를 풍기면 파리가 날아드는 것입니다.

인간은 감정의 동물인가? 이성의 동물인가?

"인간은 편견을 가진 감정의 동물" 이라고 데일 카네기는 말했다. 즉 이성이 지배하는 상태에서는 '이성의 동물'로서 기능하게 되지만, 이성보다 감정의 힘이 강하여 감정이 이성을 지배할 때는 인간이 감정의 동물로서 기능하는 것이다. 이러한 일은 주전자에 물을 끓이는 현상에 비유할 수 있다. 주전자의 뚜껑에는 구멍이 나 있다. 그 이유는 그 곳으로 물이 데워질 때 생기는 수증기가 방출될 수 있기 때문이다. 만약 그 구멍이 없다면 어떻게 될까?

　요란한 소리를 내거나 주전자가 폭발할 것이다. 그것은 수증기가 그것 자체로는 별 다른 힘이 없지만 누적될 때 큰 에너지를 갖기 때문이다.

　인간의 감정도 마찬가지이다. 화를 한 번 참고 두 번 참는 것은 어느 정도 가능하지만 계속해서 참게 되면 나중에 쌓여서 '폭발'하게 되는 것이다. 이 경우에는 그 동안 감정을 통제하던 이성이 힘을 잃게 되고 감정이 주도권을 행사하게 된다. 그렇게 되면 감정에 따라 행동하는 '감정적'인 인간이 되는 것이다. 예로서 너무 화가 나면 '홧김'에 살인을 하고 '홧김'에 이혼을 하고 '홧김'에 불을 지르는 일이 생기는 것이다.

　잠언은 말한다. " 노하기를 더디 하는 자는 용사보다 낫고 자기의 마음을 다스리는 자는 성을 빼앗는 자보다 나으니라. "

　감정조절을 위하여 잘못된 생각을 버려야 한다. 그렇다면 자신이 잘못된 생각을 하고 있는지를 어떻게 깨닫는가? 대체적으로 다음에 열거한 내용들은 "잘못된 생각"들이다.

　- 절대적 요구 : "나는 언제나 완벽하게 일을 마무리 하여야만 한다."

　- 두려움 : "처음 해 보는 일이라 두려움이 앞선다."

　- 자기비하 : "나는 잘 하는 게 하나도 없는 참 형편없는 놈이다. 한심

하다."
- 모 아니면 도다 : "나는 이 일을 아주 잘하거나 아니면 망친다. 중간은 있을 수 없다."
- 성급한 결론 : "이 일은 해보나 마나다. 오늘도 형편없겠네."

이상과 같은 생각들은 결코 인생 경기에서 도움이 되지 않는다. 인생 경기에서 자신의 "잘못된 생각"을 천천히 그리고 꼼꼼하게 분석하여 보자. 분석 후 다음과 같은 질문을 자신에 질문해보자.

1. 이미 저질러진 일에 대하여 자신을 흥분시키는 잘못된 생각을 이루는 배경은 무엇인가?
2. 이 생각을 지속하여 자신이나 자신의 인생에 좋은 느낌을 갖게 할 것인가?
3. 단지 작은 실수에 지나지 않는데도 실제로 나에게 치명적인 일이 발생했다고 생각하는가?
4. 이러한 생각으로 인한 흥분이 이제부터 계속될 골프경기에 도움이 될 것인가?

위의 질문에 차분히 답을 해 보면 잘못된 생각을 긍정적인 생각으로 바꾸는 것이 여러분들의 인생 경기에 도움이 됨을 확실히 깨달을 수 있을 것이다. 이제 더 이상 좌절하거나, 자신을 비하하여 바보스럽게 생각하는 대신에 냉정히 인내심을 가지고 긍정적인 기분으로 경기에 임할 수 있는 방법을 터득하는 것이 중요하다.

아래에 제시된 감정조절을 위한 5단계 전략을 통해 여러분들은 한층 더 강화된 감정적 전략을 가질 수 있을 것이다.

8. 자기 암시는 잠재의식에 자극을 주는 훌륭한 도구다

자기 암시는 일종의 자기 최면이다. 자기 암시는 자신의 생각이나 소원을 의식적으로 잠재의식에 주입함으로써 우리들의 일생까지 바꾸는 힘을 가지고 있다.

우리는 주위의 많은 환경으로부터 암시를 받고 있다. 의식적이든 의식적이지 않던 우리는 오늘도 많은 암시를 받고 있다. 우리가 듣고 보고 생각한 모든 것은 암시가 되어 잠재의식에 그대로 전달된다. 그래서 어떤 말을 많이 듣고 어떤 말을 많이 하고 어떤 생각을 많이 하느냐 하는 문제는 대단히 중요하다. 한편 암시에는 긍정적 암시가 있고 부정적 암시가 있다. 만약 부정적인 암시를 많이 받게 된다면 그 사람의 인생은 불행하게 된다.

어릴 때부터 부모로부터 책망을 많이 듣고 "하지 말아라, 너는 왜 그러냐 이 녀석은 원래 그래" 등등 부정적인 암시로 잠재의식이 찌들려 있으면 성인이 되어서도 그 인격이 정상적으로 형성되지 못하고 비관적이고 모든 것에 부정적인 사고방식이 형성되어 문제의 근원을 자신보다 타인이나 환경에 둠으로써 성장의지를 스스로 상실하는 인간이 되고 만다.

그러나 어릴 때부터 부모로부터 칭찬을 많이 듣고 "할 수 있다. 하면 된다. 그래 한번 해봐라 너는 그것에 능력이 있다. 너는 참 똑똑 하구나, 참 착하구나" 등등 긍정적인 암시를 많이 받고 자란 사람은 성인이 되어서도 생각이 건전하고 인격이 긍정적인 방향으로 형성된다.

이렇듯 외부로부터 오는 암시가 있는 반면, 자기 암시는 스스로의 생각에 의해서 잠재의식에 자극을 주는 것이다.

자기 암시는 어떻게 형성되는가?

자기 암시는 타인이나 주변 환경이 아닌 자기 스스로 의식적인 계획으로 잠재의식에 긍정적인 암시를 심어주는 것을 말한다. 자기 암시는 반복적인 말에 의해서 출발하여 그것을 느끼고 상상할 수 있을 때 비로소 잠재의식에 심어지는 것이다. 여기서 중요한 것은 반복적인 말에 의해서 생기는 마음의 변화이다.

잠재의식은 마음의 변화, 즉 감동에 의해서 느껴 질 때 훌륭한 힘을 발휘한다. 아무리 긍정적인 말을 반복적으로 하여 자기 암시를 시도하더라도 그것을 믿지 않고 감정이 섞이지 않은 말은 훌륭한 힘을 발휘하지 못한다. 자신이 되고 싶고 갖고 싶고 하고 싶은 소원의 모든 것을 자기암시의 원리를 이용하면 그야말로 성공의 지름길로 갈 수 있다.

자기 암시의 활용원리

성공이란 무엇일까? 일반적으로 말하는 입신출세나 부와 권력을 손에 쥐는 것만이 성공은 아닐 것이다. 성공이라는 것은 행복하게 사는 것이다.

행복이란 무엇일까? 사람마다 가치 기준이 다르겠지만 내가 생각하기에 하고 싶은 일을 하며 보람을 느끼는 것, 재미있게 사는 것 등이 행복일 것이다.

성공하는 사람들은 선과 악이라는 윤리적 가치관을 생각할 때 항상 선 쪽에 중심을 두고 있다는 것이 특징이다. 그것을 성격으로 말하면 밝고 긍정적이냐, 어둡고 부정적이냐 하는 것인데, 이때 성공한 사람들은 대체로 밝고 긍정적인 성향을 가지고 있다. 그리고 태도에 관한 것이다. 태도라는 것은 적극적인 태도와 소극적인 태도로 나눌 수 있다. 어느 쪽이 성공하느냐 하는 것은 길게 설명할 것도 없이 적극적인 태도를 가진 사람이 성공하는 것은 자명한 사실이다.

성공하는 사람들의 습관을 분석하여 첫째는 가치관, 둘째는 성격, 셋째는 태도로 나누어 볼 때 이 세 가지에 있어서 확실한 공통점이 있다. 바로 선행을 많이 행하고 선한 마음을 가지고 긍정적으로 생각하고 적극적으로 활동하는 것이 무엇보다도 중요하다는 것이다. 실제로 성공한 사람들을 만나 보면 모든 분야에서 뚜렷한 공통점을 느낄 수 있다.

성공한 사람들은 모든 것을 긍정적이면서 생산적으로 생각한다. 하지만 실패한 사람들은 부정적이면서도 자기 파괴적으로 생각한다.

성공한 사람들은 발상이나 태도 자체가 일을 즐기고 감사하는 성향이 강하다는 점에 반해 실패하는 사람들은 자기들의 장점보다는 단점이나 약점에 대해서 아주 민감하게 반응하는 것이 특징이다. 그래서 심리학자들은 '네가 홀릭스'라고 해서 이 사람들을 '부정 중독증 환자'라고 이야기한다. 아무리 머리가 좋은 사람도 부정중독증에 걸리면 도저히 성공할 수가 없다.

9. Image training

　1000미터 달리기 선수나 42.195킬로미터를 달리는 마라톤 선수나 기록을 단축하고 완주하기 위하여 하는 트레이닝이 있습니다.
　근력을 기르는 웨이트 트레이닝, 스피드를 기를 스피드 트레이닝, 그리고 매우 중요한 것은 이미지 트레이닝입니다.
　매 코스마다 자신의 뛰는 속도와 모습을 이미지로 그리는 것입니다. 이때에 올바른 자세로, 리듬 있게 그리고 알맞은 속도로 힘차게 뛰는 모습을 그리는 것입니다.
　이때에 가장 중요한 것은 완주하는 모습과 환호하는 관중들의 모습, 자랑스럽게 기다리는 코칭 스텝, 나를 기다리는 사랑하는 가족과 애인을 그리는 것입니다.
　이러한 이미지 트레이닝은 결코 육체 훈련에 못지않은 결과를 가져오게 한다는 것입니다.
　하루를 살고, 한 해를 살고, 한 평생을 보내면서도 믿음으로 이러한 이미지 트레이닝을 해보십시오.
　이미지를 심상(心像)이라하며, 심상은 우리의 모든 감각을 동원하여 경험한 것을 떠올리거나, 새로운 상(像)을 만드는 것이라고 정의 할 수 있다. 심상을 청소년들이 이해하기 쉽게 풀이하면 머릿속으로 그리는 영상(映像)이라고 말할 수 있다. 그런 의미에서 이미지트레이닝은 영상훈련이다. 영상훈련은 자기의 연습하는 모습을 머릿속에 그리면서 스윙동작을 익히고, 실제로 라운딩 하는 모습은 떠올리면서 시합의 분위기와 그 상황을 극복하는 훈련을 하는 것이다.

언뜻 생각하면 그게 무슨 도움이 될까하는 의심이 가지만 이미 스포츠 과학화를 부르짖는 선진국에서는 선수들의 기량을 높이고 자신감을 북돋우는 방법으로 폭넓게 사용하고 있다. 특히 스키나 자동차 경주처럼 빠른 경기는 순간적으로 위험한 상황을 헤쳐 나가야 함으로 고도의 기술과 '나는 할 수 있다'는 자신감이 필수조건이다.

자신감을 높이기 위하여 위험한 순간을 무난히 통과하는 모습, 최고의 기록으로 골인하는 모습을 상상하면서 이미지 트레이닝을 한다.

골프는 위험한 운동은 아니지만 자신감이 게임을 좌우하는 멘탈 스포츠이다. 자신감이 넘치는 선수는 어떠한 역경에 처하더라도 무난히 위기를 극복하지만 자신감이 없는 선수는 어느 한 순간에 무너진다. 자신감은 과거의 좋은 경험과 기록에 의하여 생기는데 좋은 기록이 없는 선수는 늘 불안하다. 골퍼는 알게 모르게 무수히 많은 영상기록을 간직하고 있다. 스윙이미지는 물론이고 각종 시합에서 실패한 미스 샷의 기록, 성공한 굿 샷의 기록, 입상의 기록, 패배의 기록등 모든 기록이 영상으로 남아 있다. 새로운 경기가 진행되는 도중에 문득 지난 과거의 미스 샷이 떠오르거나 패배의 쓰라림이 되살아나면 자신감은 순식간에 사라지고 패배의 아픔만 남는다. 실패가 계속되면 자신감은 점점 줄어들고 불안과 초조로 시달리게 된다.

이런 경우 이미지 트레이닝으로 과거의 나쁜 기록을 지워버리고 그 자리에 좋은 이미지를 심어 성공의 기쁨을 느끼도록 하면 자신감이 살아나고 새로운 용기가 생겨 다음 시합에서 좋은 결과를 얻을 수 있다.

이미지 트레이닝의 원리는 의외로 간단하다. 적극적인 이미지를 마음 속에 계속해서 심으면 그것들이 결국 현실로 나타난다는 원리이다. 이미지 트레이닝은 인간의 잠재능력을 개발하는 능력개발 프로그램이다. 이미지 트레이닝은 나의 잠재능력을 믿고 그것을 개발하고자 하는 확실한 의지가 있다면 그 효과는 엄청나다.

이미지 트레이닝의 연습

영상훈련을 할 때 마음속의 이미지는 실제 이미지와 똑 같을수록 좋다. 막연하게 떠올리는 것이 아니라 선명하고 뚜렷하게 그때 그것의 느낌까지 재연 하는 것이 바람직하다. 처음부터 선명한 영상을 만드는 것은 쉽지 않으므로 처음엔 주변에서 자주 보아오던 자기 집의 모습이나, 깊은 인상을 받았던 영화, 잊지 못하는 추억 등을 떠올리는 연습을 한다.

예) 조용히 눈을 감고 자기 집 거실에 앉아있는 자신의 모습을 상상한다.

벽면을 둘러보고 어떤 그림이 걸려 있는지 자세히 살펴본다.

바닥을 보면서 무엇이 있는지? 카펫의 촉감도 느껴본다.

무슨 소리를 들을 수 있는지? 오디오의 소리, TV소리 등 소리를 차례로 들어본다.

모든 감각 -오감-을 동원해서 자세하게 느껴보자.

연습을 충분히 하여 이미지를 선명하게 그릴 수 있는 단계에 이르면 실제로 스윙연습과 라운딩 하는 모습을 영상 훈련한다.

10. 당신의 이미지를 진단하라

한 시골 청년이 태어나서 처음으로 여자와 함께 레스토랑에 들어갔다. 여자가 스테이크가 먹고 싶다고 하자. 청년은 스테이크를 주문했다. 그러자 웨이터가 물었다.

"고기는 어떻게 해 드릴까요?"

청년은 진지한 표정으로 말했다.

"마! 최선을 다해 주씨요!"

"......."

이처럼 순진한 청년이라면 좀 더 영악한 이미지로의 전환이 필요하지 않을까? 부하나 후배와 함께 저녁을 먹고 나서도 계산을 선뜻 할 수 없다면 부하나 후배는 그런 선배를 이해할 수 있을지는 몰라도 존경하거나 따르지 않는다. 아무리 같이 먹고 나눠 냈다 하더라도 상사로서 '쫀쫀'하다는 이미지를 떨칠 수 없기 때문이다.

당신이 없는 자리에서 남들이 당신에 대해서 얘기하고 있다고 가정하자. 그들이 당신을 '대충'아는 사람들이라고 할 때, 그들은 당신을 한마디로 어떻게 표현할까.

"똑똑한 사람 같던데...진지해 보이지 않더군"

"일은 잘 하게 생겼던데 남들하고 잘 어울리진 못하겠어"

이처럼 남들이 자기에 대해 얘기할 때 가장 먼저 떠오르는 이미지로 자신을 평가하고 자리매김하고 있다는 것이다. 그런데 어느 조직이건 사람들 사이엔 어김없이 '핵심인재'라느니, '차세대 리더', '최고의 실력자', '파워풀한 간부' 라 불리는 사람들이 있다.

누가 이 사람들을 그처럼 '유능한 인재'로 분류해 놓았을까?

다른 사람들이 그 사람의 인적 서류를 보고 평가를 했을까, 언제 인기투표를 했단 말인가. 아니면 잘 나가는 이들에게 확실하게 줄을 서기 위해 자기편을 선전하고 다니는 집단이 있단 말인가?

이런 의문은 핵심적인 이유가 될 수 없다. 하지만 묘하게도 성공인들에겐 전설처럼 따라 붙는 일화가 많다. 우리 그룹에서 영어를 최고 잘하는 사람이라든지, 최고의 학벌, 혹은 초고속 승진, 막강한 인맥, 모방할 수 없는 배짱을 가진 사람이라는 등, 누구라도 부정 못할 실력과 업적, 개성이 있다는 것이다. 그렇다고 그것만이 막강한 이미지를 구축한 요소가 아니다.

단언컨대, 평소 자신의 언행과 말씨, 표정과 태도, 성격과 신용, 실력과 업적 등 자신이 알지 못하는 사이에 개성으로 불리는 이미지, 혹은 브랜드로 자리매김 된 결과물이란 것이다 . 더 나아가 그들은 대충 알고 지내는 집단에서 자신을 제대로 알리고자 애 쓴 그들의 노력이라고 보아야 한다. 이것이 적극적인 이미지 관리다.

초원의 전사, 몽골 군대는 파괴와 잔혹행위의 상징이었다. 대학살, 대파괴는 적들을 겁주기 위한 '공포이미지' 연출 전략이었다. 그래서 몽골군이 닥치면 겁을 집어먹고 항복하는 지역이 줄을 이었다. 몽골군대의 예에서 극명하게 들어난 것처럼 모든 승리의 뒤에는 훌륭한 전략이 있어야 한다는 사실이다. 다시 말해 조직 사회에서 서로 대충대중 알고 지내는 사이에 마음씨 좋은 옆집 아저씨나 아줌마 같은 이미지만으론 대세를 장악할 수 없다. 이제 자신의 직장이나 사회에서의 성공과 나아가 성공적인 인생을 위해서는 적극적인 이미지 전략이 필요하다. '옆집 아줌마'에서 '우먼파워'로, '평사원'에서 'CEO감'으로의 이미지 점핑이 있어야 한다는 말이다.

사람들은 대개 일정한 규범에서 벗어나는 것을 두려워하는데, 이것은 규범을 지키지 않으면 처세에 여러 가지 장애가 생길 수 있고 그만큼 성공을 위한 기회가 줄어든다고 생각하기 때문이다. 그러나 대인관계에서는 규칙을 깨뜨리는 순간에 난관 돌파를 위한 실마리가 잡히는 경우가 많음을 알아야 한다. 남들의 눈에 거슬리지 않는 행위를 유지하면서 남다른 면모가 드러나도록 하는 방법은 없을까?

특히 부정적인 이미지는 자신의 잘못된 행동까지 고쳐가며 없애가야 한다. 매사 독립적이지 못하고 대응적인 사람, 남과 비교하거나 험담을 잘하는 사람, 부정적인 말을 앞세워 동료의 의지를 약화시키는 사람, 소극적이고 부정적인 사람은 적극적이고 긍정적인 이미지로의 변신이 필요하다. 나를 만나면 실패의 요인이 전염되는 것이 아니라 성공적인 정보를 얻을 수 있다는 소문이 있어야 한다.

이미지 강화 전략

집단에서 자신을 가치를 높이고 자신의 능력을 제대로 알리기 위한 이미지 강화 전략을 소개해 보고자 한다.

1. 신화를 창조할 만한 실력과 능력을 겸비하라.

성공인들은 모두 전설적인 신화를 창조하는 사람이다. 다시 말해 지금 성공궤도에 올라서 있는 사람들은 천부적인 본능으로건 아니면 의도적인 전략으로 건 자기의 이미지를 강하고 진취적이며 신뢰할 수 있는 것으로 심기 위해 노력한 사람들이다.

사람은 누구나 산을 오를 때는 산을 잘 아는 사람, 외국여행을 할 때는 외국어 구사능력이 유창한 사람, 사업상 동업자라면 자금력이나 경험이 많은 사람을 찾게 되어 있다. 누구라도 부정하지 못할 실력과 업적을 쌓아 놓고 있다면 당신의 인생은 성공 가도를 들어선 것이라 말할 수 있다. 우리 그룹에서 학벌, 초고속 승진 경력, 막강한 인맥, 외국어 실력 등 당신의 존재를 하나의 전설을 만들어 보아라.

2. 프로다운 면모를 구축하라

자신에 가득 차 있고 승부에 도전해보려는 용기가 있는 사람은 그 위세가 어깨까지 이어진다. 이른바 기가 산 사람은 어깨의 선에서 자신감이 엿보인다. 더구나 또렷한 눈초리, 정갈한 행동거지, 자신 있는 발걸음과 조리 있는 말과 행동으로 자신의 뜻하는 바를 정확하게 표현하는 사람을 보면 전문가다운 면모에 성공적인 이미지를 상대에게 전달할 수 있게 된다.

3. 개성 있는 주도적인 사람이 되어라

남들이 따분하고 지루하게 군다면 당신은 익살스럽고 인정스럽게 행동하라. 남들이 이것저것 주장을 하고 진부한 말을 한다면 당신은 핵심을 캐는 질문을 던져라.

4. Yes man이 아닌 소신 있는 사람이 되라

사람은 자기만의 색깔과 소신이 있어야 한다. 소신껏 처신하면 설령 의견이 다를지라도 무시하지 않는다. '내가 이렇게 반응하면 저 사람을 잃고 말겠지'란 소극적인 생각을 버리고 따질 일이 있으면 정확히 선을 그어주는 것이 좋다.

5. 성공의 자화상과 자신감을 가져라

승리자의 모습으로 보다 품위 있고 활기 있는 모습을 보여라. 무심결에 머리를 긁적이거나 수시로 안경을 고쳐 쓰거나 넥타이를 손질하거나, 업무서류를 허겁지겁 찾는다면 다른 사람에게 산만하고 옹졸한 사람으로 보여지게 된다. 한 가지 제스처를 취할 때마다 몇 초간 유지하고, 동작은 되도록 부드럽고 크게 하여 프로페셔널다운 풍모를 유지하라. 너무 황급히 발작하듯이 동작을 취하면 장난감 병정처럼 우스꽝스럽거나 초조하고 불안하고 부자연스러워 하는 모습이어서는 안 된다.

11. 시각화(Visualization)와 자기암시 훈련

이미지 트레이닝이라고도 하며, 언어를 사용하지 않고 시각적인 이미지로만 사고하는 훈련입니다. 이 훈련에 성공을 하면 경기 중에도 의식적으로 IPS를 제어할 수 있게 된다.

마음이 산란하게 되는 장소를 피해 시각, 청각, 촉각, 후각, 운동감각 등 가능한 모든 감각을 동원하여 머릿속에 선명한 이미지를 만들어낸다.

- 시각 : 훌륭한 플레이를 하던 때의 자기 모습을 떠올려라. 걸음걸이, 몸가짐 등... 자신이 있으면 태도도 다를 것이다. 컨디션이 나쁠 때와는

어디가 어떻게 다른지 좋을 때의 특징을 확실히 인식하면서 생각한다.

• 청각 : 야구 배트에 공이 맞아 나가던 소리, 퍼펙트 샷을 할 때 골프 클럽에서 들리던 소리 등 훌륭한 플레이를 할 때의 소리는 청아할 정도로 경쾌했을 것이다. 그 때 자신이 마음속으로 무슨 말을 읊조리고 있었는지도 회상해 내도록 한다.

• 촉각 : 멋진 리턴을 했을 때 라켓에서 전해지던 감촉이라든지 몸싸움 순간 어깨에 밀리던 상대선수의 느낌 등... 베스트 플레이가 이루어질 때의 촉감은 특별한 데가 있다.

• 후각 : 수영장에 들어섰을 때 나는 소독약 냄새, 코스 주변의 상큼했던 풀내음새 등은 현장의 이미지를 더욱 선명하게 해준다.

• 운동감각 : 훌륭한 플레이를 하고 있을 때의 몸의 감각을 되살려 낸다. 리드미컬하게 움직이던 몸동작, 완전한 평형감각, 스피드, 적절한 강도와 근육의 이완 등을 가능한 한 현장감 있게 회상해 낸다.

이상의 훈련이 쉽게 이루어지는 단계가 되면 연습장이나 경기장에 들어갈 때마다 IPS를 만들고 유지하는 데에 의식을 집중하자. 시합이건 연습이건 목표는 단 하나! "어떤 일이 일어나도 IPS를 만들어 내어 유지하는 일"이다. 승부는 부차적인 문제이다.

자기암시법(自己暗示) 효과

돛단배를 바람부는대로 맡기는 것처럼 자기 암시의 법칙은 자신의 생각여하에 따라 자신을 향상시키기도 하고 파멸로 이끌 기도 한다.

인간의 뇌는 부정하는 언어를 정확히 구별하는 능력이 없기 때문에, '나는 내일부터 지각을 하지 말아야지'라고 말하면 뇌는 '지각'이라는 단어만을 인지하고 지각하게끔 우리 몸에 지령을 보낸다고 한다. 따라서 부정형문구를 긍정형문구인, '나는 내일부터 일찍 출근해야지'라고 말해야 지각을 하지 않는 것이다.

'잔디밭에 들어가지 마시오' 라는 푯말을 보면 어떤 생각이 들까? 정말로 들어가지 말아 야겠다는 생각보다는 들어가게끔 유혹하고 있는 듯 우리의 뇌는 인지하고 있다. 또한 입으로 '힘들고 짜증나'를 계속해서 반복하면 그 소리가 자신의 귀를 통해 뇌로 전달되고, 뇌는 '힘들고 짜증이 나는데 왜 멀쩡한 척 가만있느냐'며 온몸에 좋지 않은 스트레스 호르몬이 쌓이게 만든다. 말이란 것은 입을 통해 밖으로 나왔다가 뇌의 지령에 따라 다시 자신에게로 돌아간다. 평상시에 부정적인 단어와 말만 사용하는 사람 주변에는 항상 부정적인 결과만 나타난다. 반면에 긍정적인 단어를 사용하고 좋은 말만 계속하면 실제로 긍정적인 결과만 생기게 된다. 따라서 자기암시는 긍정적인 말을 계속해서 사용해야만 그 효과를 기대할 수 있다.

자기암시법을 구성하는 근본적인 것은 플라시보 효과와 피그말리온 효과라고 할 수 있다. 누군가가 매우 아픈 상태에서 유효성분이 없는 가짜 약을 먹고도 병이 감쪽같이 나은 경우를 위약 효과, 즉 플라시보(Placebo) 효과라고 하며, 원하는 것을 간절히 바라고 기원하면 언젠가 반드시 이루어진다는 피그말리온 효과도 있다.

에밀꾸에는 시골 약사시절에 플라시보 효과를 직접 경험하게 되었고 이를 발전시켜 자기암시라는 자신만의 자기암시법을 창안하였다. 자기암시법의 핵심은 자기암시를 통한 자기 확신이며 긍정적인 말을 계속 반복함으로써 극적으로 근본적인 변화를 일으켜 긍정적인 결과를 도출한다는데 큰 의미가 있다.

1970년 미국 포춘지에 의해 미국 50대 재벌에 선정된 클레멘트 스톤은 가난한 가정에서 태어나 여섯 살의 어린 나이 때부터 신문을 팔기 시작했고, 16세 때 어머니가 보험회사 외판원으로 취직한 덕분에 방학 때 어머니를 따라 보험을 팔아보기 시작한 것이 세계적인 보험 세일즈맨이 된 계기가 되었다. 그는 보험회사 판매원이 된 이래 1920년대 말 20대에 이미 1천명을 거느린 보험회사 사장이 된다. 클레멘트 스톤은 아침에 출근하면서 책상에 붙여 놓은 글귀를 늘 큰 소리로 읽고 출근을 했다고 한다.

"나는 오늘 기분이 좋다. 나는 오늘 건강하다. 나는 오늘 너무 멋지다." 그리고 사무실에 와서는 직원들에게 "지금 하라"는 구호를 50번씩 외친 다음 하루 일과를 시작하게 하였다. 그 결과 1930년대 말 대공황 때도 많은 매출을 올렸고, 1960년대에는 직원이 5천명이 넘는 거대한 회사로 크게 성장하였다. 스톤은 반복적인 다짐 때문에 가난을 극복하고 성공한 부자가 될 수 있었으며, 아침마다 외친 문구 덕분에 그런지 1902년에 태어나 2002년까지 건강하게 살았다고 한다.

클레멘트 스톤은, "사람들 간의 차이는 미미하다. 그러나 그 미미한 차이가 큰 차이를 만들어낸다. 미미한 차이는 태도이고, 큰 차이는 그 차이가 긍정적이냐, 부정적이냐 하는 것이다."라고 말한다. 또한 스톤은 아침마다 출근하기 전에 거울을 보며 이렇게 말했다고 전해진다. "세상이 나를 위해 어떤 좋은 일을 꾸미고 있을까?" 자기암시법의 최대 단점은 부정적인 말을 반복해서 기원해도 그대로 이루어진다는 것이다. 부정적인 말을 계속 사용할 것인가, 긍정적인 말을 계속 사용할 것인가는 오로지 자신의 선택에 달려 있다. 매일 아침 에밀꾸에가 말했던 것처럼 하루 일과를 시작하기 전에, "나는 날마다 모든 면에서 점점 더 좋아지고 있다."라고 20번 이상 말해보시기 바란다.

12. 자기개방(self-disclosure)의 힘

현대생활에서 스트레스가 없는 삶은 불가능하게 되었다. 스트레스 관리의 적극적인 해결방안의 하나로 많은 행동수정주의 심리학자들은 자기개방(자기표현 훈련)을 권고하고 있다.

한국적인 문화. 환경. 교육조건은 정서관리와 통제 교육이 없는 형편이다. 우리나라 대부분의 사람들은 자기표현. 스트레스 관리. 자기정서 및 감정의 관리와 통제훈련을 받지 않고, 옛사람의 것보다 더 크고 더 각박한 문제를 더 많이 더 빨리 해결하도록 강요당하고 있기 때문에 현대인은 크게 고민하고 있는 실정이다. 문제해결의 열쇠로서의 자기표현 필요하다.

올바른 소통을 위해서도 자기개방이 필요하다. 자신의 생각과 느낌을 솔직히 표현하는 적절한 자기개방이 필요하다. 우리는 말을 통해서 의사소통을 한다.

속에 담고 있으면 병이되고, 밖으로 토출하면 시원한 치료의 효과가 있다.

내안의 감정과 처지를 털어놓음으로 카타르시스(정화)의 효과가 있다. '자기 자신을 털어놓는 것'은 부정적인 감정과 정서를 경감시킬 수 있다. 자기개방은 문제해결에 큰 도움을 준다. 자기 개방은 자신이 변화되어야 한다는 필요성에서 비롯되어야 한다. 나의 삶에 문제가 있다는 사실 인식 속에서 삶을 오픈해야 변화를 위한 구체적인 적용과 결단이 가능하게 된다. 그러나 자기 개방이라고 해서 아무것이나 다 말할 수 있는 것이 아니다. 자기 개방이 훈련에 효과적이라고 해서 모든 것을 말할 필요도 없고, 해서도 안 된다. 자기 개방은 함께 위로와 격려, 도전과 경고가 되는 수준에서 실시되어야 한다. 자녀의 치명적인 개인 문제, 배우자와의 부부싸움 또는 배우자의 부도덕한 생활 등 부정적인 부분을 오픈하는 경우에는 정말 이 이야기를 오픈하는 것이 유익한지를 생각해봐야 한다. 반대로, 긍정적인 것이라 할찌라도 다른 훈련생들과 비교되는 것은 오픈하지 않는 것이 좋다. 자기 개방은 신세 한탄이나 자기 자랑의 기회가 결코 아니다.

실제로 자기 개방은 훈련의 성과를 높이는데 크게 작용한다. 따라서 가능한 한 빨리 자신을 오픈하고 자신의 있는 그대로의 모습을 보이는 것이 훈련을 제대로 받는 지름길이다. 남에게 알리고 싶지 않은 부분이 있는 것은 이해가 된다. 나에 관하여 다른 사람들이 모두 다 알게 되면 괜히 나만 손해를 보는 듯 한 느낌도 받을 것이다. 하지만 자신의 실체를 숨기고 다른 모양으로 포장하면 할수록, 훈련의 효과는 떨어지게 된다. 나를 포장하고 숨길수록 그것을 지키기 위해 더 많은 에너지가 필요할 것이고, 이러한 노력에 들어가는 에너지는 결국 훈련을 위해 쏟아야 할 힘을 빼앗고 말 것이다.

솔직하게 자기를 개방하고 싶어도 주저하게 되는 때는, 아마도 부정적(화, 분노, 원망, 짜증, 미움, 적개심 등)인 이야기를 하고 싶을 때라 생각한다. 물론 사람마다 개인차가 있어서 어떤 사람은 긍정적인 말보다 부정적인 대화를 하는 게 익숙한 사람들도 있다. 그러나 일반적으로 긍정적인 표현보다 부정적인 표현을 하는 것이 더 어렵다. 특별히 직장 안에서는 누군가에게 기분이 상했거나, 화가 났다거나 했을 때 자기개방을 하는 게 좋다고 해서 무조건 자기 목청껏 감정을 드러내는 사람은 드물다. 우리네 직장인들은……. 하루에도 부정적인 말들을 하려다가도 쑥 참고, 다시 먹어버리게 되는 게 현실이다. 내 마음 속에 있는 말을 다 하고 싶어도 다 할 수 없고, 그것을 어떻게 해야 될지 몰라 속으로 부글부글 하다가 혼자서 참고 만다. 아마도 윗사람들에게는 더더욱 그러할 것이다. 대부분의 직장인들은 그동안 노력한 부분에 대해 알아주기를 바라고, 내가 한 업무에 대한 긍정적인 피드백을 통해 칭찬과 인정을 받기를 원한다. 그러나 인정반응 보다는 평가, 비난, 질책, 충고, 경고, 위협 등의 메시지를 받게 될 때 우리는 낙담이 되고, 불안함, 긴장됨, 초조함, 두려움, 수치심, 자책감, 분노, 적개심 등의 부정적인 감정 등을 경험하게 된다. 이럴 때 어떻게 반응을 할 것인가?

 우선 감정이 고조돼 있는 상태에서는 즉각적인 반응을 멈춘다. 왜냐하면 감정적으로 대처하게 되면 자신이나 상대방에게 피해를 주기 때문이다. 그때에는 그 자리를 떠나거나 심호흡 등을 통해 감정의 흐름을 깨달아야 한다. 내 마음에 드는 감정이나 느낌을 바라보면서 상대방의 어떤 반응으로 인해 지금의 기분 상태가 되었는지 파악해야 하는 것이다. 그리고 나서 그 사람에게 내가 하고 싶은 말은 무엇인지 생각해보는 시간을 갖는 거다. 이때 "I message"를 사용해서 이야기 하면 다소 안전하게 자기 개방을 할 수 있게 된다.

첫째, 나를 주어로 해서 이야기를 시작한다. (You를 주어로 사용하게 되면 상대방을 비난하는 식으로 대화가 흐르게 된다.)

둘째, 상대방의 문제가 되는 행동과 상황을 구체적으로 말한다.

셋째, 상대방의 행동이 나에게 미친 영향을 구체적으로 말한다.

넷째, 상대방의 말이나 행동으로 인해 야기된 자신의 감정을 인정하고 이를 솔직하게 말한다.

다섯째, 내 말을 전달한 후에 상대방의 반응에 귀를 기울인다.

구체적인 예를 들어보면, 만일 어떤 상사가 부하직원에게 일을 지시했는데 마감 기한까지 일의 결과가 나오지 않자 "쓸데없는 소리 좀 그만하고 제발 시키면 시키는 대로 일 좀 해 봐라." 라고 말했다면 아마도 부하직원의 사기는 더 떨어지고, 마지못해 일을 마무리하게 될 것이다. 이럴 때 상사가 I message를 사용해서 말을 한다면, "나는 네가 지시한 일의 결과는 나오지 않고, '꼭 마감을 지켜야 합니까'라고 말하니(구체적인 행동) 나는 몹시 답답하다(감정 또는 영향)"로 바꾸어 말할 수 있다. 그리고 나서 부하직원이 하는 이야기를 들어준다면 정말 멋있는 상사가 되지 않을까...

멋진 상사님들이 적용해보면 좋겠다. 마지막으로 대화법을 안다고 해도 즉각적으로 적용하기는 어려울 것이다. 그리고 막상 현실에 직면하게 되면 어떻게 시작해야 될지 난감해서 원래 말하던 방식으로, 예전에 했던 방식대로 하게 된다. 우선은 대화법을 적용하기에 편안한 대상, 또는 안전한 대상에게 연습 해보기를 권한다. 그리고 그런 대화가 좀 익숙해지게 되면 점차 확대해서 대인관계에 적용하고, 그렇게 되면 언젠가는 편안하게 대화법을 사용하게 될 것이다.

자기개방을 하는데 필요한 몇 가지 원리

① 명료화 : 내담자로 하여금 자기 문제 상황과 제대로 활용하지 못한 기회(구체적인 경험, 행동 및 감정)를 아주 구체적으로 표현하도록 돕는다. 내담자가 자기 자신에 대한 이야기를 하다 보면 자신에 대해 어떤 조처를 취할 수 있게 되고 자기 자신에 대해 알게 된다.

② 관계형성 : 내담자로 하여금 상담관계가 더욱 발전되고 강화될 수 있는 방법으로 자신의 이야기를 하도록 돕는다. 존중과 진실, 능력개발의 가치가 관심 기울이기, 경청, 공감 및 탐색으로 표현되어야 한다는 것이다.

③ 행동 : 상담이 시작되면서부터 내담자가 학습한 것을 실천하게 한다.

13. 부정도 뒤집으면 긍정이 된다.

본디 인간은 긍정성보다는 부정성이 강하다고 한다. 긍정적으로 낙관하기보다는 부정적으로 대비하는 것이 생존에 더 유리했다는 분석이다. 진화과정에서 맹수의 공격을 미리 조심하고, 예기치 못한 최악의 위험 상황에 대비하는 부정적인 사고가 낙관적으로 대처하는 것보다는 생존에 긴요했기 때문이라는 해석이다. 하지만 부정적인 생각과 태도는 문제를 회피할 구실과 핑계, 그리고 변명만을 찾으려 한다는 데 문제가 있다. 그러다 보니 자연 문제나 상황을 바라보는 시야가 좁아진다. 이에 반하여 긍정적인 생각과 태도를 지니면 문제를 더욱 넓게 다양하게 바라볼 수 있다. 어떻게든 방법을 찾게 된다. 마치 배움이 넓지 않으면 안목도 좁아지고, 세상을 바라보는 눈이 편협하면 상황을 넓게 제대로 볼 수 있는 지혜를 얻지 못하는 이치와도 같다. 길을 가다가 돌이 나타나면 약자는 그것을 걸림돌이라 생각하는 반면, 강자는 그것을 '디딤돌'이라고 말한다.

어떤 사람이 죽어서 천국에 갔더란다. 가서 보니까, 천사들이 뭘 열심히 포장하고 있었다. 뭘 하고 있느냐고 물으니까, 사람들에게 줄 복을 포장하고 있다고 대답했다. 복이 사람들에게까지 잘 전해지도록 포장을 해서 보내는 거라고 했다. 그리고 복을 포장하는 포장지는 고난이라는 것이다. 고난은 단단해서 내용물이 파손되지 않고 잘 벗겨지지 않으니까 포장용으로는 제격이라는 것이다. 그러면서 천사가 하는 말이, 그런데 사람들이 고난이라는 껍데기만 보고 그 안에 복이 들어있는 줄도 모르고 '어이쿠 무섭다' 하면서 받지 않고 피해버리거나, 받아놓고서도 껍질을 벗기고 그 안에 들어있는 복을 꺼낼 생각을 하지 않고 고난만 붙잡고 어쩔 줄 몰라 한다는 것이다.

포장지를 어떻게 벗기는 거냐고 물으니까, 고난이라는 포장지를 벗기고 복을 꺼내는 열쇠는 감사라는 것이다. 고난을 무서워하거나 피하려고 하지 말고 感謝하면서 받으면 그 껍질이 벗겨지고 그 속에 들어있는 복을 받을 수 있게 된다는 것이었다. 그런데 사람들이 고난으로 포장된 선물을 받으면 감사하기보다는 불평을 해서, 껍질이 더 단단해지는 바람에 그 안에 있는 복이 세상에 나와 보지도 못하는 경우도 많다는 것이었다.

'고질병'에 점 하나를 찍으면 '고칠병'이 된다. 무관심의 대상인 '남'이라는 글자에서 한 획을 제거하면 그립고 반가운 '님'의 모습으로 다가온다. '빚'이라는 글자에 점 하나를 찍어 보면 찬란한 '빛'으로 탈바꿈한다. 이처럼 점 하나는 그렇게 중요하다. 살아가면서 겪는 역경도 뒤집으면 '경력'이 된다. '내 힘들다'와 '자살'이란 글자도 거꾸로 읽으면, '다들 힘내'와 '살자'가 된다. 절망이 응원과 격려가 되고, 삶의 체념이나 단념이 굳은 결의로 재탄생한다.

'자살'을 뒤집으면 '살자'가 되고, 부정하는 말 '노(no)'를 거꾸로 쓰면 앞으로 나아가는 뜻을 가진 '온(on)'이 된다. 중요한 것은 사실이 아니라 상황에 대한 해석과 시각이다. 그런데 무작정 긍정적으로 생각하고 낙관적으로 바라보는 것만이 능사일까? 아니다. 상황을 긍정적으로 바라보고 낙관은 하되, 반드시 현실을 직시해야 한다는 점이다. 낙관적인 믿음을 잃지 않으면서도 당장의 어려운 현실을 냉철하게 직시해 돌파해 내려는 현실주의자의 마음가짐 또한 중요하다. 다시 말해 긍정적인 희망은 갖되 냉혹한 현실은 직시하고 대응해야 한다. 진인사대천명(盡人事待天命)이라고도 했다. 자신이 할 수 있는 모든 것에 최선을 다하고 난 뒤에 그 결과를 기다리는 자세와 태도가 필요하다. 많은 경우 '불가능하다'는 것은 실체가 없는 하나의 의견일 뿐이며, 아주 작은 가능성일 뿐이라는 사실을 명심하자. 그것은 우리 마음속에 있는 허상에 지나지 않는다. 허상에 종속되거나 발목을 잡히기보단 긍정적인 시각과 자세로 방법을 찾고 해법을 모색하여 건설적인 미래를 만들어 나가는 삶의 태도가 중요하다.

14. 긍정화 하라

긍정은 놀라운 힘을 발휘한다. 긍정적으로 보면 모두가 감사할일이다. 긍정적으로 보면 풀리지 않을 문제가 없습니다. 부정을 긍정화 하는 방법이 있다.

그 첫 번째는 '인정하라'는 것입니다. 처한 상황을, 현재를, 팔자를, 운명을 인정하면 사랑하게 되고 사랑하면 새롭게 보이는 법이다. 그렇게 포기하거나 좌절하거나 체념하지 않아도 된다는 사실을 알게 된다. 인정한다는 것은 상대의 감정을 부정하지 않고 인정한다는 뜻이기도 하다. 상대의 감정을 있는 그대로 읽어 주고 한마음이 되어 주는 능력이 공감능력인 것이다.

하나가 되어 주는 것, 다시 말하면 '일체화'입니다. 부정적 상황과 대치하거나 싸운다고 부정적 상황이 나아지던가요. 부정적 상황을 차라리 안아버리는 것이 훨씬 쉽게 상황을 타개해 나갈 수 있음을 우리는 경험을 통해 알 수 있다. 더위와 싸우지 말고 하나가 되어 보세요. 땀을 흘리면서도 나쁘지 않은 기분을 느낄 수 있다. 자연과 싸운다고 이 길 수 있을까요.오히려 순응하는 것이 지혜로운 대처방법이다. 피하지 마시고, 고통조차 하나가 될 수 있을 때 고통을 이겨내는 방법이 될 수 있음을 안다. 일체화를 시키는 과정을 사랑의 7단계로 정리해 보겠다. I meet you, I think you, I like you, I love you, I want you, I need you를 넘어 급기야 I am. you가 될 수 있다.

두 번째는 '만약에~'란 가정법으로 상황을 비약적으로 극한상황과 비교함으로 그나마 천만다행이다 는 논리를 펴는 것이다.

세 번째는 현재 상황을 융통성 없이 바라만 보지 말고 양극단을 생각하는 양면적 사고법, 직선이 아니라 돌아갈 수 있는 곡선적 사고법, 거꾸로 생각할 수 있는 역설적 사고법, 나무가 아니라 숲을 바라볼 수 있는 총괄적, 관조적 사고법으로 창의적으로 표현하고 행하는 지혜가 필요할 것이다.

네 번째로는 이것도 저것도 아닌 반전적 사고법(거꾸로 법칙)입이다.

어떤 사람이 중병에 걸려 수술을 받았다. 그는 마취에서 깨어나자마자 고통을 호소하며 고래고래 소리를 질렀습니다. 그 때 그를 물끄러미 바라보고 있던 간호사가 이렇게 말했다. "잠깐만이라도 불평과 신음을 멈춰보셔요. 그러면 당신은 아직도 숨을 쉬고 있다는 사실을 발견하게 될 거예요." 그제야 그 환자는 "내가 느끼고 있는 고통은 아직 나에게 생명이 있다는 증거입니다." 라고 고백하며 자신이 살아있음을 감사했다고 한다.

그렇다. 지금 이렇게 살아있다는 것만으로도 기적과 같은 일이며 감사할 일이 아닐까?

스트레스를 받는 다구요? 거꾸로 생각하면 살아 있으니 스트레스도 있는 것 아니겠는가? 직원이 속을 썩인 다구요? 그건 사업장을 갖고 있다는 반증이기도 한 것이다. 업무과중으로 피로가 쌓인 다구요? 그것은 해야 될 일이 있다는 것이다. 이처럼 반전적 사고법내지는 거꾸로 법칙을 적용하면 안 될 일이 없다.

'그러려니' 하라

    세상살이 내 뜻대로만 된다면야 무슨 재미가 있고, 무슨 낙이 있겠는가. 그래도 그냥 넘기지 못하는 우리네 삶이 안타깝고 슬프게 다가올 때 그러려니 하라.

    사랑이 내 뜻대로만 된다면야 항상 행복하고, 가슴 아파할 일 없겠지만 그래도 상처받은 내 마음이 속상하고 안타까움으로 다가올 때 그러려니 하라.

    세상의 힘든 일들과 인간관계가 잡초처럼 무성히 내 주위에서 돋아 날 때 그러려니 하고 웃어넘겨라.

    마음의 짐이 버겁다 느낄 때 그냥 그러려니 하며 크게 웃는다면 살아 볼만한 삶이 내 앞에 기다리고 있을지도 모른다.

    한국 사람들은 어떤 일을 할 때 그 자리에서 끝장을 보려고 하는 경향이 있다. 뽑든지 뽑히든지 아니면 죽든지 죽이든지, 자신의 대에서 반드시 승부를 내려고 한다. 그래서 다혈질적이고 극단적인 결단을 하는 경우가 비일비재하다. 사적으로 내일을 기약할 수 없는 일들이 많았던 탓에 아마도 이런 성향을 갖게 된 것 같다. 한걸음 뒤로 물러서서 다시 생각해 본다든지, 이번에는 양보하고 다음 기회를 엿보는 모습을 좀처럼 찾아보기 어렵다. 세상에는 단번에 끝나는 것이 거의 없기 때문에 가능하면 천천히 시간을 가지고 모두에게 유리한 결정을 모색하는 것이 현명한 일이다. 항상 겸손하고 유순하게 "그러려니" 하는 마음을 가지고 살아야 후회하지 않는다는 것을 비로소 알게 된다.

    세상일 다 뜻대로 되지 않는다. 관계도 그렇다. 언제나 마음이 맞을 수는 없다. 상대의 결정이 항상 좋아 보일 수도 없고, 이해되지 않는 것도 많다. 그럴 때 등장하는 말이 '그러려니'다. 일종의 포기 선언이다. 이해할 수도 없고, 동의할 수도 없고, 사랑할 수도 없을 때 '그러려니'의 자리는 부부간의 충돌을 피하게 하는 완충 지대가 된다. 우리 부부가 지난 13년간 성공적으로 결혼생활을 유지할 수 있었던 가장 중요한 비결은 '그러려니'가 아니었나 싶다.

함께 살다 보면 서서히 쓸 일이 줄어간다. 지금은 이해할 수 없는 것이, 지금은 동의할 수 없는 것이, 지금은 사랑할 수 없는 것이 '그러려니' 하며 살아가다 보면 언젠가는 이해되고, 언젠가는 동의되고, 언젠가는 사랑하게 된다.

15. 행동으로 마음을 바꿔라

감정에 따라 행동이 바뀌는 것이 일반적이지만 그와 반대로 행동에 따라 감정이 바뀌기도 한다. 이를 심리학에서는 '가역성의 법칙'이라 고 하는데, 어떤 일에 대해 긍정적으로 행동하면 긍정적인 감정이 생기고, 부정적으로 행동하면 부정적인 감정이 생기는 원리이다. 다시 말 해, 행동으로 자신을 조절할 수 있다는 것으로, 흔히 기분이 좋지 않아도 웃다 보면 행복감이 느껴지는 경우를 떠올릴 수 있다. 마음이 내키지 않거나 자신 없는 일이라 할지라도 의욕적인 태도로 열심히 하다 보면 어느 순간 마음속에서 열정이 솟아나 결국에는 좋은 결과를 얻을 수 있습니다. '성공하려면 성공한 사람처럼 하라'고 말하는 것도 이런 이유에서이다.

기도의 핵심은 믿음이다. "믿음은 바라는 바의 실상이요, 보이지 않는 것들의 증거일지니." 믿음만으로 못 가지는 효과를 갖추기 위해서 이해가 필요하다. "지혜를 얻으라. 또 네가 얻은 모든 것으로 명철을 얻으라."

만약에 열이 물리적 운동을 발생시킨다면, 물리적 운동으로도 열을 낼 수 있습니다. 원인과 결과, 에너지와 물질, 작용과 반작용은 같은 것이고 서로 바뀔 수 있습니다. 이것을 '가역성(可逆性)의 법칙'이라고 한다.

하이테크 헤드폰을 만드는 회사가 시장 조사를 하기 위한 것이라면서 일군의 학생들을 모집했다. 회사 측은 학생들에게 헤드폰 세트를 착용한 채 머리를 격렬하게 움직여도 헤드폰이 잘 작동하는지 시험해 보라고 했다. 학생들은 헤드폰을 통해 노래를 들은 후, 대학의 수업료를 현재의 587달러 수준에서 750달러로 인상해야 한다고 주장하는 라디오 논설을 들었다. 학생들 중 1/3에게는 노래를 듣는 동안 머리를 좌우로 세차게 흔들도록 했다. 다른 1/3에게는 노래를 듣는 동안 위아래로 고개를 흔들도록 했다. 나머지 1/3은 통제집단으로서, 머리를 흔들지 않고 가만히 있게 했다.

실험이 끝나자 학생들에게 짤막한 설문지가 주어졌다. 고개를 흔드는 것이 헤드폰에 어떤 영향을 주었는지를 물었다. 그리고 마지막 부분에 실험자들이 정말로 대답을 듣고 싶어 하는, '학부생들의 연간 등록금이 어느 정도면 알맞다고 생각하느냐?'라는 문항을 슬쩍 넣어두었다.

결과는 놀라웠다. 머리를 흔들지 않고 가만히 있었던 학생들은 논설의 영향을 받지 않았다. 그들은 582달러가 적당하거나 아니면 기존의 수업료 수준과 비슷해야 한다고 답변했다. 그런데 머리를 좌우로 흔든 학생들은 기존의 등록금에 강력히 반발했다. 그들은 연간 등록금이 467달러 수준으로 인하되기를 바랐다. 반면 머리를 위아래로 흔든 학생들에게는 라디오 논설이 대단히 설득력이 있었다. 평균적으로 그들은 등록금을 646달러 정도로 인상하기를 원했다. 실험에 참여한 학생들은 단지 헤드폰 세트의 성능을 실험하는 것이라는 말을 듣고 머리를 흔들었을 뿐이지만, 머리를 흔든 방향에 따라 등록금 인상에 대한 우호성이 달라진 것이다.

우리는 통상적으로 감정에 따라 행동이 바뀌는 것으로 알고 있다만, 그 반대의 경우도 성립한다. 위의 예에서처럼, 행동에 따라 감정이 바뀌기도 하는 것이지요. 이것을 심리학에서는 '가역성의 법칙(Law of Reversibility)'이라고 합니다. 긍정적으로 행동하면 긍정적인 감정이 만들어지고, 부정적으로 행동하면 부정적인 감정이 생긴다는 것이다. '성공하려면 성공한 사람처럼 행동하라'는 것도 바로 이 이유 때문이다.

힘들다고 해서 움츠려들면 점점 더 자신감을 잃게 됩니다. 힘들수록 오히려 가슴을 활짝 펴고 전혀 힘들지 않은 것처럼 행동하라. 그러다 보면 어느새 자신감이 솟구쳐 오르는 것을 느끼게 될 것이다.

감정에 따라 행동이 바뀌는 것이 일반적이지만 그와 반대로 행동에 따라 감정이 바뀌기도 한다. 이를 심리학에서는 '가역성의 법칙'이라고 하는데, 어떤 일에 대해 긍정적으로 행동하면 긍정적인 감정이 생기고, 부정적으로 행동하면 부정적인 감정이 생기는 원리이다. 다시 말해, 행동으로 자신을 조절할 수 있다는 것으로, 흔히 기분이 좋지 않아도 웃다 보면 행복감이 느껴지는 경우를 떠올릴 수 있다. 마음이 내키지 않거나 자신 없는 일이라 할지라도 의욕적인 태도로 열심히 하다 보면 어느 순간 마음속에서 열정이 솟아나 결국에는 좋은 결과를 얻을 수 있다. '성공하려면 성공한 사람처럼 행동하라'고 말하는 것도 이런 이유에서이다.

16. 당신의 운명을 몰고 가는 주인공이 되어라

힘겹게 일에 몰두하다 보면 온 몸에 땀이 흔건하게 흐를 때가 있다. 일이 끝난 후 시원하게 샤워라도 한 후에 수박 한 덩이 짤라 먹으며 휴식을 취할라 치면 온 세상이 내 세상인 듯 부러울 때가 없다. 그래서 땀은 우리네 인생에서 가장 숭고하고 고귀한 배설이란 생각이 든다.

가장 장수하는 직업이 음악가라고 한다. 카라얀 스토코프스키 등 세계의 저명한 지휘자들이 대부분 90세 정도의 장수를 누렸다. 그들은 연주나 지휘를 하는 동안 최고의 행복감을 느끼기 때문에 엔도르핀이 솟는다. 즐기면서 일하는 이들은 음악에 심취해 몸을 움직이는 동안 청중의 사랑과 명예와 부(富)가 따라 붙는다. 예술가처럼 직업이 취미고 취미가 직업이 되어야 한다.

무슨 일이든지 취미로 하면 피곤하지 않다. 재미가 있고 즐거움이 있다. 예를 들어 등산이 취미인 사람은 등산 자체를 즐거워한다. 산에 오르는 것이 때로는 힘들고 괴로 워도 결코 불평하거나 좌절하지 않는다. 고

생 끝에 정상에 올랐을 때의 그 엄청난 보람과 희열 때문에 땀을 흘리면서도 즐거워하는 것이다.

산에 오르면서 "아이고 힘들어 죽겠다???" 라며 불평하는 사람은 취미로 등산하는 사람이 아니라 쓰레기 줍는 사람과 같이 직업으로 산을 오르는 사람이다.

어떤 일을 잘하는 사람은 예외 없이 그 일을 즐긴다는 특징이 있다. 나도 글 쓰고 강연하는 것을 취미로 여기려고 노력한다. 아니 진정 취미다. 강의, 강연하는 것이 즐겁다. 천신만고 끝에 원고가 책으로 되는 순간의 그 기쁨은 아마도 산모가 진통 끝에 출산한 아이를 보는 것과 같을 것이다.

저녁에 들어갈 때에는 "취미생활하고 왔다"라고 생각하는 하루였다면 비록 몸은 지치고 피곤하지만 마음에는 보람과 감격이 넘칠 것이다. 힘들고 어려운 일을 취미화 하기 위해서는 우선 마음의 자세를 긍정적으로 가져야 한다. 무슨 일이든지 할 수 없어서 하는 것이 아니라 좋아서 하는 것이 되어야 한다.

일과 노동을 취미화하는 가장 좋은 방법은 은사를 활용하는 것이다. 은사란 하나님의 성령께서 주시는 능력이다. 내 힘만 가지고 일하면 힘들고 피곤하지만 성령의 힘을 의지하여 봉사하면 기쁘고 즐거울 뿐만 아니라 효과적이다.

어렵고 힘들더라도, 다른 사람들로부터 인정을 받지 않더라도 노동의 기쁨, 성취의 기쁨으로 극복해야 한다. 기쁨은 인생의 휘발유이다. 자동차가 아무리 좋아도 휘발유가 없으면 앞으로 나갈 수 없는 것처럼 인생도 아무리 조건이 좋고 돈이 많아도 참 기쁨이 없으면 살맛이 없는 것이다.

　세상 사람들은 '공부해서 남 주냐?'며 공부한다. 그러나 우리는 '공부해서 남 주자!'는 정신으로 공부해야 한다. 공부는 남을 주기 위해서 해야 한다. 공부해서 남을 주지 않기 때문에 공부한 사람들이 더 나쁜 사람이 되는 것이다. 세상 사람들은 '출세해서 남 주냐?'는 말을 한다. 우리는 '출세해서 남 주자!'는 말을 하여야 한다. 남을 돕고 섬기기 위하여 출세를 하지 않고 애초부터 자기 자신을 위하여 출세를 하려고 하기 때문에 출세한 사람들 중에 나라를 망치고 나쁜 일을 하는 사람들이 많이 나오는 것이다. 사람들은 '돈 벌어서 남 주냐?'하며 돈을 번다. 그렇다. 돈을 남 주기 위해 벌어라. 남을 위해 사는 삶만큼 즐겁고 아름다운 일도 또한 없지 않는가.

　당신은 일을 즐겁게 하고 있는가? 그렇지 않다면 무엇이 문제일까? 정녕 취미로 할 수 없는 직업 (일)이라면 바꿔 볼 수는 없을까?
　바꿀 수 없다면 지금 하고 있는 일에 재미를 가져 보아라. 재미를 붙일 수 있는 요소를 발견하든, 가미하든 재미를 찾아라. 그러면 당신의 노동(일)의 효율은 그 만큼 증대될 것이고, 차차 주위에 능력을 인정받게 될 것이다.
　운동이나 노동 혹은 땀을 흘리며 몰두한 후 온 몸에 흘린 땀을 샤워로 씻고 휴식을 취할 때의 그 상쾌함과 기쁨을 맛본 적이 있는가?
　하루하루 매일 그런 기쁨 속에 살아간다면 바로 그 곳이 낙원이 아닐까? 바로 그 곳이 천국이 아닐까?
　그럼에도 불구하고 사람들은 지옥 속에 하루하루를 전쟁처럼 곤욕을 치르며 사는 사람들이 있다면 얼마나 불행한 인생일까?

　인간의 운명은 성실한 노력과 생활 자세에 의해 얼마든지 개선될 수 있다. 자기의 운명은 자신의 노력이 미치지 못하는 곳에 있는 것이 아니라 결국은 자기 자신이 직접 만드는 것이다. 악한 마음, 게으른 마음, 성급한 마음에서 나쁜 운명이 만들어지기도 하고, 어진 마음, 부지런한 습관, 남을 돕는 온정으로 좋은 운명이 만들어지기도 한다.
　결국 운명은 외부에서 오는 것이 아니고 자신의 내부에서, 혹은 자기 성격에 의해서 만들어진다. 모든 사람은 좋건 싫건 간에 자기의 운명을 자기 스스로 만드는 것이다.
　결코 운명은 사람을 차별하지 않는다. 그 사람 자신에게 달려있다. 주어진 운명대로 살아가는 사람이 있는가 하면, 또 어떤 사람은 그 운명을 바꾸기도 한다. 운명에 눌려서 이끌리며 살기보다는 자발적으로 다가오는 운명을 이끌고 사는 것이 얼마나 값있고 보람이 있겠는가!
　뜻이 있는 자는 운명을 안내하고, 뜻이 없는 자는 질질 끌려 다닌다. 그리고 운명은 노력하는 사람에 의하여 창조된다.
　이 세상에서 흔히 말하는 운 같은 것은 없다. 모든 것은 땀을 흘리고, 잠을 줄이고 밤을 새우면서 부지런히 노력하는 데 있다. 그러므로 운명에 굴복하는 나약한 사람이 되지 말고 운명을 몰고 가는 의지의 사람이 되어야 한다. 결국 나의 운명은 나의 가슴속에 있으며, 나의 수중에 있다.

17. 성공의 자화상을 가져라

 산다는 것은 무엇인가? 사람은 누구나 태어나서 일정 기간 살다가 죽는다. 인간은 살아가는 동안 행복한 삶을 위하여 여러 가지 노력을 한다. 그러면 성공적인 삶이란 무엇인가?
 그것은 행복한 삶을 영위하는 것이다. 일반적으로 사람들이 추구하는 행복은 다음과 같은 몇 가지 유형으로 구분된다.
 첫째, 물질적인 것을 통해서 행복해지려는 것이다. 즉 좋은 옷이나 자동차 크고 훌륭한 집 등을 가짐으로써 행복을 얻으려는 사람이다. 둘째, 물질보다는 명예와 권력에서 행복을 찾으려는 것이다. 셋째, 자기가 하고 있는 일 자체에 만족함으로써 행복감을 느끼려는 것이다. 이런 사람들은 다른 사람들이 보기에는 전혀 행복의 조건을 가지고 있지 못한 것처럼 보인다. 그러나 본인은 이러한 외부의 견해와는 상관없이 행복한 삶을 산다.
 이 세상에서 가장 불행한 사람은 내일의 꿈이 없는 사람이다. 이런 사람은 죽음을 기다리는 노인이나 짐승과 다를 바가 없다.
 괴테는 진정한 명작이라고 일컬어지는 장편 시집 "파우스트"를 끝내고 숨을 거두었는데 그가 83세까지 살 수 있었던 것은 평생 걸려 써 온 "파우스트"의 마지막 장에 마침표를 찍기 위해서였다. 다시 말해 괴테는 시집을 완성시켜야 한다는 목표 때문에 오래 산 것이었다. 시집이 완성되자 그는 숨을 거둔 것이었다. 만일 "파우스트"가 더 늦게 완성되었다면 괴테는 틀림없이 몇 해 더 살았을 것이다. 이처럼 살면서 어떤 목표를 세우고 그 목표를 이루기 위해 최선을 다하는 삶이야말로 진정 아름답고 값진 삶인 것이다.

필자는 십여 년 전부터 많은 사람들에게 영향력을 미치는 사람이 되고 싶었다. 그래서 시작한 것이 성공과 행복 그리고 스피치(말)에 관한 관심을 갖고, 자료를 수집하고, 공부하고, 일 년에 두세 권을 책을 저술하고, 출강하며 여기가지 왔다. 올해엔 EBS와 KBS 시리즈 강의를 하는 게 목표이다.

독자 여러분은 현재 인생의 목표(꿈)은 무엇인가?

최고가 되겠다는 다부진 꿈을 꾸자. 나만이 할 수 있는 일이 무엇일까를 찾아보는 것이다. 그곳에 80:20(파렛트의 법칙)을 적용해 핵심 역량을 쏟아 붓는 것이다.

누구나 할 수 있는 일(Number One)보다는 나만이 할 수 있는 일(Only One)을 찾아 미쳐보는 것이다.(불광불급;不狂不及)

'폴 마이어'의 '이루고 싶은 어떤 가상적인 일(목표)을 반복하고 반복해서 생각하면 그것이 잠재의식 속에 영향을 미쳐 현실로 이루어진다'는 '성공의 법칙'을 믿으시기 바란다.

사람들은 충족된 조건 속에서의 일을 성취는 사람보다는 극한적인 상황이나 어려운 여건 속에서도 굴하지 않고 최선을 다하는 삶의 모습은 감동을 받는다.

마라톤 경주에서도 일등의 영광을 안는 선수의 모습도 감동적이지만 차라리 인간의 한계를 느끼며 관중이 이미 다 떠나 버린 스타디움을 들어오는 선수의 모습은 정말 감동적이라 하지 않을 수 없다.

"하늘은 스스로 돕는 자를 돕는다"고 했다. 어려운 상황일수록 용기와 희망을 갖고 큰 꿈을 꾸어야 한다. "미래는 꿈꾸는 자의 것이다."라는 말이 있다. 아무리 어려운 역경과 고난이 있더라도 좌절하거나 낙담하지 않고 모든 장애를 극복하고 인간 승리의 드라마를 연출하는 사람들이 이 시대의 주인공들이다.

　사람들은 흔히 외부의 조건과 환경에 맞춰 살아가고 있는 것으로 착각한다. 그러나 당신의 인생은 당신의 선택의 결과물인 것이다. 내가 생각했기에 내가 선택한 내 인생이다. 오늘의 나는 내 스스로 지난 과거부터 일관되게 생각해 온 바의 '나'이다. 또한 **미래의 '나'는 오늘 내 스스로 꿈꾸는 내 모습일 것이다.**

　사람들은 이처럼 인생이란 하얀 백지 위에 자신의 생각대로 그려낸 모습 그대로가 당신의 삶의 모습인 것이다. 따라서 우리는 긍정적인 생각으로 성공의 그림을 그려야 한다. 그것이 '성공의 자화상'이다.

　그러나 '실수하면 어쩌나!'란 우려를 갖게 되면 '머피의 법칙'이 발동하여 실수를 낳는다. 사람 앞에서 멋진 스피치를 할 때도 성공의 확신을 가져라. 그러면 좋은 반응을 얻을 수 있게 될 것이다. 그러나 실수를 염려하면 영락없이 실수하고 만다.

　'이제 성공할 수 있어! 잘 할 수 있을 거야, 난 성공인이니까!' 란 성공의 확신, 성공의 자화상을 가져보자!

Chapter3
말할 거리를 준비하면 든든해진다

적자생존_ 밀림의 법칙, 양육강식과 적자생존이였다. 하지만 이 시대는 적어야 생존이 가능하다. 많은 정보가 스나미처럼 밀려드는 시대에 내가 필요한 정보를 얻기 위해서는 적는 습관이 무엇보다 중요하다. 평소의 적는 습관이 지적 창고를 채워주며 좋은 생각과 아이디어를 창출하게 된다. 작은 습관이 쌓이면 태산도 움직일 수 있다.

'저는 할 말이 별로 없어요!'

말하는 사람이 말할 꺼리가 없다면 더 무엇을 말하겠는가?

살아 있는 자체만으로도 사건의 연속인데 왜 할 말이 없다는 것일까 의아하기도 하지만 전혀 이해가 안 되는 바도 아니다.

개똥도 약에 쓰려면 없다고 주제를 정해서 말을 하려면 실상은 만만치 않은 것이 사실이기도 하다. 그러기에 평소에 개똥이라도 모아 놓아야 한다는 말이 된다. 평소의 관심과 지적 호기심을 갖는 것이 중요하다. 모든 일과 사물에 관심을 갖고 관찰력을 동원하면 새로운 것을 발견하게 되는데 그것이 말의 자료로 충분하다. 그런데 사람의 기억력은 한계가 있으니 그것을 메모하고 스크랩 해나가면서 지적 창고에 저장해 놓았다가 필요할 때 꺼내 쓰면 되는 것이다. 그러면 이제 말할 꺼리가 없다는 말은 하지 않아도 되게 되어있다.

어떤 이는 '그럭저럭 말은 이어 가겠는데 내가 말하면 분위기가 시큰둥합니다.'라며 하소연 해 오는 경우도 있다. 지식이나 정보 혹은 자신의 주장을 피력할 줄 아는데 청자를 사로잡을 수 있는 에너지가 없다는 얘기다.

사람을 호기심을 유도하고 사람의 마음을 사로잡을 수 있는 힘은 어디에 있을까?

최근 신조어 중에 Edu-tainment 란 말이 있는데 이 말은 Education과 Entainment의 합성어다. 이 신조어를 보면서 우리는 교육의 현장에도 오락적인 재미가 있어야 한다는 논리를 추출해 낼 수 있다. 그럭저럭 얘기를 하겠는데 재미가 없는 것이 문제가 된다는 것이다.

그렇다면 문제 해결은 자명하다. 관심을 끌게 말하는 법, 재미있게 말하는 법을 배우면 될 것이다.

스피치에서 무엇을 말할 것인가는 이처럼 중요하다.

구닥다리 정보를 가지고 말을 한다면 청자의 관심을 끌 수 없을 것이다. 딱딱하고 지루한 얘기만 들어 놓는거나 깨깨 묵은 지식을 논한다면 청자는 세상에서 가장 값어치 없는 눈물을 흘리고 말 것이다. 입을 크게 벌리고 하는 하품을 하면서 말이다.

그렇다면 무엇을 말해야 할 것인가는 자명해 진다. 내용이 충실하고 생소한 것이라면 청자는 표현이 다소 서툴러도 관심을 갖고 열심히 경청하게 될 것이다. 다시 말해 내용이 좋으면 말이 빛을 발하게 된다.

그렇다면 좋은 내용이란 무엇인가?

우선 이론적으로 깊이와 논리가 있어야 한다. 약장수처럼 겉만 번즈르해서는 안 된다. 말의 골격에는 심오한 사상과 깊이 있는 이론적 바탕이 있어야 한다. 그러나 비록 자기가 좋아하는 분야에 관한 이야기라 하더라도 추상적인 이론만을 전개하고 있으면 듣는 사람들은 금방 싫증을 낸다. 골격만 있는 이론적 나열형의 스피치는 상대방이나 청중에게 자칫 드라이한 느낌을 주어 지루함을 갖기 때문이다. 따라서 마음을 자극할 수 있는 적절한 예화가 있어야 한다. 예화는 어떤 것을 이해시키거나 어떤 문제에 관한 공감대를 불러일으키는데 있어서 극히 효과적인 방법이다.

뿐만 아니라 어제 한 얘기한 사실과 오늘 한 얘기가 사실이 다르고 오늘 한 얘기가 내일 번복이 된다면 어느 누가 그 말을 믿고 따르겠는가?

말에는 진실과 정의를 바탕으로 소신이 담겨 있어야 믿음과 신뢰를 갖게 할 수 있다는 것을 강조하고자 한다.

1. 이야기의 레퍼토리를 준비하라

　노래방에 가면 다 평소에 즐겨 부르는 노래가 있다. 소위 '십팔번'이라는 '레퍼토리'이다. 잘 부르는 단골 메뉴, 준비된 노래이니 가볍게 부를 수 있다.
　스피치에도 레퍼토리가 있어야 한다. 평소에 관심을 가지고 자료를 모으거나 메모해 생각해 두었던 나만의 이야기, 그것을 소위 '이야기보따리' 혹은 '스몰토크(small talk)'라 한다.
　스몰토크(small talk)는 스피치에서 전천후 역할을 발휘해 스피치의 조미료로서 감칠 맛 나는 맛과 향기를 더해 주게 된다. 음식을 만들기 위해 신선한 재료를 준비하듯이 말에도 사전에 신선한 말감과 소재가 준비되어야 함은 당연한 논리이다.

● **관찰력을 동원하면 지적 활동을 꾸준히 하라**

　훌륭한 스피커(화자)는 무엇이든 많이 읽는다는 건 필수다. 그러나 단지 읽는 것으로만 끝난다면 허사가 되고 만다. 단순한 독서행위는 쉬는 시간에 바둑을 두는 것과 같은 지적 소비행위에 불과하기 때문이다. 프레젠테이션을 하기 위한 독서의 목적은 자료를 구하는 데 있다. 그러니까 지적 소비행위로서의 독서가 아니라 지적 생산 활동으로서의 독서가 되지 않으면 안 된다. 흔히 책 한 권을 열심히 읽었다고 해도 하루만 지나면 대략적인 스토리만 머리에 남을 정도인데, 하물며 통계수치나 외국의 지명, 인명 따위는 더욱 기억해내기 어렵다.
　그러므로 당신이 읽고 경험한 것을 지적 자산화하려면 '기억'에 의존할 것이 아니라 메모와 스크랩을 통한 '기록'에 의지해야 한다. 더구나 엄청나게 쏟아져 나오는 정보를 눈과 귀로만 접하게 되는 경우에는 그 정보의 60%가 1시간 이내에 잊혀져버린다고 한다.

정보의 양이 많거나 활용도가 클 경우 메모와 스크랩은 더더욱 중요하다. 그런데 메모나 스크랩할 때 간단히 제목만 메모해 놓았다가는 도대체 무엇을 위한 자료인지 본인도 생각이 나질 않을 때가 있다.

자료나 정보를 처음 접할 때의 상황이 구체적이고 완전한 메모를 할 수 없는 상황이라면 일단은 단편적인 몇몇 키워드(key word)를 적어 둘 수도 있다. 그런 경우라도 가급적 빠른 시간 내에 자세한 내용을 재정리해 두어야 한다.

메모를 할 당시에는 모든 걸 자신이 파악하고 있는 것 같지만, 그 자료를 몇 달, 아니 몇 년 후에나 사용하게 될지도 모르기 때문이다. 그럴 경우 어떤 의도에서 자신이 그 메모를 적어둔 것인지 알쏭달쏭해지는 수가 많다. 따라서 메모든 스크랩이든 자세한 내용과 그 출처를 구체적인 기록으로 남겨놓는 것은 자료정리의 기본이라 할 수 있다.

2. 개똥도 약에 쓰려면 없다

스피치에 있어서 정작 중요한 것은 말재주가 아니라 말의 내용이 되는 개개인의 지적 자산이다. 지적 자산이 뒷받침되지 않는 말솜씨란 공허한 잔재주에 불과하다.

만약 당신이 자신의 화술에 문제가 있다고 느낀다면 평소 꾸준한 노력으로 해박한 지적 자산을 확보하는 데 관심을 기울여야 할 것이다. 물

흐르는 듯 한 달변에 화술이 유창하기는 하나 말에 알맹이가 없고 내용이 유치하다면 그건 장터에서 약을 파는 약장수의 말처럼 그저 기계적으로 하는 말에 지나지 않을 것이다.

무엇이 사람의 관심을 사로잡을까?

그칠 줄 모르고 솟아나는 약수처럼 이야기에 막힘이 없고 들을 거리가 풍부한 화제에는 누구나 귀를 기울이지 않을 수 없게 된다. 그러나 이야기의 내용이란 단순한 잡학사전식 나열만으로 풍부해지는 게 아니다. 여기서 말하는 내용이란 개개의 지식과 자신의 창조적 판단력을 결합시켜 하나의 새로운 생각을 만들어내는 폭넓은 것이어야 한다. 혹은 한 가지 사실이 다른 또 하나의 사실과 어떤 식으로 관계를 맺고 있는가 하는, 이른바 구조적인 연결고리를 파악하는 능력이라 해도 좋다. 그리고 또 한 가지 중요한 사실은 이야기의 내용이 흥미로워야 한다는 점이다. 대체로 사람들의 관심을 끌어 모으는 이야기는 다음 몇 가지 특성을 갖고 있다.

- **독창적인 것**: 그 사람이 아니면 들을 수 없는 특이한 체험 등은 주목을 끈다.
- **새로운 것**: 큰 사건이 나면 신문이 날개 돋친 듯 팔리는 것과 같은 이치이다.
- **구체적인 것**: 사람들은 추상적인 것보다 구체적인 것을 좋아한다.
- **효율적인 것**: 사람들은 모두 자기중심적인 성향을 갖고 있으므로 자기에게 필요한 것일수록 관심을 갖는다.
- **친근성**: 쉽게 공감할 수 있는 주변의 이야기에는 누구나 귀 기울인다.

- 극적 요소: 사람들은 자극적인 요소에 흥미를 느낀다.
- 서스펜스: 사건의 위기감이 증폭될수록 그 결말에 대한 궁금증도 더해지기 마련이다.
- 대립성: 이야기에 대립되는 요소가 있으면 흥미는 배가 된다.
- 유머: 웃음은 가장 쉽게 사람의 마음을 열게 하는 요소이다.

3. 무엇을 담을 것인가

어떤 노인이 길가에서 종이를 주었다. 그런데 이 종이는 향을 쌌던 종이라 참으로 좋은 냄새가 났다. 그래서 그 노인은 종이를 호주머니에 넣고 다녔다.

얼마 후 노인은 또 종이를 하나 줍게 되었다. 그런데 이 종이는 썩은 생선을 쌌던 종이라 아주 고약한 냄새가 났다. 그러자 노인은 이 종이를 불태워 버렸다.

그렇다! 포장이 중요한 것만은 아니다. 종이 안에 무엇이 들어 있는가 하는 것이 더 중요하다. 장맛만 좋다면 뚝배기 모양이 무슨 소용이 있으랴!

4. 평소에 말할 거리를 만들어라

말할 거리가 없는데 말을 하라고 하면 이보다 당혹스러운 경우는 없을 것이다. 원래 타고난 말솜씨가 뛰어난 사람이라면 복 받은 사람임에 틀림없다. 그러나 그런 사람이 우리 주위에 과연 몇 명이나 있을까?

 천부적인 말솜씨에 풍부한 지식까지 겸비하고 있다면 더 이상 바랄 게 없겠으나, 아마도 이 책을 읽는 독자들 중 대다수는 스스로 말솜씨가 없다고 여기거나, 아니면 정말로 말주변이 없는 사람일 가능성이 높다.

 화술에 있어서 정작 중요한 것은 말재주가 아니라 말의 재료가 되는 개개인의 지적 자산이다. 지적 자산이 뒷받침되지 않는 말솜씨란 공허한 잔재주에 불과하다.

 만약 당신이 자신의 화술에 문제가 있다고 느낀다면 평소 꾸준한 노력으로 해박한 지적 자산을 확보하는 데 관심을 기울여야 할 것이다.

 물 흐르는 듯한 달변에 화술이 유창하기는 하나 말에 알맹이가 없고 내용이 유치하다면 그건 결코 성공한 발표가 될 수 없다는 점을 기억하라.

• 목표는 뚜렷하게

 발표의 재료, 즉 화젯거리를 구할 땐 막연하게 이것저것 끌어 모으기만 해서는 곤란하다.

 먼저 목표를 확실히 하고 자료수집에 나서야 한다. 일단 자신의 관심사를 분명히 한 다음 어떤 내용을 어떻게 말 할 것인가 하는 발표의 주제를 결정해야 자료수집이 용이하다. 주제를 명확하게 결정하고 자료수집에 나서면 이상하리만치 그 분야에 관련된 꺼리들이 여기저기서 눈에 들어올 것이다.

 목표와 관심을 가지고 사물을 바라보면 평소에는 아무런 연관이 없는 것처럼 여겨지던 일들까지도 자신의 발표 주제와 매우 요긴하게 연결되어 있음을 발견하게 된다.

그러니까 한 분야에 대한 집중적인 관심은 곧 당신 자신을 전문가로 만드는 지름길이 되기도 한다는 것이다.

가령 동료들 간의 잡담이나 오며가며 듣는 뉴스, 심지어 신문 광고란에서까지 귀한 자료를 발견하게 된다.

- **항상 메모하고 스크랩하라**

훌륭한 발표를 위하여 무엇이든 많이 읽는다는 건 필수다. 그러나 단지 읽는 것으로만 끝난다면 허사가 되고 만다.

단순한 독서행위는 쉬는 시간에 바둑을 두는 것과 같은 지적 소비행위에 불과하기 때문이다. 발표를 하기 위한 독서의 목적은 자료를 구하는 데 있다. 그러니까 지적 소비행위로서의 독서가 아니라 지적 생산활동으로서의 독서가 되지 않으면 안 된다. 흔히 책 한 권을 열심히 읽었다고 해도 하루만 지나면 대략적인 스토리만 머리에 남을 정도인데, 하물며 통계수치나 외국의 지명, 인명 따위는 더더욱 기억해내기 어렵다.

그러므로 당신이 읽고 경험한 것을 지적 자산화하려면 '기억'에 의존할 것이 아니라 메모와 스크랩을 통한 '기록'에 의지해야 한다.

더구나 엄청나게 쏟아져 나오는 정보를 눈과 귀로만 접하게 되는 경우에는 그 정보의 60%가 1시간 이내에 잊혀져버린다고 한다.

정보의 양이 많거나 활용도가 클 경우 메모와 스크랩은 더더욱 중요하다.

그런데 메모나 스크랩할 때 간단히 제목만 메모해 놓았다가는 도대체 무엇을 위한 자료인지 본인도 생각이 나질 않을 때가 있다.

자료나 정보를 처음 접할 때의 상황이 구체적이고 완전한 메모를 할 수 없는 상황이라면 일단은 단편적인 몇몇 키워드(key word)를 적어 둘 수도 있다. 그런 경우라도 가급적 빠른 시간 내에 자세한 내용을 재정리해 두어야 한다.

메모를 할 당시에는 모든 걸 자신이 파악하고 있는 것 같지만, 그 자료를 몇 달, 아니 몇 년 후에나 사용하게 될지도 모르기 때문이다. 그럴 경우 어떤 의도에서 자신이 그 메모를 적어둔 것인지 알쏭달쏭해지는 수가 많다. 따라서 메모든 스크랩이든 자세한 내용과 그 출처를 구체적인 기록으로 남겨놓는 것은 자료정리의 기본이라 할 수 있다.

- **호기심을 자극하는 것은 모두 잡아라**

책이나 신문, 또는 TV에서 본 것이나 길거리에서의 경험 등 당신의 호기심을 자극하는 것은 무엇이든 일단 메모하고 스크랩하는 습관을 들이자.

일상생활 중에도 문득문득 생각나는 좋은 아이디어가 있으면 그때마다 지체 없이 메모해 두어야 한다. 만약 지나쳐 버린다면 막상 필요할 땐 어디에 무엇이 있는지 몰라 우왕좌왕하기 십상이다.

세상은 대형 거울과 같다

한 젊은이가 마을 어귀에 앉아있는 노인에게 물었습니다
`이 마을 사람들은 친절한가요?` 노인이 되물었습니다.
`젊은이가 떠난 동네는 어땠는가?` 그러자 젊은이가
`불친절 했습니다` 그러자 노인이 답했습니다.

'그렇다면 이 마을 사람들도 불친절 할 걸세'

칸트의 행복의 원천

행복의 원칙은 첫째 어떤 일을 할 것, 둘째 어떤 사람을 사랑할 것, 셋째 어떤 일에 희망을 가질 것입니다. - 칸트

행복은 끊임없이 무언가를 시도하는 사람에게 찾아오는 선물이다. 행동하는 자에게 찾아오는 것이다. 결과로 멈춰 있는 것이 아니고 늘 움직인다. 행복을 느끼는 순간이 있을 뿐이다.

우리 인간이 진정으로 추구하는 것이 행복이지만, 알아야 할 것은 행복은 사실이 아니고 느낌으로 표현되는 감정이라는 것이다. 일, 사랑, 희망을 통해 매 순간마다 행복을 느끼리라.

가장 지혜로운 삶의 방식

가장 이상적인 생활 태도는 물과 같은 것이다. 물은 만물에 혜택을 주면서 상대를 거역하지 않고, 사람이 싫어하는 낮은 곳으로 흘러간다. 물처럼 거스름이 없는 생활 태도를 가져야 실패를 면할 수 있다. -노자

강하고 큰 것은 아래에 머물고, 부드럽고 약한 것은 위에 있게 되는 것이 자연의 법칙이다. 천하의 지극히 부드러운 것이 천하의 강한 것을 지배한다. 가장 으뜸가는 처세술은 물의 모양을 본받는 것이다. 강한 사람이 되고자 한다면 물처럼 되어야 한다. 장애물이 없으면 물은 흐른다. 둑이 가로 막으면 물은 멎는다. 둑이 터지면 또 다시 흐른다. 네모진 그릇에 담으면 네모가 되고 둥근 그릇에 담으면 또 다시 흐른다. 네모진 그릇에 담으면 네모가 되고 둥근 그릇에 담으면 둥글게 된다. 그토록 겸양

하기 때문에 물은 무엇보다 필요하고 또 무엇보다도 강하다.

7分의 지혜

꽃잎을 피웠다가 다시 스스로 접을 수 있는 꽃은 떨어지지 않는다. 자기를 추스리는 힘과 미덕을 갖고 있기 때문이다. 꽃잎을 피웠다가 다시 접지 못하는 꽃은 곧 시들어 떨어진다. 자기를 추스리는 힘과 미덕을 잃었기 때문이다. 사람도 자기 몸의 기(氣)에 따라 몸을 폈다가는 굽혀주어야 한다. 벼슬길도 나아갔다가는 세상 이치에 따라 적절한 시기에 스스로 물러나야 한다. 이것이 삶의 도이다. 사람이 몸을 펴기만 하고 굽히지 못하거나, 벼슬에 나아갈 줄만 알고 스스로 물러나는 법을 모른다면 그것은 죽었거나 죽을 징조이다. 그런데 도대체 어디쯤 이르렀을 때 굽히고 물러나야 하는 것일까?

우리네 인생살이에서 그 때를 적절하게 잡는 것은 참 어렵다. 조선 후기에 은일지사로 일생을 보낸 안석경 선생은 매사에서 7분(分)에 이르면 중지하라고 충고했다. 벼슬이든 음식이든 7분이면 좋고 10분이면 가득 찬다고 했다. 7분을 넘어 10분에 가깝게 되면 해로움이 반드시 생긴다.

야생화는 매력

비바람이 몰아치는 높은 산, 바닷바람이 강렬한 해안가 절벽, 야생화는 장소를 가리지 않고 뿌리를 내린다. 그런 열악한 환경에서 도대체 어떻게 살아날 수 있을까?

잘 살펴보면 저마다 악조건을 극복하며 생존할 수 있는 지혜를 갖고 있다. 선명한 꽃 색깔과 향기는 그 지혜중 하나다. 바람 불고 비가 오는 외진 곳에 사는 처지라 벌과 나비를 만나기는 어렵다. 귀한 손님을 어렵게 만나는 그 기회를 놓치지 않으려고 야생화는 매력을 한껏 발산한다. 꽃의 짙은 색깔과 향기는 절박한 상황에서 종족의 생명을 이어가기 위한 처절한 몸짓이다.

감사할 일을 찾는 법

미국의 어떤 목사님이 하루는 기차를 타고 여행을 하게 되었는데 그는 좌석에 혼자 앉아 깊이 기도하고 있었다. 그 때 갑자기 옆에서 "쿵" 하는 소리에 깜짝 놀라 눈을 뜨게 되었다. 그런데 이게 웬일인가. 덩치가 엄청나게 큰 흑인 여자가 올망졸망한 어린아이를 다섯 명이나 데리고 자기의 옆자리에 비집고 앉는 것이었다. 그는 너무나 기가 막혔다. 하지만 그 와중에도 하나님께 감사를 드렸다. 과연 그는 무슨 감사를 드렸을까.

"하나님, 지금 제 옆에 앉은 뚱뚱한 흑인 여자가 저의 아내가 아닌 것에 대해 진실로 감사드립니다."

살아있다는 것만으로도

어떤 사람이 중병에 걸려 수술을 받았다. 그는 마취에서 깨어나자마자 고통을 호소하며 고래고래 소리를 질렀다. 그 때 그를 물끄러미 바라보고 있던 간호사가 이렇게 말했다. "잠깐만이라도 불평과 신음을 멈춰보셔요. 그러면 당신은 아직도 숨을 쉬고 있다는 사실을 발견하게 될 거예요." 그제야 그 환자는 "내가 느끼고 있는 고통은 아직 나에게 생명이 있다는 증거입니다." 라고 고백하며 자신이 살아있음을 감사했다고 한다.

죽은 자에겐 고통도 문제도 있을 수 없지 않은가.

한 템포 늦추어 반응하라

캐나다에서 있었던 일입니다. 어느 날 전세비행기 한 대가 하늘을 날고 있을 때 조종사가 낙하산을 메고 객석에 나타났습니다. "비행기가 고장이 나서 곧 추락합니다. 기내에는 저를 포함하여 5명이 탑승하고 있습니다. 그런데 낙하산은 4개밖에 없습니다." 하고는 탈출했습니다. 그 후 한 손님이 일어나 "나는 일국의 국회의원이다." 하면서 낙하산 하나를 가지고 내려가 버리자, 뚱뚱하고 잘생긴 사업가도 허둥지둥 낙하산 하나를 메고 탈출해버렸습니다. 낙하산은 하나밖에 없는데 손님은 히피 청년과 50대 목사님 둘만 남았습니다. 목사님이 청년에게 낙하산을 양보했습니다. "청년, 낙하산을 메고 빨리 뛰어내리게!" 그러자 청년은 웃으면서 "목사님, 낙하산은 둘입니다. 잠시 전 탈출한 사업가가 맨 낙하산은 제 배낭이었습니다."

조화석습(朝花夕拾)이라는 말이 있는데 이는 어떤 상황에 즉각 즉각 대응하지 않고, 꽃이 다 떨어진 저녁까지 기다린 다음에 매듭 짓는 것이 현명하다는 의미가 담겨 있다. 즉 서둘지 말고 천천히 반응하라는 말이다. 서둘 망(忙)자를 보면 마음(心)을 모든 것을 잊어버린 것(망 : 亡)이니 서둘면 지혜가 달아난다는 뜻이기도 하다. 한 템포 늦추어 행도하는 것이 삶의 지혜이기도 하다.

행복하려면 사랑하라

누구든 사랑을 하면 마음이 예뻐지고 눈이 멀어진다. 왜 사랑을 하면 눈이 머는 걸까. 사랑에 빠진 사람에게 연인의 사진을 보여주면 마치 불이 켜지듯 두뇌의 보상중추(補償中樞)가 활발히 반응한다. 보상중추란 음식이나 물 또는 금전적 보상이 주어질 때, 또는 성적(性的) 흥분이 일어날 때 활성화되는 영역이다. 흥미로운 사실은 보상중추가 활발히 작용하면 반대로 상대에 대한 부정적 판단을 하는 두뇌 기능이 감소한다. 일단 상대에 끌리기 시작하면 결실을 맺기 위해 성격이나 인간성을 평가하는 욕구보다는 서로에게 더욱 애착감을 느끼려는 본능이 강하게 작용해 연인의 웬만한 허물은 눈에 들어오지도 않게 되는 것이다. 사랑에 빠지면 뇌의 특수 시스템이 작동해 행복감, 현기증, 불면증, 기대감, 불안을 안겨준다. 뇌에서 화학 흥분제들이 분비되기 때문이다. 사랑을 느낄 때 뇌에서 도파민이라는 화학물질을 분비하는 신경세포들이 활성화된다. 도파민은 만족감과 즐거움을 느끼게 하는 물질로, 사랑이 강렬할수록 이 부위의 활동이 더 활발해진다.

삶의 팽팽한 긴장감

누군가를 처음으로 사랑하기 시작하였을 때, 바로 그 순간에도 긴장은 우리를 놓치지 않는다. 남녀 간의 사랑이 아름다운 것은 아마도 그 새로운 긴장감이 수많은 게으름뱅이들을 변화시키고 둔재를 천재로, 절망을 희망으로 부정을 긍정으로 바꾸어 놓는다. 삶에 대한 긴장이 남아 있는 시간은 우리가 꿈을 꾸는 시간이다. 삶에 대한 꿈. 우리에게 보다 나은 내일에 대한 소망이 있을 때만이, 그 긴장감은 살아서 숨을 쉰다. 인생이란 그저 그런 것, 어제와 오늘이, 별반 다를 것 없는 시간의 연속이라고 본다면 우리에게 창조의 에너지를 제공하고, 사람을 새롭게 변화시키는 힘을 지닌 삶의 긴장감은 우리를 찾아들지 않는 것이다. 삶의 팽팽한 긴장감이 얼마나 삶을 생기롭게 해 주는 것인가를 생각할 때, 그러한 긴장의 순간이 길면 길수록 우리의 삶은 보다 풍요로워질 것이다.

익숙함이란 것은 사람을 무디게 하는 힘을 가지고 있다. 편안해지고 마음이 가벼워지지만.. 그로 인해 부지런함을 잃어 간다. 새로운 일이란 나에게 새로운 설레임이 나타난다. 적당한 긴장감과 설레임 새로운 스트레스일 수 있지만 그 스트레스도 즐길 줄 알아야 한다.

집착하지 마라

어떤 사람이 캄캄한 밤중에 길을 가다가 언덕 아래로 미끄러졌다. 한참 굴러가다가 간신히 나뭇가지를 붙잡았다. 살려 달라고 부르짖었지만 아무도 구해주는 사람이 없었다. 얼마 후 힘이 다 빠지고 이제는 "에라, 모르겠다" 하고 손을 놓았는데 뜻밖에도 아래는 20cm도 안 되는 모래 땅이 있었다.

숯과 다이아몬드

숯과 다이아몬드는 그 원소가 똑같은 탄소라는 사실을 아십니까? 그 똑같은 원소가 하나는 아름다움의 상징인 다이아몬드가 되고, 다른 하나는 보잘 것 없는 검은 덩어리에 머물고 만다는 사실. 놀랍지 않습니까?

어느 누구에게나 똑같이 주어지는 하루 24시간이라는 원소... 그 원소는 누구에게나 주어지지만 그것을 다이아몬드로 만드느냐 숯으로 만드느냐는 당신의 선택에 달려 있습니다.

삶은 다이아몬드라는 아름다움을 통째로 선물하지는 않습니다. 단지 가꾸는 사람에 따라.. 다이아몬드가 될 수 도 있고 숯이 될 수도 있는 씨앗을 선물할 뿐입니다.

땅에서는 무엇이든지 썩어야 한다

땅에서는 무엇이든지 썩어야 한다. 썩은 것은 거름이 되어 곡식도 기름지게 하고 풀도 무성하게 하고 나무도 단단하게 키운다. 썩혀서 비로소 다른 생명으로 물오르게 한다. 그래서 죽어 땅에 묻히는 것을 사람들은 "돌아간다"고 하는 것인지도 모른다. - 최명희《혼불》중에서

썩었다 하면 끝이 난 것으로 생각합니다. 모든 생명의 막을 내리고 희망이 없는 존재로 여기기 쉽습니다. 그러나 썩어야 또 다른 생명이 움트고 수백 배 수천 배 열매를 맺을 수 있습니다. "썩고 있다", "죽었다", 싶을 때 바로 그때가 새 출발의 싹을 틔우는 시간입니다. 놀라운 자연의 이치, 생명의 신비입니다.

일상이 기적이다

남자들은 일확천금이 생기면 고급 승용차를 바꾼다고 한다. 그 다음은 큰 저택을 마련하고

그 다음은 고급 승용차에 큰 저택에 어울리지 않는 사람을 발견... 고민 끝에 그 사람마저 바꾸고 나면... 완전히 꼬꾸라진 인생으로 전락하고 만다고 한다.

감당치 못할 만큼의 행운과 대박이 결코 행복 시작이 않음을 우리는 로또 당첨자들의 말로를 보면서 실감하고 있다. 단 한 번의 행운을 위해

일상을 짓밟지 마라. 일상이 기적이며 일상이 행복이며 일상이 감사다.

아침이 눈을 뜰 수 있는 것이 기적이다. 일터가 있다는 것이 행복이다. 건강하다는 것이 감사이다. 일상을 소홀히 하지 마라. 일상이 당신 인생 중 가장 소중한 시간이다.

5. 키워드(Key ward, 압축된 단어)로 당신의 역사 (history)를 쓰세요

'나(I)'를 중심으로 한 키워드를 찾아 마인드맵(mind map)지도를 그려보자.

'마인드맵(mind map)지도'란 마음속에 지도를 그리듯이 줄거리를 이해하며 정리하는 방법이다. 핵심 단어를 중심으로 거미줄처럼 사고가 파생되고 확장되어 가는 과정을 확인하고, 자신이 알고 있는 것을 동시에 검토하고 고려할 수 있는 일종의 시각화된 브레인스토밍방법이다.

브레인스토밍(brainstorming)이란 대안을 만들어 낼 때 자유롭게 아이디어를 만드는 방식으로 중요한 것은 반드시 자유로운 사고와 질보다 양을 중요시해야 한다는 것이다. 많은 아이디어에서 좋은 아이디어가 있을 확률이 높기 때문이기에 좋고 나쁨의 판단을 하지 않고 생각나는 대로 많은 키워드(아이디어)를 적어가면 된다.

그렇게 해서 생산된 키워드(Key ward, 압축된 단어)를 그룹핑(grouping)해 나가다 보면 놀랍게도 '구슬을 꿰면 목걸이'가 되듯 '하나의 그림', 즉 '논리적 지도' 즉, 스토리(story) 가 그려지게 된다.

그것이 당신의 살아온 스토리(humanstory)이며 세상에 남기고 싶은 역사(history)이고 거기에 그동안 해 오신 일에 대한 노하우(knowhow)를 녹여 내면 나만의 독자적인 영역인 퍼블오션(Purple Ocean)영역을 구축할 수 있게 된다.

추억을 회상케 하는 이야기의 소재나 어머니의 사랑 이야기, 시련과 위기 상황에서도 굳굳하게 살아가는 인간 냄새가 풀풀 풍기는 등이 사람들을 전율케 한다. 그런 것들이 바로 **감성을 자극할 수 있는 휴먼스토리이다.**

※ 나와 관련된 '압축된 키워드' - 탄생 - 고향 친구 - 성격 - 추억 - 성장 - 실력- 내인생 터닝 포인트 - 내 경쟁력 - 직업 - 관계 - 영업 - 행복 - 내 삶의 지침들 - 깨달음 - 남기고 싶은 말들....

• **정○○의 인생고백**_ 결혼 즈음에 시댁이 될 집에 찾아 갔는데 경운기도 없고 소도 없지만 사람만 튼실하다면야.... 키가 작은 박정희도 대통령이 된 것처럼 우리 집 남편도 어디에 내놓아도 빠지지 않는 사람입니다. 하는 사업도 확실한 안목으로 못쓸 헌집을 새집으로 바꿔드린답니다. 외유내강형 리더인 예빛인테리어 확실히 책임 시공합니다.

• **김○○의 눈물고백** - 내가 돈을 벌려면 다른 사람을 돈 벌게 해 줘라. 내일의 행복을 위해 오늘의 행복을 담보 잡히지 마라. 새장안의 새가 되리, 새장 밖의 새가 되리.... 눈물로 진솔하게 고백하는 '김효은'님 삶의 이야기가 세상에 울림을 주기에 충분합니다. 확실한 분별력을 갖고 있는 '김효은' 공인중개사가 운영하는 유성 '아이누리공인중개사'도 고객의 이익을 위해 확실히 부동산을 거래합니다.

• **송○○ 뮤지션의 인생고백_** 남편이 솔직히 제 스타일은 아니예요. 그런데 저를 많이 예뻐 해줘요. 싸우기도 무척 싸우지만 잘 살고 있답니다. "이 세상에 다시 태어난다면 지금의 남편과 결혼하겠냐구요?" ".........." 송○○ YCY교육포럼 홍보대사는 장점이 많은 여자다. 이거 여자가 지키기 힘든 일인데 절대 뒷말은 없다. 끊임없이 배워서 남 준다. 밸리댄스, 요가, 요리, 색소폰, 드럼, 경기민요... 처음은 창대하지만 끝은 미미하다며 시작은 잘하지만 끝이 미약하다고 고백하는 그녀, 색소폰, 드럼 외 국악 퓨전음악, 어느덧 프로가 되어 무대를 선다. 그리고 의리, 그래서 좋다. 썸타라이브클럽

• **어머니1(어머니의 한쪽 눈)**

　어머니와 단둘이 사는 청년이 있었다. 그런데 어느날 청년은 외출에서 돌아오다가 뜻하지 않게 교통사고를 당했다. 소식을 듣고 몹시 놀란 어머니가 가슴 졸이며 병원에 달려갔지만, 불행히도 청년은 이미 두 눈을 실명하고 말았다. 멀쩡하던 두 눈을 순식간에 잃어버린 청년은 깊은 절망에 빠져 자신에게 닥친 상황을 받아들이려 하지 않았다.

　그는 어느 누구와도 말 한마디 하지 않고 마음의 눈을 철저하게 닫은 채 우울하게 지냈다. 바로 곁에서 그 모습을 지켜보는 어머니의 가슴은 말할 수 없이 아팠다.

　그렇게 지내던 어느날, 청년에게 기쁜 소식이 전해졌다. 이름을 밝히지 않은 누군가가 그에게 한쪽 눈을 기증하겠다는 것이다. 하지만 깊은 절망감에 빠져 있던 그는 그 사실조차 기쁘게 받아들이지 못했다. 결국 어

머니의 간곡한 부탁으로 한쪽 눈 이식 수술을 마친 청년은 한동안 붕대로 눈을 가리고 있어야 했다. 그때도 청년은 자신을 간호하는 어머니에게 앞으로 어떻게 애꾸눈으로 살아 가냐며 투정을 부렸다. 하지만 어머니는 청년의 말을 묵묵히 듣고만 있었다.

꽤 시간이 지나 드디어 청년은 붕대를 풀게 되었다. 그런데 붕대를 모두 풀고 앞을 본 순간 청년의 눈에서는 굵은 눈물방울이 떨어지고 있었다.

그의 앞에는 한쪽 눈만을 가진 어머니가 애틋한 표정으로 아들을 바라보고 있었던 것이다.

"두 눈을 다 주고 싶었지만, 그러면 네게 장님 몸뚱이가 짐이 될 것 같아서...,"

어머니는 끝내 말을 다 잇지 못했다.

• 어머니2(헤진 내복)

한겨울 아침이면 머리맡에 내복을 꺼내 놓으시고 행여라도 찬바람이 불까 자식들의 옷깃을 꼭꼭 여며 주시던 어머니!

하지만, 당신은 늘 닳고 닳은 형제들의 내복을 입고 계셨습니다. 이제 자식들이 장성하여

이젠 새 내의를 입고도 넘칠 만큼 사다 드렸건만 아직도 어머님은 헤진 형제들의 내의를 입고 계십니다.

이제는 새 내의를 입으시라며 성화를 부리는 자식에게

"이걸 입고 있으면 느그들과 함께 있는 것 같아 의지가 된다야!".

어머니, 이제 저희들이 어머님의 기둥이 되어 드리겠습니다.

- **어머니3(어머니의 코트)**

제가 중학교에 입학하자 어머니는 당신의 하나밖에 없는 자주색 코트를 가지고 세탁소로 가셨습니다. 검정색으로 염색하여 제 코트를 만들어 주시려던 것이었죠.

그 겨울, 세탁소 빨랫줄에 꽁꽁 언 채로 동태처럼 걸려있던 어머니의 조각 난 코트.

코트를 찾아오던 날, 어머니는 그 코트를 제게 입혀보시고 "뒤로 돌아보아라" 하시며

흐뭇한 웃음을 지으셨습니다.

하지만, 저에게 당신의 코트를 물려주시고 그 추운 겨울을 어머니는 어떻게 지내셨을까요?

어제 저녁, 35년 전 빨랫줄에 걸려있던 얼어붙은 어머니의 코트가 생각나 가슴이 메어지게 울었습니다. 어머니란 단어만 들어도 마음이 따뜻해집니다!!!

- **추억(아랫목 밥그릇)**

어릴 적 우리 집 아랫목은 언제나 세 개의 밥그릇 차지였습니다. 한 그릇은 해지는 줄 모르고 동네를 누비던 막내를 위해, 또 한 그릇은 저녁 무렵 무거운 가방을 끌고 돌아온 형님을 위해, 그리고 마지막 한 그릇은 오늘도 늦어지시는 아버지를 위해서 였습니다. 보온 밥통하나 없

던 그 시절, 가족들에게 어떻게든 따끈한 밥 한 그릇을 먹이기 위해 아랫목 깊숙이 밥그릇을 묻으셨던 어머니!

이제 각박해지는 세상 속에서 따스한 밥공기로 전해지던 어머님의 온기가 너무도 그립습니다.

6. 의미 + 재미 = 음미

말에는 의미가 담겨 있어야 한다. 논리적, 철학적 의미가 없다면 설득력이 떨어질 뿐만 아니라 사상누각沙上樓에 불과하다. 그러나 아무리 의미 있는 내용이라 하더라도 재미가 없다면 듣지 않는다. 호기심을 유발하고 집중력 있게 잘 듣게 하기 위해서는 재미 또한 있어야 음미하게 된다.

7. 입심 = 관심 + 뱃심

　말의 힘 임심을 키우는 방법은 모든 일에 관심을 갖는 것이다 관심을 가지면 사랑하게 되고 사랑하면 보이나니 그 때 보이는 것은 전과 같지 않으리라는 유홍준님의 나의 문하답사기에 인용한 문귀가 생각난다. 관심을 가져야 보인다. 그리고 깨닫게 된다. 결국 입심은 말할 꺼리가 많아야 되는데 그 관심이 말할 꺼리를 넓혀주고 심화시켜 준다. 다음은 뱃심이 있어야 한다. 타인의 시선이나 평가가 연연한다면 소신 있는 말을 내뱉을 수가 없다. 소신껏 당당하게 거침없이 쏘아 붙이려면 뱃심 또한 중요하다. 뱃심을 길러라. 뱃심이란 근거 있는 자신감이다. 근거 있는 자신감이란 실력과 도덕성으로 무장된 내공의 힘을 말한다.

8. 자료정리의 요령

　수집된 자료는 정리됨으로써 활용이 가능하고, 또한 그것을 적재적소에 활용함으로써 수집의 최종 목적을 달성하게 되는 것이다.
　자료의 양이 별로 많지 않을 때는 몇 권의 메모 철과 스크랩북으로 정리가 가능하겠지만 관심분야나 연구범위가 넓어지면 시간이 갈수록 그 정리에 애를 먹게 된다. 그러므로 어떤 면에서는 자료수집보다 체계적인 정리가 더 어렵다고 할 수 있다.

그렇다면 자료정리는 어떻게 해야 할까?

• **1페이지 1기사 원칙**

자료를 정리할 때는 흔히 노트를 많이 사용하는데, 페이지가 여러 장인 노트보다는 한 장으로 된 카드가 실용적이다.

카드에 자료를 옮길 때는 1페이지 1기사 원칙, 즉 내용이 많고 적음에 관계없이 1기사는 1매의 카드에 메모하거나 스크랩하는 것을 원칙으로 삼아 자료를 정리하는 게 활용하기에 편리하다.

• **현장메모와 정리 메모**

일상의 단순한 메모, 즉 사물에 대한 단상이 떠오르거나 우연히 어떤 정보를 알게 되었을 때, 형식에 구애받지 않고 그 즉시 아무 종이에나 끄적거리는 식으로 메모해 두는 것을 현장 메모라 한다. 이는 빠른 시간 내에 몇몇 키워드를 사용하여 요점만을 기록하는 방식이다.

이러한 현장 메모는 시간이 지남에 따라 무용지물이 되기 쉽기 때문에 가급적 빨리 규격화된 종이(카드나 노트 등)에 구체적으로 옮겨 적어야 한다. 이를 정리 메모라 하는데, 훗날 자료로서 활용을 위해서는 필수적인 절차이다.

• **현장 페킹과 정리 페킹**

스크랩을 할 때는 두 가지 방법이 있다. 우선 신문, 잡지 등에서 오려낸 기사나 리프렛 등 자료로서 가치 있다고 생각되는 인쇄물과 그 출처를 간단히 적은 후 순서 없이 특정한 파일이나 봉투 등에 보관하는 것을 현장 페킹이라 한다.

그리고 이렇게 모아진 것들을 적당한 때에(한 달에 1~2회 정도) 자기 나름의 기준에 따라 분류해 두는 것은 정리 페킹이라 한다.

• **파일링**

카드(대지)등에 정리되어 2차 메모 또는 2차 패킹이 완료된 자료는 내용이나 분야별로 구분한 후 일련번호를 붙이고 폴더(folder)에 끼워 파일링한다.

• **색인표 작성**

수집한 자료를 파일링한 후에는 폴더마다 반드시 색인을 만든다.

색인을 만드는 일은 자료정리에 있어서 대단히 중요하다. 색인부 작성을 통하여 동일한 자료가 중복되었는지의 여부를 알 수 있으며 각 자료의 연관성도 파악할 수 있게 된다.

또한 색인부를 작성하다 보면 설령 수집된 자료들의 내용 모두를 기억할 수 없더라도 최소한 나에게 어떤 자료가 있는지는 알 수 있게 된다.

9. 기억법

'로버트 기요사키'는 '부자아빠 가난한 아빠'에서 시스템을 만들라고 말합니다. 돈 들어오는 금맥을 만들라는 것이죠. 기억력도 마찬가지 입니다. 어차피 기억력이나 암기력은 세월이 가면 갈수록 감퇴합니다. 그러니까 시스템을 만들어야죠. 시스템을 만들면 간단합니다. **Fegging-system**이 바로 그것입니다. 기억장치를 만들라는 것이지요. 내가 암기하고자 하는 바를 스토리화해서 기억하는 방법입니다. 일테면 프랭크린의 13개 덕목을 기억하기 위해서는 1- 일등, 2-이슬, 3-삼팔선, 4-사자, 5-오리, 6-육교, 7-칠판, 8-팔, 9-구름, 10-십자가, 11-젓가락, 12-시비, 13-산삼으로 기둥을 세웁니다. 센스가 있는 분이라면 어떤 원리로 연결되어 있는 지 바로 아실 수 있을 것입니다. 소리 나는 대로 끝말잇기 형식으로 아라비아 숫자와 단어를 연결해 놓은 것입니다. 그곳에 연결고리를 하나 더 만들어 문장화하면 기억하기 좋습니다. 1- 일등, 일등 하려면 '절제'하라. 2-이슬, 이슬처럼 '침묵'하라. 3-삼팔선, 삼팔선은 '정돈'되어 있다. 4-사자, 사자처럼 '결단'하라. 5-오리, 오리 약은 '검약'이다. 6-육교, 육교에 있는 상인들은 '근면'하다. 7-칠판, 칠판의 정보을 '성실'히 이행하라. 8-팔, 팔찌를 차지 않으려면 '정직'해라. 9-구름, 구름처럼 '중용'을 지켜라. 10-십자가, 십자가처럼 '청결'하라. 11-젓가락, 젓가락으로 '중용'을 지켜라. 12-시비, 시비 걸지 마라 '순결'. 13-산삼, 산삼과 같은 보약은 '겸손'이다.

다음은 **스토리 기억법**입니다. 21세기 꼭 필요한 '쌍기역' 10가지 기억하기입니다. 하나의 구슬을 꿰어 목걸이를 만들 듯 단어를 연결하여 이야기를 만들어 가는 것입니다.

사람은 저마다 타고난 '**끼**'가 있습니다. 그 끼를 꽃 피우기 위해 '**꿈**'을 가져야 합니다. 그 꿈이 이루면 '**꾼**'이 됩니다. 꾼이 되기 위해서는 '**꾀**'라는 지혜가 필요하며 지혜를 모으기 위해서는 '**끈**'이 있어야 합니다. 그리고 '**깡**'을 가지고 '**끝**'까지 유종의 미를 거둘 때 '**꿀**'같은 인생이 될 수 있으나 이루지 못하면 '**꽝**', 따라지 인생이 되고 맙니다.

그렇습니다. 첫째 '끼', 둘째 '꿈'. 셋째, '꾼', 넷째, '꾀', 다섯째, '끈'과 여섯째, '깡'과 일곱째, '끝'과 여덟째, 좋은 '꼴'과 아홉째, '꿀'맛 나는 인생, 열째, 따라지 인생 '꽝'은 되지 말아 야겠습니다.

다음은 **시간 나열법**입니다. 자! 여러분 제가 말하는 단어를 기억해 보시기 바랍니다.

'**하늘**', '**화분**', '**간판**', '**계단**', '**엘리베이터**', '**시계**', '**마이크**', '**마음**', '**열정**', '**조화석습**'에 대해 말해 보겠습니다.

여기 '**하늘**'이 보입니다. 옆에는 예쁜 '**화분**'도 있고 '**간판**'도 보입니다. '**계단**'을 밟고 올라가노라니 '**엘리베이터**'가 보이는군요. '**시계**'가 보이고 '**마이크**'가 있습니다. 우리는 이런 모든 것들의 존재를 존경하여야 합니다. 내 '**마음**'속에는 뜨거운 '**열정**'과 여러분이 있습니다. 자 오늘은 '**조화석습**'이란 주제로 발표를 해 보실까요?

다음은 **필사**하는 것입니다. 학창시절 영어단어를 암기할 때 연습장에 반복해서 적듯이 시구절을 명문장을 암기하고 싶은 문구를 반복해서 쓰는 것입니다. 중국속담에 만 번을 반복하면 내 것이 된다고 했습니다.

마지막으로 최고의 암기법은 잃어버리면 다시 외우는 것입니다. 인디언들이 기우제를 지내면 반듯이 비가 옵니다. 그 이유는 비가 올 때까지 지내기 때문입니다. 암기될 때까지 반복하는 것입니다.

많은 사람들이 어떤 일에 성공하지 못하는 이유는 실력이 없어서가 아니라 고비를 넘기지 못하고 포기하기 때문입니다. 포기를 김장할 때나 쓰는 단어입니다. Naver give up

Chapter4
성공인에겐 특별한 말하는 법도(法道)가 있다

• Pause is Power, Pause is Space, Love is Space, Small is beautiful - 윤치영 화술박사

스피치에서 가장 단순하면서도 강력한 기술은 Pause다 Pause는 끊어 말하는 것이며, Pause야 말로 Space(여지)이다. 사랑(Love)은 상대에게 여지(Space)를 주는 것이다. 작은 것(Small)이 아름답다(Beautiful). - 윤치영 화술박사

1. 말 못하는 사람들의 공통점

쉴 새 없이 말을 쏟아내는 사람이 말을 잘 한다고 보기는 어렵다. 이들

가운데는 오히려 말에 내용이 없이 수식어만 나열하거나, 명확하게 밝히지 않고 에둘러 이야기한다든지, 쓸데없는 이야기나 단어를 반복하는 습관이 있는 경우가 적지 않다. 이런 경우에 상대방에게 자신이 전달하려는 내용을 제대로 알리기 어렵다.

　말을 할 때는 될 수 있는 대로 쉬운 말을 골라 쓰고, 발음도 정확하게 하면서, 그 내용에 알맞은 표정이나 몸짓을 자연스럽게 곁들이면 상대방이 이해하기가 훨씬 쉬워진다. 그러나 표정이 과장되거나 손짓 등이 너무 크고 요란하면 가볍고 진실성이 없는 사람처럼 보이기 쉽다. 목소리 크기는 듣는 사람의 수와 떨어진 정도, 장소 등에 따라 적절히 조절해야 한다.

　요즘 젊은이들은 말끝에 "~인 것 같습니다"는 말을 자주 붙인다. 이런 말투는 확신 없고 자신감 없는 말투로 비치기 쉽다. 또한 유행어나 속된 말을 써서 상대방의 기분을 언짢게 하는 사람도 있다.

　말을 많이 하는 사람과 말을 잘 하는 사람은 엄연히 다르다. 말 못하는 사람들이 흔히 저지르는 실수, 반드시 피해야 할 공통점들을 점검해 보자.

- **부사와 형용사를 되풀이해서 쓴다.**
- **유행어와 비속어를 남발한다.**
- **애매한 표현을 한다.**
- **말끝을 흐린다.**
- **외국어를 남용한다.**
- **표정이 없다.**
- **서론도 결론도 없다.**

- 같은 말을 계속 되풀이한다.
- '어…' '음…' '말하자면…' 따위의 무의미한 췌언을 많이 쓴다.

2. 공식석상에서 말이 잘 되지 않는 이유와 대책

　공식석상에서 발표를 해야 될 경우 자료를 수집하고, 정리해서 발표 준비를 해보지만 시간이 다가올수록 자신감은 없어지고, 불안해진다. 결국 발표 현장에 서면 왜 이렇게 부자연스러운 지 연습할 때처럼 되질 않는지 도대체 미스터리다. 사석에서 말할 때는 그리도 잘하던 스피치를 왜 사람들 앞에만 서면 말이 잘 되지 않는 이유는 무엇이란 말인가?

　필자는 그 원인이 아마도 생지식을 나열하기 때문이 아닐까 한다. 다시 말해 철저히 남의 것만 가지고 이론적으로, 혹은 학술적으로, 혹은 교과서 나열식으로 풀어가기 때문이다. 그렇다면 내 것이란 무엇일까? 그것은 나의 감정, 느낌, 소감, 소신과 주장, 체험 등이다. 따라서 이론적 배경에 나의 감정과 느낌, 소감, 소신과 주장, 체험담 등을 적당히 섞어서 넉살좋게 말하는 것이다. 그것이 소위 '스토리텔링화'하는 것이다. '스토리텔링'이란 남의 것(책이나 강의에서 보고 배운 지식과 정보 등)에 내 것(체험담이나 감정, 소신)을 섞어 말하는 것(self application)이다. 마치 해물탕집에서 해물을 먹고 나서 밥을 볶을 때 먹던 냄비에서 국물을 조금 부어 다른 프라이팬에 밥을 볶듯 남의 것과 내 것을 섞는 것이라 설명하고 싶다. 뜬구름 잡는 지당한 말씀보다는 자신의 경험을 구체적으로 제시, 메시지의 현장감을 높인 것이 큰 설득력을 발휘하게 된다. 따라서 생지식만 가지고 생고생하지 말고 평소 나의 생각과 나의 소신을 담은 체험담과 예화를 들어 말하라. 그러면 생기 있고 자연스런 스피치를 구사할 수 있게 될 것이다.

예화를 들어라_ 탈무드에는 어떤 사고법을 단련시키기 위해 현실성이 부족한 원리와 같은 이야기들이 많이 기록되어 있다. 그 한 가지 예를 들어 함께 생각해 보기로 하자. 현실과 거리가 있기는 하지만, 다음과 같은 가설적인 질문이 있다고 하자. 만일 두 개의 머리를 가진 어린아이가 태어났다면, 이 아이를 한 사람으로 대우해야 하는가. 아니면 두 사람으로 대우해야 하는가?

여러분은 이 가설에 대해 어떤 결론을 내리겠는가? 탈무드의 답은 아주 명쾌하다. 한쪽 머리에 뜨거운 물을 부어 다른 쪽 머리도 뜨겁다고 비명을 지르면 한 사람이고, 만일 다른 쪽 머리가 무표정하게 있으면 두 사람으로 생각해야 한다고 되어 있다.

왜 랍비들은 설교를 할 때, 이와 같이 어려운 우화를 인용했을까? 그것은, 사람들이 설교는 곧 잊기 쉽지만, 우화의 교훈은 오래도록 지니고 있기 때문이며 재미를 주기 때문이다. 이처럼 말에는 의미와 재미가 있어야 한다. 의미는 이론적 틀(logic)이라고도 말하는데 새로운 정보나 유익한 내용을 담아 말해야 듣는 사람이 귀를 기울이게 된다.

※'분위기 메이커' 이야기꾼이 되려면_ ①실수를 두려워하지 말자. ②나만의 레퍼토리, 나만의 표현을 만들라. ③레퍼토리 마다 제목을 붙여서 이야기 서두에 말하라. ④의성어나 의태어를 활용해 장면을 충실히 묘사하라. ⑤청중이 왕이다 듣는 사람 마음을 상하게 하지 말라. ⑥좋은 청중이 좋은 이야기꾼 남의 이야기를 잘 들어라.

3. 나만의 스피치 스타일로 말하라

한 강사가 강의장에서 "여기 500원짜리 주화가 있습니다. 어떻게 보입니까?"라고 물으면 십중팔구는 "원입니다."라고 대답한다. 그 말에 필자는 "다르게 보이시는 분은요?"라고 재차 물으면 "동그랗게 보입니다." "원이나 동그라미나 같은 것 아닙니까?"라고 응수하면 청중석에서는 웃음이 떠진다. "자, 여러분 동전을 세워서 보면 어떻게 보입니까?…직선으로 보이지요…" "그럼 측면에서 비스듬히 보면요…타원으로 보이지 않습니까? 그렇습니다. 어느 쪽에서 혹은 어떻게 보느냐에 따라 동전이 달리보이듯 어떤 주제에 대해서 접근하는 방법에 따라 달리 해석하고 달리 말할 수 있지 않을까요?

색다른 관점에서 말할 수 있을 때 사람들의 관심과 마음을 사로잡을 수 있는 것입니다. 정면에서 바라보고 말하는 것은 누구나 할 수 있는 말, 의례적인 말, 고식적인 말, 그래서 고루한 말, 별로 마음이 끌리지 않는 말이 되는 것이지요."라며 청중을 항상 열변을 토하노라면 모두가 고개를 끄덕인다.

"자, 예를 들어 볼까요. 사랑에 대한 정의(定義)를 내려 봅시다. O님 사랑이란 어떻게 정의(定義)를 내리 보실까요?"라고 물으면 "사랑은 주는 것입니다……", "사랑은 존경하는 것입니다.", "사랑은 숭고한 것입니다."라는 식의 대답뿐이다. "그렇군요… 그런데 그런 정의(定義)는 누구나 할 수 있는 정의(定義)이고, 그런 관점이 고정적 관점이라 할 수 있으며, 그런 식으로 말을 하는 것은 의례적인 말이 될 수 있다는 것입니다." "이렇게 정의(定義)를 내려 보면 어떨까요. 사랑은 칠판이다. 왜냐하면 하얀 칠판에 마음껏 그림을 그리거나 새로운 내용을 담을 수 있으니까... 사랑은 무한한 가능성이 숨겨져 있다는 것을 의미하지요. 그러나 칠판에는 썼다가 지울 수 있으니 조심해야겠지요. 슬픈 사랑이 될 수도 있으니 말입니다. 그럼 이렇게 정의(定義)를 내려 보겠습니다. '사랑은 화초'다. ***님 왜 그렇다고 생각하지는 지 말씀해 보세요."라고 물으면 이제는 고정관념의 틀을 깨고 창의적인 해석이 술술 나오게 된다.

"네 사랑은 화초처럼 늘 관심을 가지고 물을 주며 가꾸어야 하기 때문입니다. 그러나 언젠가는 시들어 버리니 영원한 사랑이란 있을 수 없습니다."

급기야 "사랑이란 똥입니다!"라는 말까지 하게 되었습니다. 사랑과 똥의 공통점은 무엇이 있을까요. '구려도 베어낼 수 없는 것이 사랑이니까...', '사랑은 더러운 것이니까...','사랑하는 이를 위해서 모든 영양분을 공급해 주고 찌꺼기만 남는 것이니까...' 등 얼마든지 많은 공통점을 찾아 낼 수 있을 것입니다. 그러나 결정적인 공통점은 "6,70년대엔 채소밭에 인분으로 거름을 주었습니다. 똥은 거름입니다. 그렇습니다. 위대한 성공 뒤에는 아름다운 사랑이 있듯 인생의 밑거름은 사랑입니다. 따라서 사랑은 똥입니다."라 할 수 있지 않을까요?"

사랑에 대한 주제로 글을 쓰거나 말을 하라고 하면 어디서부터 말을 시작해야 하는지 또 무엇을 말하여 하는 지 막막해 하는 사람들이 많이 있을 것이다. 그러나 창의력이란 프리즘으로 세상(주제)에 대한 관점을 달리한다면 무한한 화제로 마음대로 말을 구사할 수 있게 된다. 따라서 창의적으로 말하려면 너무 어른의 눈으로 바라보면 복잡해 질 수 있으니 어린아이의 눈으로 세상을 바라보라는 주문을 하고 싶다.

아날로그 시대에는 다른 사람들과의 차이가 "왕따"의 이유였다. 동양적인 미덕이 생활화된 우리에게는 튀는 것, 남과 다른 것이 집단에서 따돌림 당하는 원인이 되었다. 그러나 디지털 시대에는 남과 다른 무엇인가를 가진 사람이 오히려 대접받는다. 이제 차이가 가치를 생산해내는 시대가 온 것이다. 똑같은 일을 하더라도 남다른 생각이 앞서가는 사람으로 만든다. 말도 마찬가지다. 누구나 할 수 있는 말이나 의례적인 말로는 사람의 마음을 사로잡을 수 없다. 나만의 것, 나만의 향기, 나만의 색깔, 나만의 스타일이 있을 때 사람의 관심을 사고 주의를 끌 수 있는 것이다.

- **일치되는 점에서부터 시작하라_** 사람들을 설득해서 당신의 관점을 받아들이게 하려면, 당신이 어떤 점에서 그들과 일치하는지를 보여 줌으로써 당신은 청중과 긍정적인 관계를 맺게 되고 당신 메시지에 대한 저항을 감소시키게 된다.
- **새로운 정보를 제시하라_** "그 얘기는 이미 수없이 들었어요." 당신의 방식대로 사물을 보지 않으려는 어떤 사람으로부터 이런 말을 들어 본 적이 있는가? 그런 얘기를 듣고도 여전히 당신이 옳고 그가 그릇된 이유를 설명하려고 애쓴다면 쓸데없는 고생을 하고 있는 것이다.

당신은 새로운 정보를 제시하지 않으면 안 된다. 당신의 견해를 입증할 만한 새로운 연구나, 새로운 자료나, 새로운 통계자료를 제시하라.

- **사소하고 구체적인 변화를 제안하라_** 자신이 설득해 낼 수 있는 일에 대해 현실주의자가 될 것을 제안한다. 큰 것보다 작은 변화를 주장하면 성공의 확률이 훨씬 커진다.

• **귀납적 접근 방법과 연역적 접근 방법**_ 연사가 청중에게 무엇을 원하는지를 연설의 서두로 삼는 것이다. 그리고 나머지 부분에서 청중이 자신이 원하는 대로 해야 되는 이유와 논거를 설명하는 접근 방법이 연역적인 방법이고, 귀납적 접근 방법은 연사가 여러 가지 이유와 논거들을 먼저 설명하고 이러한 이유와 논거는 필연적인 결론 즉, 청중에게 바라는 내용에 이르는 것이다.

대부분의 경우 연역적 접근 방법이 보다 효과적이다. 연역적 방법이 청중이 따라가기 더 쉬운 논법이기 때문이다. 그러나 청중이 연사의 목적에 적대적인 반응을 보일 것을 미리 아는 경우에는 귀납적인 접근 방법을 사용하는 것이 유리하다. 그렇게 하면 청중은 적어도 연사의 주장과 논거를 듣게 될 것이고 연사의 입장에 대한 그들의 저항감을 완화시킬 수도 있을 것이다.

• **연역적 두괄식 나열법으로 말하라**_ 결론을 먼저 말하고 이유를 설명하는 것이다. 이를테면
" ~ 라고 생각합니다. 그 이유는 첫째 ~ 이고, 둘째 ~ 이며, 셋째 …입니다."

4. 훌륭한 화술가가 되기 위해서는 자기분야에서 최고가 되어라

훌륭한 화술가가 되기 위해서는 자기 분야의 최고가 되어야 한다. 좀 과장된 표현일지 모르나 사실은 그러하다. 최고의 권위자가 말을 할 때 남다른 관심과 파워를 갖게 한다. 여기서 최고가 된다는 말은 100명중

에 1등을 하라는 말은 결코 아니다. 다만 자기만의 독특한 영역에서의 권위자를 말한다.

5. 노래하듯 말하라

대중 앞에서 떨림과 공포증을 가지고 있는 사람일지라도 노래할 때는 상황이 다르다. 떨기는커녕 즐기며 노래한다. 왜일까? 노래는 일단 전주곡에 맞춰 감정을 추스르다 보면 몰입되기 때문에 떨림은커녕 즐거움 샘솟는다. 그러니 사람들이 노래방을 찾는다. 노래하는 것이 즐겁기 때문이다. 가수는 무대에 올라 노래를 시작하는 순간 자신도 모르게 몰입하게 된다. 눈을 감고 더 깊게 자신 안으로 들어가 속 이야기를 꺼내듯 그가 쏟아내는 한마디 한마디는 가장 개인적인 이야기임과 동시에 나의 이야기가 된다. 그러기에 집중하고 빠져들 수밖에 없다. 왜 말이 잘되지 않는가. 주제에 현 상황에 몰입하지 못하기 때문이다. 타인의 시선을 의식하거나 남들의 평가에 지레 겁부터 먹으니 몰입은커녕 알고 있는 것도 생각이 나질 않고 머리는 하얗게 질려 버린다.

글도 스피치도 거창하거나 화려한 수사학적 표현보다는 담백하고 솔직한 표현이 더 친근감이 가고 설득력이 있다. 그러기에 더 이상 기교를 부리려 하지 말라. 오히려 이야기하듯이 노래하는 것이 더 깊이 있고 호소력이 있듯 노래하듯 이야기하라. 하지만, 마음을 다해 전하는 말에 들어 달라 애원하지도 듣게 된다. 그저 무대 위에서 노래를 하는 것처럼 진솔하게 있는 그대로 자신을 보여주는 것처럼 그렇게 이야기는 계속된다.

6. 포즈의 힘

미국의 애리조나 주 투산에서 발생한 총기난사 희생자 추모식에 참석한 버락 오바마 미 대통령의 추모연설이 화제다. 총탄에 숨진 아홉 살 소녀 얘기를 꺼내면서 대통령으로서 두 딸을 둔 아버지의 심정으로 무려 51초간 침묵하며 자신을 추스르는 감정적인 모습을 보였기 때문이다. 언론은 '51초 침묵의 연설'이란 제목으로 호평했다. 그동안 오바마 대통령의 정책을 비방하며 반대편에 서있던 자들 까지도 칭찬대열에 가세했다고 한다.

우리가 명연설이라 함은 대중을 사로잡는 명쾌한 말솜씨를 으뜸으로 치지만 때로 사람들은 말보다 침묵을 더 신뢰하고 침묵에 더 공감한다. 말보다 침묵이 진실에 훨씬 가까이 닿아 있기 때문일 것이다. Pause는 말과 말사이의 쉼으로 Pause로 말하는 자신의 호흡을 가다듬고 내용을 추수리며 나갈 수 있는 여유까지 확보할 수 있어 좋다. 반면에 말을 듣고 있는 상대(청중)와 교감을 할 수 있는 무언의 진진한 대화이다. 이처럼 단순한 기술로 최대의 효과를 볼 수 있는 것이 Pause다.

7. key message를 분명히 하라

최근 기업이 전문경영인(CEO)의 개인 브랜드 이미지가 조직 가치에는 영향을 끼치고 있다고 보고 있다. 따라서 조직에 큰 영향을 끼치는 조직의 리더나 개인을 대상으로 CEO PI(president identification)전략이 강조되고 있다. 따라서 말 못하는 CEO들은 미디어 트레이닝을 거치며 인터뷰에 대비하기도 해야 한다. CEO가 아니라도 자신을 홍보하고 자신만의 브랜드를 만드는 사람들은 대중 매체와의 인터뷰에도 대처해야 한다. 말 잘하는 사람들의 특징은 "키 메시지(key message)가 분명하고, 중언부언하거나 우회적인 표현 대신 직설적이고 간결하고 명확하게 표현하며, 적절한 제스처를 통해 상대방이 편하게 알아듣도록 한다"는 점이다. 방송이나 신문, 출판매체 등과의 인터뷰에서도 이런 요소는 기본이다.

- 인터뷰어의 질문을 잘 듣고 요점만 명확히 대답한다. 중요한 내용이라면 부연설명을 곁들인다.
- 모르는 내용이라면 솔직하게 모른다고 밝히고, 필요하다면 추후에 전화나 메일로 확인해 주겠다고 대답하며 반드시 약속을 지킨다.
- 잘 아는 내용을 설명할 땐 또박또박 분명하게 말한다.
- 질문이 논지에서 벗어나면 "내가 강조하고자 하는 것은…" 하는 식으로 환기시키거나 자연스레 방향을 바꾼다.
- 꼭 알리고 싶은 내용인데 질문에서 빠졌다면 넌지시 정보를 준다.
- 새로운 용어나 개념, 약자 등은 틀리지 않도록 의미나 원래 단어를 확실히 알려준다.

- 확신에 찬 눈빛, 제스처, 상대와 눈을 맞추며 이야기한다.
- 자연스럽고 과장하지 않는 태도가 중요하다.

8. 자기 스타일로 말하라

나이가 먹어감에 따라, 사회적 활동이나 지위가 높아감에 따라 한 말씀 해 달라는 주문이 많아진다. 그리고 각종 회의, 세미나, 포럼...혹은 식장에서의 인사말, 정견문 발표(연설) 등 우리는 공식적이든 비공식적이든 프레젠테이션 해야 될 상황이 늘어만 간다.

흔히 사람 앞에 서게 되면 "에~ 국화향기 그윽한 천고마비의 계절을 맞이하여...."로 시작해 놓고 뒷수습을 하기 바쁜 경우를 보게 됩니다. 그러나 화두(話頭)를 최근 보고 들은 경험이나 느낌을 가벼운 마음으로 열어 놓으면 부담 없이 시작할 수 있게 된다는 것이다. 많은 사람 앞에 서면 그간 길들여진 자신의 스타일을 포기하고 '좀 더 근사하게, 좀 더 지적으로, 좀 더 엄숙경건하게 해야 된다'는 부담감을 갖는다면 그 순간 사람 앞에 경직된 자신의 모습을 발견하게 되고 그 순간 말이 얼어붙고 만다. 많은 사람 앞에 서게 되면 평소의 말로, 평소의 스타일로 말하라!

9. 스피치는 씨름판과 같다.

디지털 시대의 큰 특징 중 하나는 쌍방향 문화라는 것이다. 정보시대에는 발신과 수신의 갭(Gap)이 없어지고 서로 자유롭게 쌍방향에서 정보를 교환하는 대화 방식이 정치에서는 유권자와 피선거권자간에, 그리고 경제면에서는 생산자와 소비자, 그리고 예술과 스포츠에는 플레이어(Player)와 오디언스(Audience)사이에서, 그와 같은 정보양식이 생겨나게 된다.

사람과 사람만이 아니라 도구사이에서도 인터액티브(Interactive)한 대화형이 생겨나게 된다. 따라서 이 시대에 현명한 화자(話者)는 모래판위의 씨름과 같아야 한다는 것이다. 다시 말해 상대방의 힘과 기술까지 이용할 수 있어야 한다는 말이다. 말 재주(?)가 없는 사람일수록 혼자 독백처럼 자기의 상황이나 준비된 메시지만을 가지고 말한다는데 있다. 그러나 노련한 화자(話者)일수록 상대방(청중)이 가지고 있는 지식과 정보까지로 스피치의 중심으로 끌어내는 기술을 구사한다는데 있다. 그 기술은 '자문자답법'과 '산파질문법'이다.

- **소크라테스 질문법**_ 소크라테스의 철학의 두 기둥은 조각가인 아버지와 산파인 어머니로부터 출발한다. 조각가인 그의 아버지는 어느 날 돌기둥을 보여 주면서 소크라테스에게 "얘야 이 돌기둥이 무엇으로 보이느냐?"라고 물었다. 소크라테스는 "글쎄요 저의 눈에는 그저 돌덩이로 보이는 데요."라고 대답하였다. 그 후 조각가인 그의 아버지는 돌기둥을 조각해 나가기 시작했다. 얼마 후 그 돌덩어리는 아름다운 여인의 상으로 조각되어 있었다. 그리곤 그의 아버지는 그에게 이렇게 말했다. "얘야 그 돌덩이 속에는 아름다운 여인은 숨어 있었단다."그 후 소크라

테스는 그의 아버지의 영향을 받아 물질보다는 생각과 정신을 중요시하는 가치관을 간직하게 되었다. 따라서 이러한 것을 관념이라고 생각하였고 이러한 관념을 당시 많은 청년들에게 가르치기 위해서 그의 어머니의 산파술을 교훈 삼아 교육의 방법으로 받아 들였다. 산파는 본인이 직접 아이를 낳는 일은 아니지만 순산하도록 도와주는 (helper) 역할을 하기 때문이다.

마찬가지로 스피커는 직접 아이를 대신하여 깨달을 수 없지만 도와주는 역할을 하는 것이므로 대화법, 산파법에 관심을 두었다.

그는 아테네의 젊은 이들에게 많은 교훈을 남기는 사람이 되었다. 하지만 그의 처에 대한 이야기는 우리에게 웃음을 전해주고 있다. 우리가 알고 있는 그의 처는 세계에서 내놓라는 세계3대 악처로 손꼽힌다. 이러한 악처와 함께 살던 소크라테스의 인품은 다음 글을 통해서 알 수 있다.

어느 소크라테스의 집에 많은 제자들이 찾아 왔다. 항상 많은 가르침을 받기 위해 소크라테스의 집에서는 손님이 끊이지 않았다. 하지만 늘 소크라테스의 처는 이 일이 불만이었다. 그래서 그의 남편에게 항상 투정을 하기 시작했다. 그날도 마찬가지로 제자들이 소크라테스의 집을 찾았다.

밤늦은 시간에 아내는 제자들이 보는 앞에서 소크라테스에서 소리지르며 이 늦은 시간에 손님을 데려오면 어떻게 하느냐며 소리를 버럭버럭 질러댔다.

제자들과 소크라테스는 쥐 죽은 듯이 듣기만 하였다. 한참 시간이 지나서 그의 아내는 성이 들 풀렸는지 소리소리 지른 뒤 그릇에 물을 담아 소크라테스의 얼굴에 부어 버렸다.

소크라테스의 얼굴에는 온통 물에 빠진 생쥐 모습이었다. 이 광경을 지켜 본 제자들이 기가 막혀 너무한다는 뜻으로 그들의 스승인 소크라테스에게 말을 건넸다.

"선생님! 그동안 선생님의 아내에 대한 소문은 들어서 알고 있었습니다만 이 정도는 너무 한 것 아닙니까? 이정도면 이혼할 사유가 될 것 같습니다. 웬만하면 이혼하시죠?" 라고 이말을 듣고 있던 소크라테스가 답했다.

"이보게들! 천둥이 치면 비가 오는 것은 당연한 일 아닌가", "그리고 비가 오고 나면 화창한 날이 올거야"라고... 따라서 관념이 물질보다 중요하며, 진리를 깨달아가는 방법의 영향은 문답법, 대화법, 산파법, 반어법 등을 주장하였다.

소크라테스는 소피스트들의 윤리적 상대주의와 회의주의를 극복하기 위해 노력하였다. 즉, 인간의 이성을 통하여 객관적이고 보편적인 진리를 깨달을 수 있다고 주장한다.

• **자문자답법**_ 명강사나 유능한 프리젠터일수록 자문자답법을 잘 이용한다. "여러분! 오늘날 한국인들의 고질병을 무어라 생각하십니까? 네, 그렇습니다. 그것은 빨리빨리 병입니다....."

자기가 질문해 놓고 자기가 대답해 가며 스피치를 전개하면 아주 부드럽고 자연스럽게 말을 이어갈 수 있다는 것이다.

10. 주류가 되려거든 이렇게 말하라

1. 나약한 말투는 쓰지 말라_ '제가 그런 일을 할 수 있는지는 몰라도…, 부족한 제가…'와 같은 말은 자신의 단점을 부각시킬 뿐이다. 예측할 수 없는 지시를 받아도 당당하게 '해보겠습니다'라고 말하는 것이 좋다.

2. 비판은 삼가고 칭찬이나 지혜로운 아부기술을 갖추라_ 실력을 갖췄더라도 독설가에게는 사람이 따르지 않는다. 칭찬하는 연습을 하고 또 하라.

3. 불필요한 말은 하지 않는다_ 공적인 말에 사족을 붙이면 불필요한 오해가 생긴다. 핵심만 말해야 뜻이 분명하게 전달된다.

4. 상대의 말이 틀려도 일단 예-라고 긍정적으로 말한 후, 자기 의견을 덧붙여라._ 예 그것도 좋은 방법입니다. 그런데 저는 이렇게 생각해봤습니다, ~ 이렇게 해보면 어떨까요.

5. 감정을 억제하고 이성적으로 말하라_ 어느 그룹이든 이상한 사람은 있기 마련이다. 마음에 들지 않는다고 말싸움을 하면 결국 본인만 손해다. 차가운 머리와 따스한 가슴을 유지하라.

6. 늘 운이 좋았다고 말한다_ 운이 좋다고(긍정적으로) 말하면 마음의 여유가 생기고, 일에 대한 두려움도 사라진다. 이것이 선순환이 되어 운이 저절로 굴러온다. 지금 당장 '나는 운이 좋은 사람이다'라고 말해 보라.

11. 파워풀한 스피치를 구사할 수 있는 정리된 스피치 체크리스트

요소	명쾌한 논리, 유쾌한 전개, 통쾌한 결과		
What logic + explain express	1. 문제의식(요지)을 갖고 접근하였는가?		
	2. 이론적 근거를 제시하였는가?	논리력	
	3. 핵심을 잘 표현하였는가?	이해력	
	4. 구체적 사례를 제시하였는가?	설득력	
	5. 내용이 유익이 될 만한가?		
How sympathy	6. Pause청중과 호흡하였는가?	전달력	
	7. Tempo로 생동감을 주었는가?	표현력	
	8. Twoway방식을 사용하였는가?	공감력	
	9. 서스펜스(suspense)가 있는가?		
	10. 재미로 긍정적 반응을 끌어냈는가?		
Looks visual factor	11. 자세는 정중하였는가?		
	12. 적극적인 시선처리(eye-contact)		
	13. 개방형 제스처를 사용하였는가?		
	14. 표정은 감격하고 있는가?		
	15. 자신감으로 신뢰감을 주었는가?		

사회가 세분화 전문화될수록 대인관계의 양상도 복잡해지고 다양해지는 법이다. 그런 만큼 주어진 시간 내에 정확한 의사 교환이나 효과적인 프레젠테이션의 중요성 또한 증가하고 있다. 다시 말해서 언제 어느 곳에서든 자신의 주장이나 생각을 당당하게 표현할 수 있는 스피치의 기본적인 자질이 요구되는 시점이다. 그러나 말한다는 것은 결코 쉬운 일이 아니다. 대부분의 사람들이 말을 하되 자기주장만 내세우고, 상

대방의 말은 잘 들으려 하지 않는다. 또 생각한 내용을 제대로 표현하지 못한다거나, 이야기를 논리적으로 전개시키지 못한다. 말할 기회도 많고 할 말도 많은 시대에 정작 말을 제대로 못해서 전전긍긍한다면 이보다 안타까운 일이 또 어디 있겠는가?

이 책은 '어디에서' '무엇을' '어떻게' 말할 것인가에 대해 초점을 맞추고 있다. 특히 자신의 생각이나 주장을 잘 표현하기 위해 흥미 있게 말하는 법, 뜻있게 말하는 법, 유익하게 말하는 법, 논리적으로 말하는 법, 효과를 얻을 수 있게 말하는 법과 윤리적인 감각으로 말하는 법 등이 제시되어 있다. 동시에 언어적 커뮤니케이션 차원에서의 스피치 내용이나 전달 기술뿐 아니라 비언어적 커뮤니케이션 차원에서의 자세와 태도 그리고 표정 등에 대해서도 자세히 언급하고 있다. 이른바 언제 어디서든 파워풀한 스피치를 구사할 수 있는 방법이 구체적인 사례와 함께 소개되어 있는 스피치 매뉴얼이다.

먼저 무엇을 말할 것인가?(What to say?)

말에는 의미와 재미가 담겨야 듣는다. 여기서 의미란 되새길 만한 콘텐츠, 즉 얻을 만한 유익한 내용이여야 한다는 것이다. 더불어 재미까지 있어야 상대를 끝까지 집중하게 할 수 있다. 그렇다면 어떻게 해야 의미와 재미있게 말할 수 있을까? 대답은 명확하다. 의미 있는 내용과 재미있는 소스를 담아야 한다는 사실이다.

첫째, 문제의식을 가지고 주제를 정해야 한다. 문제의식이란 평소에 한 주제에 대한 관심과 의문을 가져 보는 것이다. 예를 들자면 '삶이란 무엇인가?'란 고민을 하다보면 나만의 철학과 깨달음을 갖게 된다. 그런데 삶을 얘기하고 인생을 논할 수 있다. 고민이나 고통 없이 얻어진 이론은 공염불에 불과하다.

둘째, 이론적 틀(Logic)을 세우는 일이다. 배경 지식도 없이 주관적인 생각만 가지고 스피치를 한다면 검증되지 않은 내용으로 말하는 격이 될 것이다. 근거를 가지고 보다 합리적이고 논리적인 스피치를 풀어갈 때 설득력과 공감을 얻는다. Key word로 줄기를 잡아 가는 것이 이론적 틀(Logic)을 만드는 방법이다.

셋째, 구체적인 설명이 말을 풀어가는 방법이다. 개괄적이거나 총론적인 애기만 들어 놓는다면 수박 겉핥기 식 스피치가 되고 만다. 가슴을 뚫고 깊숙이 먹히는 말을 하기 위해서는 생생한 예화나 사례 혹은 정확한 데이터를 제시하여 구체적인 설명이 필요함은 두말할 나위가 없다.

어떻게 말할 것인가?(How to say?)

처음 사람들 앞에서 말을 하는 사람들(초보자)을 보면 숨도 고르지 못하고 헐떡이며 말하는 경우를 보게 되는데 먹히는 스피치, 공감하는 스피치를 위해서는…

첫째, Pause를 적용하는 것이다.

Pause란 말과 말사이의 쉼으로 음악에서는 묵음에 해당된다. 격조 있는 음악일수록 이 묵음을 많이 사용하는데 묵직하게 먹히는 말일수록

이 Pause를 적절히 사용해야 한다. Pause야말로 말하는 이와 듣는 이와의 생각의 공유의 시간이 될 수 있기 때문이다.

둘째, Tempo(템포)이다.

밋밋한 어조, 단조로운 어조는 듣는 이에게 자장가처럼 들리게 마련이다. 마치 새마을호나 KTX를 타면 조는데 이는 변화가 없기 때문이다. 그러나 청룡열차는 타고 조는 사람 보았는가? 청룡열차를 타면 졸기는 커녕 초긴장한다. 이는 궤도가 변화무쌍하기 때문이다. 예측불허의 변화는 사람을 긴장시키고 집중하게 만든다. 그러니 어조의 변화로 듣는 이를 집중하게 하는 방법이 악센트로 강약을 주고 스피치의 완급조절로 집중력을 높여야 한다.

셋째, 혼자 말하지 말고 적당한 질문법으로 상대를 참여시키고 함께 고민하게 하고 함께 풀어가는 스피치를 구사해야 한다는 것이다.

일방적인 스피치는 고루하고 지루하게 느끼게 한다. 일방적으로 풀어가는 스피치를 깔 데기 스피치기법이라 하는데 이는 아날로그 방식임에 틀림없다. 디지털 시대에는 쌍방향 커뮤니케이션이 호응을 얻는다. 서로 주고받아 가 풀어가는 스피치가 이 시대에 맞는 기법이다.

'상대방에게 어떻게 보여지는가?(Looks : how to attitude?)'

상대는 분명 거울처럼 내가 보여주는 만큼 볼 것이다. 세상이 복잡하고 바쁘기 때문에 특별하지 않으면 감추어진 이면을 보려하지는 않을 것이다. 웃으면 웃는 것이 보일 것이고 화를 내면 화내는 모습이 보여 질 것이다. 그렇다면 지금부터 내가 어떤 표정을 해야 하는지는 분명해진다.

첫째, 개방형 제스처로 세련감과 역동감을 주라는 말을 하고 싶다. 우리들이 공식석상에서 인사말이나 프레젠테이션을 할 때 연탁에 공정되어서 정적으로 발표하는 모습에 익숙해져 있지만 PT의 달인이라 불리는 스티브 잡스는 신제품 출시를 앞두고 설명회장에서 무대를 최대한 활용하는 프레젠테이션을 보고 연출의 달인이라며 찬사를 아끼지 않았다. 꾸어다 놓은 보리자루처럼 굳어진 자세로 말하지 말고 자연스럽고 유연한 제스처로 역동감과 생기를 불어 넣어 주었으면 한다.

둘째, 깊숙하고 정중한 eye contact(시선 접촉)이다. 시선을 준다는 것은 관심의 표명이며 관심은 사랑의 증거이다. 악수를 왜하는가? 악수의 기원은 '나는 당신을 해칠 무기를 손에 들고 있지 않으니 확인해 보시오'하며 손을 내민다는 것인데 눈을 접촉한다는 것은 '나는 당신에게 깊은 관심을 갖고 있다는 의사의 표명'이니 이는 악수보다 더 강한 호감의 도구이다.

셋째, smiles(미소)이다. 중국 속담에 '웃지 못하는 남자는 가게를 열어서는 안 된다.'는 말이 있다. 이는 웃지 않으려거든 사람을 만나지 마라는 말과 상통한다 하겠다. 필자는 '웃지 않으려거든 무대에 서서(사람들 앞에서) 스피치 하지 마라.'는 말을 하고 싶다. 웃음은 여유로움에서 나온다. 근심 걱정 없이 마음의 평화가 있을 때 진솔한 마음을 전달할 수 있고 상대와 교감할 수 있기 때문이다. 또 미소는 몸의 최고의 컨디션을 유지할 수 있을 때 나오게 마련이다. 좋은 내용을 충분히 리허설을 끝냈는데 몸의 상태가 안 좋다면 무슨 소용이 있겠는가? 중요한 발표나 행사가 있을 때에는 최고의 컨디션으로 몸을 만들어야 한다는 것은 자기관리 차원에서 기본이 된다.

12. 윤치영 박사의 말하는 공식

- What to say_ 말할 꺼리를 압축된 Keyword로 구체적으로 풀어내라
- How to say_ 평소의 언어로 평소의 스타일(습관)대로 대화하듯 전달하라
- Looks : how to attitude?_감정 흐르는 대로 제스처를 구사하며 주제에 몰입해 감정을 표현하라

사람들이 가장 난색해 하는 것은 말할 꺼리가 없거나 어디서부터 말해야 할지를 모르는데 그 때 필요한 것이 압축된 키워드를 찾아내는 것이다. 그 압축된 단어를 하나 하나 풀어 가면 논리적이고 조갈이 닿고 유찬한 스피치를 풀어 낼 수 있다.

다음은 공식석상이나 많은 사람들 앞에서면 어떻게 전달할지 당황되거나 고민된다. 이 때 사람들은 좀 더 멋지게 좀 더 우아하게 좀 더 유식하게 좀 더 잘 말해야 된다는 강박관념에 휩싸이게 된다. 하여 맹봉 상태에 빠져 무엇을 말하고 있는지 모를 때가 있다.

그냥 평소의 습관대로 평소 말하듯 말하라. 유식한 척, 아는 척, 고상한 척 해봐야 안 된다. 평소 있는 그대로 나답게 내 멋에 겨워 내 맘에 있는 이야기를 풀어내는 것이 최고다.

마지막으로 대중 앞이나 공식적상에 서면 경직되거나 위축되기 십상이다. 이 때 금난새 지휘자처럼 화려하게 제스처를 사용하라. 그렇다고 유별나게 억지로 꾸민 제스처는 오히려 독이 된다. 감정 흐르는 대로 손과 무릎과 표정을 살려 보라. 주제에 몰입되게 되고 무아지경에 빠져 정말 자연스런 감정에 이입된 옛찌있는 스피치를 구사할 수 있게 된다.

Chapter5
유창하게 말하기

- **스피치의 5대 힘**_ 울림을 줄 수 있는 스피치는 진정어린 **눈빛eye**, **화안의 얼굴face**, **혼을 불어넣는 손gesture**, **리듬감 있는 무릎tempo**, 그리고 **화기 있는 소리voice**와 **거부할 수 없는 power의 쉼pause**을 동원해서 표현하고 전달하는 것이다....윤치영 화술박사

스피치의 5대 힘_ Face, Eye contack, Voice, Qesture, Pause
그리고 마음(Mind)

첫 번째, 얼굴표정(face)가 당신의 미래입니다

두 번째, 목소리(voice)가 당신을 믿게 합니다

세 번째, 눈 맞춤(eye)이 당신의 진정한 마음입니다

네 번째, 현란한 제스처(Qesture)가 당신의 혼을 담아내는 도구입니다

다섯 번째. 적당한 쉼(pause)이 사람을 끌어당기죠
그리고 무한 긍정과 초능의 적극적인 마음(Mind)입니다.

스피치에 있어서 프로(익숙한 자)와 아마추어(익숙하지 않은 자)의 차이는 어디에 있을까?

첫째, 말을 시작할 때(도입부에서) 사자성어를 동원하면서 유식을 떨면 아마추어, 가벼운 신변잡화 얘기로 자연스럽게 풀어 가면 프로이다. 거창하게 시작한 아마추어는 뒷감당을 하지 못하고 무식을 들어 나고, 가볍게 시작한 프로는 갈수록 상대를 빠지게 하는 깊이가 있다.

둘째, 말을 풀어가는 속도가 오토바이가 달리듯 정신없이 쏟아 부으면 아마추어, 황소걸음처럼 어구적 어구적 걸어 나가듯 천천히 진행하면 프로이다. 아마추어는 정신없이 쏟아 붓다 스피치의 방향과 내용을 잃어버리기 쉽고, 프로는 천천히 상대가 가려워하는 곳을 구석구석 긁어 가며 공감적인 말을 펼쳐 간다.

셋째, 실수가 두려워 말할 기회를 무조건 피하려 들면 아마추어, 실수를 최고의 경험으로 알고 말할 기회를 이용하면 프로이다. 아무추어는 점점 말할 기회가 없어져 눌변가로 전락하고 프로는 경험이 쌓여 유창한 달변가가 된다.

넷째, 마이크가 도망갈까 두려워 얼굴 가까이 대고 말하는 이는 아마추어, 마이크를 의식 않듯 턱밑 명치 부분에 놓고 말하면 프로이다. 아마추어는 붕붕거리는 마이크의 애코로 사람을 쫓고 프로는 당당한 목소리로 사람을 부른다.

1. 말의 내용도 중요하지만 시각적인 요소에도 신경을 쓰자.

미국 UCLA대학의 알버트 메라비안이라는 교수에 의하면 커뮤니케이션의 효과는 시각적인 요소가 상대에게 전달되는 분량의 55%를 좌우한다고 한다. 먼저 설득력 있는 옷차림과 자신감 있고 편안한 표정, 그리고 바른 자세가 중요하다.

• 많은 사람 앞에서 자신이 발표를 하거나 연설을 할 때 의도적으로 강렬한 색상, 이를테면 빨강색의 의상을 입는 것도 좋은 방법의 하나이다. 이때의 의상은 당신의 모습을 좀 더 신뢰감이 느껴지도록 연출한다.

• 대개 긴장으로 인해서 표정이 굳어지기 마련인데 그럴수록 여유 있는 표정으로 상대방이 내가 긴장하고 있다거나 자신감 없어하는 것을 느끼지 못하게 하는 것이 좋다.

말하기 직전에 잠시 거울을 보고 간단하게 표정을 풀어주는 것도 좋은 방법이다. 가능한 한 미소를 지으면서 여유 있게 말하도록 의식적으로 노력해야 한다.

• 자신 있고 당당한 태도다.
구부정하게 서있거나 비딱하게 서면 소극적이고 자신감 없는 사람으로 보인다. 가장 당당한 자세는 허리를 꼿꼿하게 펴고 명치끝을 살짝 올리는 자세다. 이때 주의할 것을 팔짱을 끼거나 허리에 양손을 올려놓는 것인데 이런 자세는 거만해 보일 수 있기 때문이다.

1) 사과를 자주하지 말 것

사과를 너무 자주하거나 지나치게 겸손한 말을 많이 하는 것은 상대에게 불쾌감을 줄 수 있다. 사과를 하더라도 어린애 같은 말투는 삼가야 하고 대중 스피치인 경우에는 시작하면서 '제가 말을 잘 못하는데…' 등의 부정적인 표현으로 시작하지 않는 것이 좋다.

2) 가능한 한 짧게 얘기할 것

가능한 한 요약된 간결한 표현으로 결론부터 말한다. 말하는데 익숙지 않은 사람들이 흔히 저지르는 실수 중의 하나는 말을 장황하게 하고 시간조절을 못하는 것이다. 이것을 고치려면 녹음기로 녹음해서 들어 보는 것이 가장 좋은 방법이다. 자신이 얼마나 불필요한 말을 많이 하는지 금방 알 수 있을 것이다.

3) 긍정적으로 말하라.

같은 말이라도 부정적인 표현과 긍정적인 표현은 다르다. 지난겨울 만난 어느 기업의 교육담당자는 갑작스런 폭설 때문에 차가 밀려 약속 시간보다 늦게 온 나에게 웃으면서 이렇게 말했다. "귀한 손님이 오기 전에는 눈이나 비가 온다고 하는데, 오늘 눈이 오는 걸 보니까 이번 교육은 아주 잘 될 것 같습니다"라고 얘기한 일이 있었다. 이런 경우 보통 다른 사람들 같으면 화를 내거나 불쾌한 표현을 썼을 것이다. 이렇게 부정적인 말을 하고 싶을 때 오히려 좋은 표현으로 바꾸면 서로의 관계도 훨씬 좋아지고 말하는 사람의 이미지도 좋아질 것이다.

4) 남의 말을 열심히 들어주는 사람이 말도 잘한다.

남의 말을 건성으로 듣거나 일부분만 듣게 되면 엉뚱하게 해석해 오해를 불러일으키는 경우가 많다. 그래서 요즘 사오정 시리즈가 유행하는지도 모르겠다. 대부분 사람들은 상대의 얘기는 자꾸 자르고 자신의 얘기를 하려는 욕구를 갖고 있다. 그래서 대화하다보면 말을 자르고 자신의 얘기를 하는 바람에 기분이 상하거나 내가 해야 할 중요한 얘기를 못하는 경우가 많다. 어떤 경우에도 상대의 이야기를 자르는 것은 금물이다. 상대가 말하는 의도를 파악하기 위해서는 무조건 끝까지 다 들어야 한다.

5) 자기 자랑을 지나치게 늘어놓지 않는다.

가끔 회사나 제품을 알리는 것이 아니라 자신이 얼마나 능력 있는 사람임을 지나치게 강조하는 사람이 있는데 이런 경우는 정말 꼴불견이다. 자기를 내세우기 보다는 상대가 자부심을 갖고 있는 점을 찾아 인정해주고 칭찬해 주는 것이 더 좋은 화법이다.

6) 정중한 표현을 쓰자.

초면인 경우에는 특히 상대의 나이에 관계없이 가장 정중한 표현을 쓴다. 간혹 남성이 젊은 여성에게 반말을 하거나 가볍게 말을 하는 경우를 보는데 비즈니스 시에는 완전한 경어를 원칙으로 한다.

7) 이름을 외워두어라.

낯선 사람도 자신의 이름을 불러주면 친밀감을 느끼게 된다. 이름과 인상의 특징을 잘 기억하면 그만큼 커뮤니케이션이 쉬워진다. 잘 외우기 위해서는 반드시 만남이 끝난 즉시 수첩에 특징과 이름을 적어둘 필요가 있다.

8) 이야기를 독점하지 말자.

이야기를 독점하는 사람들은 상대에게 나쁜 인상을 주게 된다. 적절히 이야기하고 상대에게도 기회를 나눠주자. 이야기를 독점한 사람들은 정보를 얻을 수 없고, 그런 사람은 아무리 유능해도 고립되고 만다.

9) 다른 사람이 말하는 것을 흉내 내라.

모방은 제2의 창조다. 주변에 말을 잘한다고 인정받는 사람이 있다면 자주 그의 말을 듣고 메모하고 요령을 배워라. 뿐만 아니라 유명한 교수나 강사의 강의를 자주 듣는 것도 도움이 된다. 대상에 따라 어떻게 말의 내용이 달라지는 지도 유심히 관찰하고 특히 유머스러운 말은 어떻게 하는지도 살펴서 서서히 자신의 것으로 소화해내다 보면 어느새 내 자신도 유창한 화술의 주인공이 될 것이다.

10) 자신 특유의 습관을 고쳐라.

가끔 귀에 거슬리는 부사를 되풀이해서 쓰는 사람이 있는데 예를 들면, 저어, 정말로, 근데, 너무너무, 그래가지고 등등의 용어는 듣는 상대를 아주 짜증스럽게 한다. 이런 경우는 녹음이나 타인의 모니터를 통해 고치도록 하는 것이 가장 좋다.

말끝을 흐리지 않는다. "이것이 좋다고 생각됩니다만" "꽤 오래갈 거라고 생각되지만" 등과 같은 말은 혼란만 가중시킨다. 어떻게 비교해서 좋은지, 어느 정도의 내용구성이 있는지 근거를 대가며 쉽게 설명한다.

11) 외국어를 남용하지 말자.

불가피한 경우가 아니면 외국어를 쓰지 않는다. 특히 비즈니스 상담 시 상대가 알아듣지도 못하는 영어를 계속 남발하는 경우가 많은데 이것은 큰 실례다.

12) 몸말을 활용하라.

입만 믿어서는 안 된다. 아무리 유창한 말솜씨를 갖고 있다고 해도 단조로운 몸짓으로는 효과적인 의사전달이 되지 않는다. 제스처를 적절히 사용하면 듣는 이로부터 관심을 유도할 수 있다.

- **발표(프레젠테이션)**

예전에는 브리핑이라는 용어로 통칭됐지만, 요즘은 시각자료를 활용한 프레젠테이션이 보고의 방법으로 주로 행해진다. 시각자료가 있다는 걸 믿고 자칫 말하기 준비를 소홀히 했다가는 낭패를 보기 쉽다. 오히려 시각자료와 유연하게 연결되는 설명을 준비함으로써 보고의 시너지 효과를 누릴 수 있다는 점을 명심한다.

- 보고 내용을 충분히 파악하고 미리 연습한다.
- 간단명료하게 핵심을 보고한다. 지나친 부연설명은 효과를 반감시킨다.

- 목소리는 가능한 크고 활발하게 낸다.
- 어렵거나 생소한 용어, 중요한 개념이 나올 경우 그때그때 간결하게 설명을 붙인다.
- 지루한 나열식 보고는 곤란하다. 중간 중간 강조점을 둔다.
- 자료의 출처는 꼭 밝힌다. 그래야 내용에 권위가 선다.

2. 스피치의 기본 요령은 무엇일까?

저명인사나 연예인 등 특별한 사람이 아니더라도 대중 앞에서의 스피치가 정말 대중화되었다. 누구나 각자의 위치에서 소리를 낼 수 있는 열린 민주사회이기 때문일 것이다. 더구나 직장에서나 사회에서 그 기회는 많이 늘어난다. 각종 모임이나 행사에 참여하여 자신을 소개하기도 하고 인사말을 하기도 한다. 따라서 상황에 따라 목적에 걸맞고 효과적인 인사말을 할 수 있는 능력을 갖추어야 할 것이다. 그럼에도 불구하고 경험이 없는 사람은 남 앞에 나서는 자체부터 두려워하고 만다. 품위 있는 인사말 한 마디는 조직을 움직이고, 행사를 빛내며, 자신의 인격과 능력을 보여주는 생활의 도구가 된다.

실력과 능력을 인정받기 위해서는 자신을 잘 표현하고 주어진 기회에 발표를 잘하거나 프레젠테이션을 잘해야 한다. 남에게 인정받는 것은 사회에서 성공하는 데 발판이 된다. 지금 사회는 아무리 배운 것과 기술이 많아도, 제대로 자신의 생각을 체계화하여 효과적으로 남에게 표현할 수 없다면, 결국에 가서는 남에게 인정을 받지 못한다. 아니 인정을 받으려고 맘먹는 것이 오히려 잘못이다.

한편 우리는 각종 선거, 대학교의 학생회장 선거에서부터 조합 이사장이나 노조 위원장, 그리고 각종 단체의 회장 선거가 있으며, 지방자치단체의 기초의원에서부터 대통령 선거에 입후보하여 지지와 득표를 목적으로 연설을 하는 경우도 많다. 이러한 선거에서도 목적을 달성하기 위한 연설을 하려면 가치 있는 이슈나 쟁점 등의 테마(주제) 선정과 짜임새 있는 구성이 필요하다.

그뿐만이 아니다. IR(기업설명회) 혹은 PR의 목적으로 자사의 비즈니스와 비전을 알리는 프레젠테이션을 펼치기도 해야 한다. 이러한 기회는 상품 혹은 기술의 가치뿐 아니라 회사의 이미지에 대한 평가를 도출해 낸다는 점에서 아주 중요하다. 이처럼 현대인은 다수의 사람 앞에서 스피치 해야 하는 상황이 매우 많다. 조리 있게 말을 못한다고 피해 갈 수는 없다. 여러 사람 앞에 서 말을 잘 못한다고 면접을 안 볼 것인가. 경쟁자들은 자신 있게 당당하게 열변을 토하는데 한구석에서 말없이 기죽어 앉아 있는 자신의 모습을 그려보라.

말할 수 있는 기회도 많고 할 말도 많은 시대에 화술이 부족해서 자신의 실력을 나타낼 수 없다거나 직장에서의 지위와 사회적인 신분이 높아지면서 사람 앞에 서는 기회는 더욱 많아지는데 대중공포증을 가지고 있어 전전긍긍한다면 이보다 안타까운 일이 또 어디 있겠는가?

많은 사람 앞에서도 당당하게 자신을 표현할 수 있는 화법뿐만 아니라 요령부득의 말보다 요령 있는 말, 횡설수설하기보다 줄기가 선 말, 산만한 말보다 조리 있는 말, 융통성 없는 말보다 여유 있는 말, 궁지에 몰려 흥분하기보다 재치 있고 기지가 넘치는 말을 할 줄 알아야 한다.

평소에 조리 있게 논리적으로 상대방을 감흥을 줄 수 있는 실력을 쌓아 놓아야 한다. 이런 스피치커뮤니케이션 능력이야 말로 기회를 축복으로 받아들일 수 있는 준비임에 틀림없다.

그렇다면 스피치의 기본 요령은 무엇일까?
스피치는 이외로 간단한데서부터 출발되어야만 한다. 그것은 천천히 또박또박 자연스럽고 크게 말해야 한다는 것이다. 대개 준비되지 않은 스피커(話者)일수록 스피치의 속도가 빠르다 당황스런 말, 횡설수설 장황하게 늘어놓는 말, 줄기가 서지 않는 말일수록 스피치의 속도는 빨라 질 수밖에 없다.

따라서 논리적이고 공감적인 스피치를 안정적으로 표현하는 스피커(話者)일수록 여유를 갖고 천천히 또박또박 자연스럽게 말하게 된다.

다음은 스피치가 빛이 나려면 무엇보다 말하고자 내용에 관한 검토이다. 얼마나 확신적인 소신과 인격을 바탕으로 지식과 정보를 담긴 내용인가에 따라 상대방의 호기심과 관심은 달라 질 것이다.

따라서 말하는 내용에는 세 가지를 갖춰야 하는데 그것은
첫째, 이론적 틀을 갖추고 있어야 한다. 객관적인 합리성과 논리적인 깊이의 이론을 바탕으로 한 스피치만이 머리(뇌)를 자극하는 이성에 호소 설득력을 기를 수 있다. 두 번째는 머리(골)만 때리는 스피치론 감동과 변화를 꾀할 수 없다. 가슴을 때리는 설득 또한 빼놓을 수 없는 공격 목표가 된다. 다시 말해 감동을 끌어 낼 수 있는 스피치여야 한다는 것이다. 가슴을 자극해 눈물과 웃음이 배어 나올 수 있는 스피치 구사이다. 마음을 감동시키고 흥미와 관심을 끌어 낼 수 있는 재미가 동반되었

을 때 사람의 마음을 움직일 수 있다. 세 번째는 인격을 바탕으로 한 스피치여야 한다는 것이다. 어제한 말과 오늘한 말이 다르고, 오늘 내뱉은 말이 내일 번복이 된다면 그 말에는 신뢰성을 가질 수 없다는 것이다. 인격과 의지적인 소신에 찬 자신감과 확신에 찬 열정적인 스피치여야 한다.

둘째는 전달기술에 관한 검토이다. 같은 내용이라 할지라도 전달하는 방법에 따라 이해와 설득의 한계는 자뭇 달라지기 때문이다. 음의 강약과 속도의 변화에 의한 생동감은 신선한 느낌으로 보다 친화적이고 공감인 스피치를 구사하는 '노-하우'인 것이다. 가수는 음성 표현 하나만으로 예술적 행위를 만들어 낸다. 전달하는 방법에 대한 연구는 스피치를 바로 예술적 차원에서의 끌어 올릴 수 있는 중요한 스킬인 것이다.

음성의 강약과 고저 그리고 말의 느림과 빠름의 변화, 호흡과 포즈 등 억양의 변화와 감정의 표현 등 전달하는 방법에 따라 말의 느낌과 감동의 강도를 달라 질 수 있는 법, 보다 명쾌하고 안정감 있는 전달기술을 습득해야 할 것이다.

셋째는 발표하는 자세와 태도 그리고 표정에 대한 검토가 필요하다. 마치 연기자가 무대에서 표정과 몸짓으로 연기하듯 스피커의 몸동작 하나하나에서부터 표정과 제스처의 모든 부분에서 전달되는 비언어적 커뮤니케이션의 비중도 간과되어서는 안 된다.

노래나 춤, 운전이나 골프처럼 화술도 배우면 배운 것만큼 잘 할 수 있다. 배우지 않고 잘되기를 바라는 것은 요행을 바라는 공짜 심리일 뿐이다.

3. 대중을 상대로 하는 스피치 요령

　사람 앞에서 이야기를 할 때 무슨 말을 어떻게 해야 할지 몰라 고민하는 사람이 많습니다. 자신이 알고 있는 지식을 어떻게든 많이 알려야 한다고 생각하거나 자신의 위신과 체면에 맞게 품위 있는 말을 해야 한다는 강박관념 때문에 남 앞에서 말하기를 어려워한다.

　말을 하기 위해서는 사실적인 얘기와 말하는 이의 느낌을 조리 있게 표현할 수 있어야 한다. 경험에서 우러나온 편안한 이야기를 중심으로 다른 사람을 설득하려고 해야 한다.

　말 잘하는 사람은 평범한 이야기 속에 핵심을 담아 청중의 마음을 움직이게 한다.

　사람들은 이웃집 아저씨가 옛날이야기를 들려주듯 쉽고 간단하게 실생활을 중심으로 그림을 그리듯 예를 들어가며 진심으로 하는 말을 기억한다.

- 평소에 충분한 자료 수집이 필요하며 전문 분야나 관심 분야에 집중적인 투자가 중요한다.

- 이야기보따리는 자기 생활에서 찾아라.

　링컨 대통령은 "예화를 사용하지 않고 20분간 연설하는 것이 예화를 사용하면서 1시간 동안 연설하는 것보다 더 지루하다." 고 말했다. 이론적 전개나 고리타분한 미사여구(美辭麗句)로는 청중에게 관심과 집중력을 얻을 수 없다.

- 말은 짧게

현대인은 복잡한 것에 식상해 있다. 요즈음의 유행은 단순화되어 가고 있다. 복잡한 것에 알레르기 반응처럼 기피한다.

말이나 연설도 마찬가지이다. 요즘 사람들은 간결한 말을 좋아한다. 또 짧을수록 감칠맛이 나기도 한다.

현대는 드라이하고 빠르게 말하는 것이어야 한다. 바쁘디 바쁜 비즈니스 맨의 회화도 역시 간결하고 스피디한 것이어야 한다. 그러나 상대의 이해를 방해하지 않을 정도의 속도가 아니면 곤란한다.

간결함은 대화의 생명이다. 질질 끄는 장광설은 현대의 비즈니스 회화로서는 낙제임 셈이다. 교섭의 내용이 복잡한 경우에도 가능한 한 이야기의 요점은 압축하고 간략화 하여 이해하기 쉽게 이야기해야만 한다.

- 온몸으로 내용을 말하라.

열정이 없으면 이 시대엔 경쟁력을 가질 수 없다. 열정은 감동을 불러옵니다. 상대방을 감동시키고, 청중을 감동시키는 일은 열과 성을 다해 말할 때 얻을 수 있다. 형식적이고 가식적인 스피치는 더 이상 통하지 않는다. 도산 안창호 선생이 명연설가로 후세에 알려진 이유도 바로 열정을 가지고 연설을 했기 때문이다. 그 분은 연설이 끝나면 온 몸이 땀으로 뒤범벅이 될 정도로 혼신을 다해 연설에 임했다고 한다.

- 상대방이나 청중의 눈을 보고 반응을 읽어 가며

경험이 없는 연설자가 흔히 범하기 쉬운 실수가 바로 청중의 반응을 감지하지 못하고 자기가 준비한 시나리오대로 막무간에 연설하는 경우 있다. 대중 스피치는 청중이 왕이다. 청중이 지루하면 끝마무리로 들어

갈 수 있는 준비를 하고 있든지 아니면 주제에서 좀 벗어나더라도 흥미를 줄 수 있는 이야기로 전환할 수 있어야 한다.

• 하나의 테마는 5분 이내로

하나의 테마를 가지고 지지부진하고 있으면 청중들은 바로 귀와 시선을 돌려버리고 만다. 대중 스피치의 구성이나 내용에 있어서 다이나믹한 전개가 필요함은 두말할 나위가 없다.

• 스피치는 내용이 충분하다면 말솜씨는 문제가 아니다

대중 스피치는 감동적인 것은 말솜씨가 아니라 대중 스피치 내용과 대중 연설자의 인품 때문이다. 대중 연설자의 사람됨과 단 한마디라도 그것이 갖는 내용과 깊이에 따라 그 말은 사람의 마음을 파고드는 것이다. 그러므로 대중 스피치를 잘하고자 한다면 스스로 마음가짐을 추스르면서 좋은 내용을 준비하는 데 주력해야 한다.

말은 모름지기 꾸밈없고 자연스럽게 진심을 담아 친구에게 하듯 전인격적으로 말해야 한다.

• 자기의 껍질을 벗어 던져라

인간은 누구나 자기 방어의 본능이 있다. 그래서 보이지 않는 껍데기 속에 들어가 있다. 그것은 교양이나 인격, 자존심 같은 가면을 쓰고서 좀처럼 해방시키려고 하지 않는다.

그 껍데기를 벗고 나오면 훨씬 더 자유롭고 편안해진다는 것도 알고 있지만 껍질을 벗는다는 것이 여간 어려운 일이 아니다.

청중 앞에서 자연스럽게 말하는 것이 좋다는 것은 알고 있는데도 막상 해보면 여간 어려운 것이 아니다. 이 때 가장 큰 장애가 되는 것은 물론 '굳어지는 것'이다. 그것은 육체적으로 굳어질 뿐만 아니라 정신적으로도 굳어지는 것을 포함하여 인간의 성장에 따라 생기는 일종의 경화(硬化)현상이다.

나이가 먹어 갈수록 금방 딱딱해지고, 허세를 부리게 되며, 부자연스러워지기 쉽다. 그것이 바로 자기를 너무 의식하는 데서 오는 현상인 것이다. 그러므로 사람 앞에서 자기의 가면을 벗어 던져 버리는 일을 익혀 두어야 한다. 그래야 말이 딱딱해지지 않고 자연스러운 것이다.

'내가 지금 청중에게 대중 스피치하고 있다' 고 생각할 때부터 스피치는 어려워지고 마음의 부담이 생기는 것이다.

사람 앞에서 말하는 것이기 때문에 '음성도 좋아야 하고, 발음도 좋아야 하고, 내용도 좋아야 하고, 표현도 잘 해야 하고…….' 등의 생각으로 딱딱해지고 억양도 이상해지고, 말하는 법도 자연스러워지지 못하고 꾸미게 되고 흉내 내며 엉망이 되어 버리는 것이다.

스피치의 흐름을 말하듯 연출하는 법이 있다. 이것은 상대방이나 청중과 이야기하듯 스스로 질문을 던지고 그 질문에 답변해 나가는 방법을 말한다.

'그런데 제가 지금 말씀 드린 사실이 납득할 수 있는 어떤 증거가 있느냐고 여러분은 물으실 겁니다. 그렇죠? 증거, 네, 물론 충분한 증거가 있다. 그것은…'

이야기할 때 가장 잘 말하는 법이란, 성실함과 열성스러움과 진지함으로 말하는 것이다. 사람이 감정에 지배되고 있을 때에 그 사람의 참된 자아가 나타난다.

　청중과 장벽이 그 감정의 불길로 사라져 버리는 것이다. 그런 사람이 무의식적으로 행동하고 무의식적으로 말한다. 그야말로 자연스러움 그 자체이다.

　당신의 이야기가 아무리 강력한 설득의 내용이라 할지라도 그 말하는 법, 말하는 태도에 힘도 없고 성실함이 없다면 아무런 효과도 기대할 수 없는 것이다. 스피치에는 살아 움직이는 신선함이 있어야 스피치의 향기가 가득 피어나는 것이다. 스피치에 자기를 투입하여야 그런 향기를 낼 수 있다.

4. 청중의 관심을 끄는 법

　이야기한다는 것에는 언제나 3요소가 있다. 스피커(화자), 이야기 내용. 청중이다.

　따라서 자기만 이야기에 흥분할 것이 아니라 청중도 그 이야기가 중요하다고 생각하여 열심히 듣도록 유도해야만 한다. 이야기는 청중 중심이지 자기중심이 아니기 때문에 스피치의 성패는 청중이 정하는 것이지 결코 자기가 정하는 것이 아니라는 것을 명심할 일이다.

　그러므로 청중이 자기와 같이 느끼게끔 스피치 해야 하며 자기와 같이 생각하고 자기 의견에 동의하게끔 스피치 해야 하고, 자기와 같이 행동할 수 있도록 스피치 해야 한다. 그러기 위해서는 자기의 생각을 듣는 이에게 전달하려는 강렬한 열의가 불타올라야만 비로소 청중을 움직일 수 있은 것이다.

- 서로 통하는 이야기를 한다.

  알팍한 지식밖에 없으면서도 복지국가 건설이라든지, 사회 정의 구현이라는 거창한 주제라든지 대학에서 배운 일반론이라든지 신문에서 읽은 희미한 지식을 더듬어서 대수롭지도 않은 이야기를 한다면 청중의 호응을 얻기 어렵습니다. 어마어마한 테마나 현실과 동떨어진 화제를 듣고 싶어 하지 않는다.

- 쌍방향식 스피치, 참여하는 강의

  여러 종류의 워크숍을 진행하다보면 재밌는 현상을 발견할 수 있다. 아무리 좋은 강의도 한 시간을 넘어서면 대부분의 사람들이 지루해 한다. 혼자서 북 치고 장구 치고 나머지는 모두 그 사람의 원맨쇼를 보자니 구구절절이 옳은 얘기지만 하품이 나오는 것은 어쩔 수 없는 것이다. 그보다는 사람들을 참여시켜 그들의 경험과 생각을 정리하고, 쓰게 하고, 토론하게끔 하는 것이 효과적이다. 하나의 주제에 대해 치열하게 생각하고, 그것을 정리 발표하고, 다른 사람의 의견을 들으면서 사람들은 자신의 생각을 다듬게 되고 깨달음을 얻게 된다. 당연히 자신의 참여가 배제된 일방적 강의보다는 자신들이 직접 참여하는 그런 워크숍의 만족도가 높다. 물론 물꼬는 강사가 터 주어야 한다. 화두를 잡아주고 주제 강의를 하고 중간 중간 끊고 정리해주고 얘기를 시키고....비단 워크숍이나 강의뿐 아니라 어떤 모임이나 행사도 참여하지 않고는 그 시간을 즐길 수가 없는 것이다.

• **선택한 주제에 열중하라.**

한 사람이 어떤 테마를 가지고 이야기한다고 해서 반드시 스스로 그 테마에 확신을 갖고 있다고는 말할 수 없다. 마지못해 어쩔 수 없이 어떤 주제를 가지고 말한다고 하면 그 스피치는 분명 실패하고 만다.

상대가 당신의 말을 상쾌하게 받아들일 수 있도록 멋진 스피치를 하려면 당신이 꼭 말하고 싶다는 주제를 선택하여 '이야기 속에 자신을 투입하라'는 것이다. 그러므로 테마 선택은 마음 속 깊은 곳에서 끌어 낸 것이어야 하고 일단 선택한 테마에 대해서는 전심을 담아야 한다.

내가 이런 주제로 말할 자격이 있나?

테마를 바꾸어 볼까?

이렇게 생각하는 것은 절대 금물이다. 이 테마는 말할 가치가 있고 또 반드시 내가 말해야 된다고 그 테마 속에 몰입해야 한다.

• **남의 흉내를 내지 말라.**

어떤 사람이 말을 잘하고 생각하여 그 사람의 흉내를 내기 쉬운데 그것은 나쁜 방법이다. 아무리 발해도 그 사람만큼 할 수 없을 뿐더러, 자기의 최대만큼도 할 수 없게 된다.

자기의 음성을 사랑하고 자기가 가장 쉽다고 생각되는 방법으로 말하십시오. 그러면 다른 누구와도 다른 독특한 자기 스타일의 스피치가 될 것이다.

- **듣는 사람을 과대평가하지 말라.**

상대가 나보다 말을 잘하고 더 수준이 높기 때문에 내가 어떻게 말해야 할까? 하고 망설이지 마십시오. 사실은 그렇게 큰 차이가 나는 것도 아니며, 마주 앉아 이야기해 보면 1시간 이상도 같이 이야기할 수 있는 그런 별 차이가 나지 않는 사람들이다.

- **완전무결한 스피치를 바라지 말라.**

이 세상에 완전무결한 스피치를 구사하는 사람은 한 사람도 없다고 해도 과언이 아니다. 지나친 욕심 때문에 자신감을 잃는 경우가 많은데 중요한 것은 진심을 담아 최선을 다하면 되는 것이다.

- **변명하는 투로 말하지 말라.**

사과의 말로 시작한 스피커는 90%가 박수갈채를 받지 못한다. '저는 원래 말재주가 없어서'라든지 '갑자기 나오느라고 준비가 소홀해서 좋은 말씀은 드릴 수 없지만…' 이란 말로 사과의 말부터 꺼내면 청중은 당연히 '들어보나 마나겠군' 하거나 '그럼, 뭐 하러 나왔어' 하고 들을 자세를 안 갖고 만다. 그러므로 설령 준비가 소홀했다 해도 당당하게 열의를 다하여 스피치를 시작해야 한다.

- 감정을 재생하라

　말하는 사람은 자기의 정직한 감정을 억압할 필요는 없다. 그 때 그 때의 감정을 재생하여 열심히 말하면 청중은 따라 오게 마련이다.

- 테마를 한정시킨다.

　같은 주제를 가지고 마치 연감 읽듯이 너무 오래 이야기하는 것을 좋아하는 사람은 아무도 없다.
　5분 이내의 짧은 스피치에서는 요점이 하나 또는 고작 둘이면 족한다. 30분 정도의 긴 스피치 때에도 테마를 4-5개 이상 집어넣어서는 안 된다.

- 많은 자료를 수집한다.

　사실을 파헤쳐 가며 이야기하는 것보다는 표면을 어루만지며 이야기하는 것이 훨씬 수월ㅎ하다. 그러나 그렇게 이야기하면 청중에게 아무런 감동도 줄 수 없지요. 그래서 테마는 짧게, 이야기를 깊이 있게 하려면 많은 자료와 정보 수집이 필요하다.
　어떤 스피치에 있어서도 한 가지 테마를 위해 백가지의 생각을 모아 아흔 가지를 버려야 한다.
　스피치를 잘하기 위해서는 항상 비상시에 대처할 수 있는 만반의 준비를 갖추어야 한다.

- 실례를 많이 사용한다.

　어떤 테마를 아름다운 어휘를 구사하여 질서 정연하게 끌고 가다 보면 구체성을 잃게 되고
　가느다란 논리의 실로 이어진 추상 개념에 지나지 않게 되기 쉽습니다. 그 테마에 연관된 일화를 실례로 사용할 줄 알아야 한다. 청중은 일상생활의 이야기 거리에 많은 관심을 갖고 있기 때문에 요점을 되도록 구체적인 실례로 설명하여 사람들의 관심을 잡을 수 있다. 그렇다면 실례라는 재료를 자유로이 사용하자면

- 인간미를 넣는 것

　당신 자신의 환경과 체험을 통해서 알았던 많은 사람들 중에서 성공하고 실패한 사람들의 이야기 중 그들의 성격과 인간성 등 주로 인간에 대해서 실례를 삼아야 한다.

- 개인화 하는 것

　본인이 보고 듣고 강등하고 사랑하고 성공하고 실패한 경험이나 깨달은 것으로 설명한다

- 세부 묘사를 하는 것

　스피치 속에 나오는 예화의 생동감을 더해 주기 위해서는 '5W 1H원칙에 의해 언제, 어디서, 누가, 무엇을, 어떻게 했는가?' 로 세부적 묘사

방법을 사용해야 한다. 그러나 너무 많은 세부 묘사로 이야기를 뒤엉키게 만들면 청중은 보나마나 고개를 돌려버리고 만다.

• **몸짓, 손짓으로 시각화하는 것**

어느 심리학자의 말에 의하면 우리들의 얻는 지식의 85%이상은 시각적인 인상을 통해서 받아들여지는 것이라고 한다. 상세한 이야기를 눈 앞에 보이는 것처럼 하는 최상의 방법은 그것을 눈에 보이도록 손짓과 몸짓을 써서 표현하는 것이 좋습니다.

• **구체적인 말을 사용할 것**

사람들의 주의력을 집중시키는데 있어 가장 중요한 것은 다름 아닌 영상을 만들어 내는 작용을 하는 말을 사용하는 것이다. 웬만한 대중 연설자는 그런 것이 있는 것조차 깨닫지 못하고 있다. 그러나 대화 속에 영상 그것을 넣으면 듣는 이는 더없이 즐겁게 만들고 많은 영향을 줄 것이다.

'교활하다 → 여우처럼 교활하다', '단단하다 → 바위처럼 단단하다', '도사견 → 누런 송아지 만한 도사견' 이라고 하면 더 한층 뚜렷한 영상을 불러일으키게 된다.

5. 호소력 있는 스피치 전개 방법

1) 논리적 접근 방법과 감정적 접근 방법

논리적 호소는 합리적인 증거와 주장에 근거한다. 논리적 호소는 청중의 '머리'에 호소해야 한다. 예를 들어 지하도의 노숙자들에 대한 대책 문제로 말을 한다고 하자. 이때 지하도에서 도시의 쾌적한 생활에 장애를 주고 있는 노숙자들의 복지 대책을 현학적으로 풀어 가려는 의도는 바로 논리적 접근 방법이 될 것이다.

감정적 호소는 간정과 열정에 근거한다. 감정적 호소는 상대나 청중의 '마음'에 호소해야 한다. 같은 지하도에서 노숙하는 사람들의 건강과 가족과의 애절한 사연들 인간애적인 접근이 오히려 더 설득력을 갖게 할 수 있겠다.

2) 양수겸장

어떤 사람은 머리로 생각하고 또 어떤 사람은 가슴으로 생각한다. 그리고 우리 가운데는 가슴과 머리 모두로 생각하는 사람도 있다. 따라서 청중과 관계를 맺는 가장 효과적인 방법은 논리적 호소와 감정적 호소를 결합하는 것이다.

3) 증거의 형태

연사가 자기주장을 입증하거나 설명하기 위해 사용하는 사례들을 증거라 할 수 있는데 이야기, 통제, 사례들의 형태를 들소 있다.

(1) 목적이 뚜렷한 이야기를 할 것

하나의 이야기를 하는 데는 반드시 이유가 있어야 한다. 그리고 그 이유를 도덕적이고 객관적인 교훈을 청중이 쉽게 이해할 수 있어야 한다. 청중을 지루하게 만드는 가장 빠른 방법의 하나는 요령부득의 이야기를 늘어놓는 것이다.

(2) 사람들에 관한 이야기를 할 것

현실을 직시하자면 우리는 자기도취적인 동물로 우리 자신에 관한 이야기를 하기 좋아한다. 따라서 연사의 이야기가 사람들에 관한 것일 경우 관심을 모을 수 있을 것이다. 또한 청중이 잘 아는 사람들에 관한 이야기라면 더 좋다.

실제 살아 있는 사람에 관한 이야기를 할 수 없으면 가상의 인물에 관한 이야기라고 하라. 이름을 사용하고 이야기를 의인화하라.

(3) 성공담을 이야기 할 것

성공만큼 대단한 것은 없으며, 성공에는 성공담이 따른다.

(4) 개인적인 이야기를 할 것

개인적인 이야기를 덧붙일 수 있을 때마다 사람들의 관심을 모을 수 있다. 사람들은 그냥 평범한 사실보다 개인적인 이야기에 훨씬 관심이 많다.

(5) 이야기의 레퍼토리를 개발할 것

모든 이야기가 모든 청중에게 다 효과가 있는 것은 아니므로 선택이 가능한 이야기 모음을 마련하는 것이 좋다.

대부분 매일 좋은 이야기를 많이 대하게 된다. 신문에서도 보고, TV나 라디오 혹은 주변 사람들에게서도 듣고, 보고 경험한다. 좋은 이야기를 수집하여 기록해 두도록 하라.

이야기 스크랩용 파일을 하나 마련하라.

(6) 이야기를 먼저 시험해 볼 것

이야기를 연단에 서서 강연하는 것이 처음이어서는 안 된다. 이야기의 효과가 얼떨지 미리 알고 있어야 한다. 친구나, 이웃이나, 이야기를 들어줄 모든 사람을 대상으로 이야기를 시험해 보라.

(7) 관심을 끌만한 이야기의 유형
- 성공담 ・우화 ・유명인사 이야기 ・개인적인 이야기
- 유머스러한 이야기 ・깜짝 놀랄 이야기

(8) 인용을 가장 효과적으로 이용하는 법

인용문은 즉각적인 관심을 끌게 된다. 특히 유명 인사의 말인 경우 더 그렇다. 오늘날과 같이 소음에 가까운 말들이 만연해 있는 사회에서 인용문은 청중에게 공감을 얻을 수 있는 멋진 방법을 제공해 준다.

인용문을 효과적으로 이용하기 위한 몇 가지 지침을 소개하고자 한다.

- 강연의 요점과 관련된 인용을 할 것

　인용은 요점을 이해시키기 위해서 인용해야 한다. 그렇지 않으면 아무리 재미있고 통찰력 있는 인용이라 하더라도 적절한 것이 못된다.

- 잘난 척하기 위해서 이름을 들먹이지 말 것

　단지 이용하는 대상의 이름을 들먹이기 위해서 인용문을 이용한다면 얼간이 취급을 받을 수 있다. 청중은 유명 인사의 이름을 들먹임으로써 잘난 척 한다는 걸 알아차린다.

- 인용이라는 걸 일일이 밝히지 말 것

　재판 기록 사본을 낭독하는 것이 아닌 한 인용이라는 걸 일일이 밝히는 것은 지루하다.

- 깜짝 놀랄만한 인용을 이용할 것

　인용을 이용하는 효과적인 방법의 하나는 깜짝 놀랄만한 자료를 인용하는 것이다. 흔해빠진 내용들을 들먹이며 중언부언하지 말라는 것이다.

6. 시선을 주면 시선을 끈다

　충분한 준비를 했는데도 1백 명이나 2백 명이라는 청중을 보고는 한순간 완전히 얼어버리고 당황해버린다. 많은 사람들 앞에서는 경험을 평소에 쌓아 둘 필요가 있는 것이다.

　영화관이나 극장에서 쉬는 시간 중에 앞쪽 입구로 들어가 장내의 중앙 통로를 지나 뒤까지 천천히 사람들의 얼굴을 살피면서 걸어가 본다. 적어도 몇 십 명의 시선이 자기 쪽으로 오게 되는데, 미소를 잊지 않을 여유가 생기면 시선 공포증도 극복될 수 있을 것이다.

• 시선은 '8'이나 'Z'자형으로 흘려 본다

억양이 높아진다. 온몸이 떨린다. 이런 일은 모두 시선을 어디에 둘 바를 모르고 있기 때문이다. 텔레비전의 음성을 지워버리고 아나운서의 시선을 보고 있노라면, 그 사람이 신인이지, 베테랑인지를 알 수가 있다.

신인은 원고를 흘깃 흘깃 보느라고 시선이 부자연스럽다. 그렇다면 3백명의 청중을 앞에 두었을 때 시선은 어떻게 두는 것이 좋을까. '8'자형이나 'Z'형으로 시선을 흘리는 것이 좋다. 즉, 청중의 오른쪽으로부터든 상관없으니 시선을 천천히 8자형이나 Z자형으로 이동시키는 것이다. 이런 식으로 이야기를 진행하면, 당신의 이야기에 긍정적으로 귀를 기울이는 사람이 여럿 눈에 띄게 될 것이다.

그렇게만 되면 그 다음부터는 문제가 없다. '내 이야기를 긍정적으로 듣고 있다'라는 안도감은 자신감과 연결된다. 여기서 주의할 점은 이 '8'자형이나 'Z'자형의 동작에, 30~40초의 시간을 두는 일이다. 천천히 흘림으로써 기분도 진정되는 법이다.

발성 방법이나 태도, 시선 등의 테크닉도 물론이지만, 말의 표현 방법도 상대방의 마음을 사로잡는 중요한 포인트가 된다.

7. 제스쳐(Gesture)

1961년 미국의 대통령 선거에서 케네디가 닉슨을 물리치고 대통령에 당선된 것은 케네디가 젊고 신선하기 때문이기도 하지만 그보다도 그의 뛰어난 대중 스피치와 거기에 사용된 제스쳐가 큰 역할을 했다고 볼 수 있다. 두 사람이 처음 텔레비전에서 대결을 할 때, 케네디는 그 개성에 있는 얼굴에 미소를 띠고 유머와 세련된 제스처로 시청자들을 매료시켜 그 여파로 대통령에 당선되었다는 이야기는 너무나도 유명하다. 테리앙이란 사람은 제스처를 가리켜 장군의 지휘봉이며 만국의 공통 언어라고 했습니다. 이토록 대중 스피치나 대화에서 제스처 생각보다 큰 영향을 미치고 있다.

말을 할 때 사용되는 손놀림, 몸짓, 얼굴 표정 등을 통틀어 제스처라고 한다. 제스처는 말을 보다 정확하게 전달하려는 언어의 보조 활동으로, 듣는 사람에게 미치는 영향이 매우 크다고 본다. 특별한 경우에는 말을 하지 않고 동작만으로 언어 표현을 대신하기도 한다. 판토마임(무언극), 농아들의 수화, 상대방과의 사이에 암호로 사용되는 동작, 그리고 무용까지도 크게 보아서는 제스처로 표현되는 언어라고 할 수 있다.

말을 할 때 사용되는 제스처는 말을 보다 정확하게 전달하려는 동작이며, 자기의 생각과 감정을 강력히 전하는 기술이기도 한다. 다음의 제스처에 대한 3가지 중요 요소에 대하여 알아 본다.

1. 손의 사용(Hands)에 의한 제스처_ 손의 적절한 사용이나 놀림은 멋진 프레젠테이션을 연출 하는데 대단히 중요한 역할을 한다는 것을 명심 하여야 한다.

2. 몸의 자세(Confidence)에 의한 제스처_ 발표 시의 발표자의 자세는 당당한 자신감이 넘쳐흘러야 한다. 당당한 자신감이 흐르는 자세는 청중들에게도 강한 호소력을 줄 수 있다는 사실이다.

3. 발표자의 위치(Place)에 의한 제스처_ 프레젠테이션을 하는 사람은 부동의 자세보다 오히려 경우에 따라 장소를 약간씩 옮겨 가면서 발표

를 하는 것도 매우 효과적일 때가 많다. 한군데서만 부동의 자세로 하게 되는 경우는 너무 딱딱한 느낌을 전달해 줄 수가 있기 때문이다.

제스처의 일반 원칙

말하는 내용을 특히 강조하고자 할 때 강조 용법으로 사용되며 또는 말의 뜻을 보충하여 설명할 때 보조 용법으로 사용되기 때문에 거의 안 쓸 때도 있고 많을 수도 있다.

- **자연스러워야 한다.**_ 기계적으로 반복되는 딱딱하고 부자연스러운 동작이 아닌 자연스러운 동작을 표현

- **변화 있는 제스츄이어여야 한다.**_ 같은 동작을 되풀이하는 것은 단조로운 느낌을 주어 청중은 싫증을 낸다. 변화 있는 제스처로 흥미를 끌 수 있어야 한다.

- **내용과 걸맞은 제스처 사용하여 한다.**_ 방향을 지시할 때 내용과 다른 엉뚱한 방향을 가리키거나, 단결을 호소하는 제스처가 단결의 뜻이 아닌 손가락 하나로 표현한다면 내용과 일치되는 않는 공허하거나 형식적인 제스처가 될 수 있다.

- **눈은 제스처의 방향과 일치되어야 한다.**_ 연사의 눈은 자기 자신의 모든 동작 표현을 감독할 뿐만 아니라, 듣는 사람의 반응을 읽는 구실을 하기 때문에 눈의 방향은 제스처의 방향과 일치해야 한다. '힘차게 외칩니다!' 하면서 눈을 감아 버리는 연사를 가끔 볼 수 있는데 눈을 감지 않도록 주의해야 할 것이다.

- **격에 알맞은 제스처를 사용해야 한다._** 연사가 남자라면 박력이 있어야 하고 여자라면 부드럽고 애교스런 제스처를 개발해야 할 것이다. 어린이는 어린이다운 귀염성과 발랄한 동작을 표현해야 할 것이다. 남의 제스처가 멋있다고 무조건 흉내를 내서는 안 될 것이며, 개성이 살아 있는 말과 연결되는 제스처를 개발해야 한다.

- **제스처가 끝나면 모든 동작은 원위치로 복귀해야 한다._** 단상에 처음 서는 연사들이 제스처가 끝난 다음 팔이 흔들리거나 손가락을 만지작거리는 등 자세가 흐트러지는 예가 많으니 훈련할 때 각별히 신경을 써야 한다. 이러한 동작은 대부분이 불안정에서 오는 것이므로 세련됨과 자신감을 가질 수 있도록 많은 훈련을 필요로 한다.

- **지나치게 몸이나 고개를 숙이지 않아야 한다._** 제스처를 사용할 때 지나치게 몸을 앞으로 굽히거나 내미는 사람이 있는데, 바르게 선 자세로 자연스럽게 사용해야 한다.

- **손가락으로 특정인을 가리켜서는 안 된다._** 상대를 손가락 하나로 가리키게 되면 당사자는 매우 불쾌하게 받아들이기 십상이다. 그러나 부득불 상대를 지적할 때는 손가락을 다 펴고 전체를 향하게 해야 한다. 그리고 의도적이 아닌 경우 청중에게 손바닥을 드러내 보이는 것은 좋지 않다.

- **흔들리거나 힘이 없는 제스처는 사용해서는 안 된다._** 제스처를 사용할 때 흔들리거나 무용을 하듯 힘이 없어서는 안 된다.

- **연단을 두드리거나 발을 구르는 등 과격하게 표현해서는 안 된다._** 주먹으로 연단을 치거나 발을 구르면서 흥분된 모습을 보이는 것은 결코 바람직하지 못한다.

제스처 3단계_ 제스처는 말과 동작이 자연스럽게 연결되도록 준비, 완성, 복귀의 세 단계가 있다. 아무리 작은 제스처라도 이 세 단계가 잘 조화되지 않으면 부자연스럽거나 경박하게 보일 수 있다.

- **준비 단계**; 제스처가 필요한 곳에서의 동작의 시작 단계이다.
- **완성 단계**; 연사가 나타내고자 하는 뜻을 강조해야 할 곳에서 표현을 완성시켜야 하며, 힘차고 분명해야 한다.
- **복귀 단계**; 준비 단계를 거쳐 강조해야 할 곳에서 완성된 동작을 본래의 위치로 되돌리는 단계를 말한다. 이 때 어물어물해 버린다든지 조급하게 동작을 마무리해 버리면 매우 불안해 보일 수 있다.

훌륭한 제스처 사용법_ • 크고 힘차야 한다. • 간단명료해야 한다. • 한 손을 사용할 때는 오른손이 원칙. • 말의 내용과 일치하도록 한다. • 시선은 항상 제스처의 방향을 따라야 한다. • 손바닥의 방향에 유의할 것 • 연단을 치거나 발을 구르지 않도록 한다.

8. 발표 형식

1) 암송법

대중 스피치 하는 장소에 가면 많이 볼 수 있는 방법으로 연단 위에 나선 스피커가 원고를 통째로 암기해 마치 즉석에서 스피치 하는 것처럼 유창하게 하는 방식이다. 미리 작성된 원고의 내용을 암기해야 하기 때문에 많은 시간이 필요로 하다.

즉석 대중 스피치에 비해서 내용이 풍부하고 짜임새가 있으나 현장 분위기에 민첩하게 대응할 수 없으므로 현장감이 없는 것이 흠이며 너무 많은 시간과 노력이 듭니다.

2) 낭독법

이것은 문자 그대로 원고를 보고 읽는 방법으로 식장에서 식사(式辭)를 할 때 주로 사용되는 방법인데 실수하거나 실패할 가능성은 거의 없다. 그러나 고리타분하고 융통성 없어 보일 뿐만 아니라 그 사람의 학식이나 실력을 의심받을 수 있기도 하지만 권위를 앞세우는 식장에서의 행사 때 격식을 차리기 위해서 자주 사용되어 진다.

3) 메모법

"아우트라인법(개요 작성법)" 이라고도 하는데 스피커가 연단의 경험이 많던 적던 간에 필자가 가장 권하고 싶은 방법이다.

이 방법은 스피치의 요지를 골자만 적은 메모지를 참고하면서 하고 싶은 얘기를 빠트리지 않고 하는 기법으로 다소 연단의 경험을 필요로 한다.

메모하는 요령은 중심 문장이나 단어를 적거나 스피치 거리를 소주제별로 적는 방법 등이 있다.

4) 즉흥법

문자 그대로 아무런 준비도 없이 즉석에서 하는 형식을 말한다.

우리가 거리에 나가면 즉석이라는 단어를 흔히 접할 수 있다. 즉석 아이스크림, 떡볶이, 즉 손님 앞에 직접 어떤 음식을 만들어 제공하는 것을 말한다.

친지나 친구의 생일 파티 등 작은 모임 등에서 짧은 인사나 의견을 피력할 때 사용되는 방법으로 경험이 없는 사람에게는 당황할 수 있는 소지가 있으므로 사회자는 신중하게 처리해야 할 것이며, 현대인은 사회생활을 해 가면서 예상치 않은 곳에서도 갑자기 주문이 올 수 있기 때문에 5분 스피치 훈련을 통해서 주제별 스피치 훈련이 필요하다. 무엇보다도 먼저 마음을 평정시킨 다음 평소 생각하고 느꼈던 내용을 그대로 침착하게, 조리 있게 나타내면 되는 것이다. 다만 말하고 있는 사람의 진심이 우러나오는 것이기 때문에 비록 내용적인 면에서 충실치 못하고 또 조리가 없다고 해도 듣는 사람으로 하여금 진실 된 의미가 전달된다면 훌륭한 인사가 될 것이다.

5) 기억법

연륜을 겸비한 노련한 스피커는 즉석에서 어떤 대중 연설이나 강연 등의 주문이 들어와도 평소 쌓아 놓은 지식과 경험을 바탕으로 소화해 내는 방법을 기억법이라 칭할 수 있다.

• 영상 기억법

여러분께서는 어렸을 때 감동적으로 본 영화를 잊지 않고 기억하고 계실 것이다. 암기는 이렇게 스토리(Store)화 하거나 영상화(映像化)하면 쉽게 기억할 수 있을 뿐만 아니라 오래 기억할 것이다.

(예) 회색빛 하늘 - 길 - 횡단보도 - 보도블록 - 유리 - 계단 - 사람 - 카펫 - CEO - 승리 - 흥미 - 결단 - 희망 - 푸른빛 하늘

위에 14 단어를 암기해서 순서대로 말할 수 있겠는가?

9. 스피치의 효과적인 수사법

　수사법(rhetoric)이란 상대로 하여금 말하는 이의 감정을 보다 효과적으로 이해하고, 공감과 설득을 쉽게 하게 하기 위한 표현방법이다. 스피치를 할 때 수사법을 사용하면 생동감 있게 말할 수도 있다. 여기서는 스피치에서 사용되는 대표적인 수사법을 살펴보기로 하자.

　1) 이야기 인용법
　　자신이 겪은 경험담이나 실화(實話)등을 인용해서 이야기를 시작하면 청중의 마음을 사로잡는 스피치를 하기가 훨씬 수월하다.
　　이야기가 시작되면 청중은 어떻게 이야기가 전개될지, 마무리는 어떻게 될지 궁금해 하면서 주의 깊게 듣게 된다. 그래서인지 이야기 도입법은 스피치에서 가장 즐겨 사용되는 수사법이다. 그러나 청중의 관심을 끌고 감동을 줄 수 있는 이야기가 아니면 안 된다. 그리고 주제와 관계없는 이야기는 아무리 재미있는 이야기라고 해도 연사에게 주어진 스피치의 시간만 낭비하는 결과를 초래한다.
　・공자(孔子)도 "나는 말이 없고자 한다.(余欲無言)"라고 하였다. 대자연(大自然)은 그대로 말 없는 스승인 것 입니다.

　2) 긴장유발법
　　서스펜스 또는 긴장 유발법은 청중의 긴장을 유발시키는 수사법이다. 이 방법을 사용하면 청중의 관심과 기대를 최대한 모을 수 있을 뿐 아니라, 점차 긴장의 해소와 함께 주제와 연관 시키면서 풀어나갈 경우 대단한 효과를 거둘 수 있다.

· …바로 그 순간이었습니다. 벽시계가 땡땡땡 3시를 알리자 쾅쾅 대문 두드리는 소리가 났습니다.

3) 기습 선언법

기습 선언법이나 깜짝쇼는 청중이 예상하지 못했던 자극적인 말을 서두에 장식하여 기대와 관심을 집중시키는 방법이다. 이 방법은 사실과 과장이라는 두 가지 소재를 모두 사용할 수 있는데, 지나치게 연극적이거나 이야기가 너무 지나쳐서는 안 된다.

유의할 점은 청중에게 신선한 충격을 가져다주지 못하면 오히려 역효과를 가져올 수도 있다는 점이다.

· 하룻강아지 범 무서운 줄 모른다더니 그는 칼을 들고 뛰어 들어왔습니다....

4) 단도직입법

단도직입법은 수식어나 꾸밈이 없이 있는 그대로를 말하는 것이다. 청중의 흥미를 이끌어내기 어려운 주제거나, 청중이 지체 없이 본론을 이야기해 주기를 바라고 있는 경우에는 질질 끌거나 말을 돌리지 말고 바로 본론으로 들어가는 것이 효과적이다.

· 한 마디로 말씀드리면 '나는 약속을 지킬 수 없습니다.'

5) 질문 답변법

질문 답변법은 누구나 다 아는 사실을 의문 형식으로 제시하여 청중의 대답을 이끌어내어 스피치를 진행하는 방법이다. 이 때의 질문은 단지 수사적인 질문으로, 청중의 대답을 직접 듣지 않고 스스로 답을 제시하는 것이 보통이다. 때로는 청중을 지목해서 직접 답변을 듣기도 하고, 거수와 같은 신호를 이용해서 청중의 의견을 알아보기도 한다.

· 인간의 본질은 정신입니다. 그렇다면 정신이란 무엇입니까? 정신이란 자기 자신의 고유한 생각입니다.

6) 감정의 상승 효과를 이용한 점층법

이 방법은 표현하는 말의 비중이나 정도를 한 단계씩 높여서 전달하는 방법이다. 연사가 하려는 말을 점점 강하게, 높게, 깊게 층을 이루어 절정으로 이끌어 올림으로써, 청중의 분위기를 고조시켜 상승 효과를 도출해 낸다. 어떤 일을 권유하거나 행동을 촉발시키기에 적합한 방법이다.

· 권태로운 여성보다 더 불쌍한 것은 슬픔에 싸인 여인입니다. 슬픔에 싸인 여인보다도 더 불쌍한 것은 불행을 겪고 있는 여성입니다. 불행을 겪고 있는 여성보다 더 불쌍한 것은 병을 앓고 있는 여인입니다. 병을 앓고 있는 여인보다도 더 불쌍한 여인은 버림받은 여성이라고 생각하는데 여러분들의 생각은 어떠하십니까?

7) 의미를 강화하는 억양법

이 방법은 앞에서 누른 다음 뒤에서 추켜 세우거나, 먼저 나무란 후 나중에 칭찬하는 형식을 취해 의도하는 바를 더욱 강조하는 표현 방법이다. 상대를 칭찬하기 위해서 먼저 깎아 내린다든지, 상대를 비판하기 위해 추켜 올릴 경우에 사용할 수 있다.

· 속도 위반을 능사로 아는 이 세상에서 20살을 넘은 여대생치고 어디

처녀가 있겠습니까? 제가 너무 속단하는 것 인가요? 그렇담 다행입니다...

8) 상대를 공격하는 반의법

이 방법은 겉으로 나타낼 내용과 속에 담고 있는 내용을 서로 반대되게 나타내는 표현 방법으로, 말과 상황간의 모순을 기본 바탕으로 한다. 위트나 풍자·해학을 이용하여 의도하고자 하는 바를 왜곡되게 표현한 후 더욱 커다란 효과를 노리는 기법이다.

· 예뻐 죽겠네.
· 밀수로 벼락 부자가 된 위대한 교육자에게 자녀를 맡기면 훌륭한 인물이 될 것이다.

9) 청중으로 하여금 판단하게 하는 설의법

누구나 다 아는 사실을 짐짓 의문 형식으로 제시하여 듣는 이로 하여금 스스로 판단을 내리게 하는 기법이다. 이 방법은 듣는 사람에게 판단을 맡김으로써 함께 생각할 수 있는 일체감을 조성하고, 호소력을 남기는 효과를 거둘 수 있다.

· 여러분 가운데 먹지 않고 살 수 있는 사람이 있습니까? 또는 잠자지 않고 살 수 있는 사람이 있습니까?

10) 굳은 믿음을 뒤집는 역설법

사람들이 기본적으로 믿고 있거나 알고 있는 기존 상식과 생각을 다르게 해석하여 의미를 뒤집는 기법이다. 낯익은 것을 낯설게 뒤집어서 표현하면 청중은 의외로 참신하게 받아들인다.

· 아는 것이 병이다.(식자우환(識字憂患))
· 나보기가 역겨워 가실 때에는 죽어도 아니 눈물을 흘리오리다.
· 현재의 시간과 과거의 시간은, 모두 틀림없이 미래의 시간 속에 존재하고 미래의 시간은 과거의 사간 속에 존재하고 있다.

10. 프로패셔널한 발표(프레젠테이션) 기법

솔직히 말을 직업으로 삼고 있는 사람들은 어떠한가?

그들의 스피치엔 물론 대단한 카리스마를 가지고 있다. 거기에는 조금의 흠점이 없는 것처럼 보여진다. 그러나 냉정한 머리로 면밀히 듣고 있노라면 스피치마다 많은 결점을 보이고 있다.

그때마다 스피커(화자)에게 자신이 행한 스피치의 문제점을 들려주고 조언을 해 줄 수 있다면 얼마나 좋을까?

그러나 한국의 문화권에서는 강의나 스피치가 끝난 다음 거북스러운 부분들에 대한 솔직한 의견을 진술한다는 것은 엄두도 낼 수 없다.

거의가 큰 소리로 "잘 하셨습니다"으로 응답해주기를 바랄 뿐 조용히 찾아와 강의나 스피치에 대한 쓴말을 들려주기를 원하지 않는다. 그런 분위기에서 화자(스피커)는 오로지 최선을 다하면 그만이란 생각뿐이다.

그러나 뜨거운 열정과 노력만으로는 부족하다고 생각한다. 전달하고자 하는 메시지의 전개 방법, 전달하는 억양과 음성의 조율, 태도 및 자세, 제스처, 그리고 표정, 그리고 강단(講壇)에서의 연출 등 꼼꼼히 집어

볼 대목이 이만 저만이 아니다.

특히 경험이 많지 않은 스피커(화자)는 마이크 사용법조차 모른다. '목소리가 크고 힘이 있어야 하니까..' 하는 일념으로 마이크를 입술 가까이 대고 스피치를 구사한다.

입술과 마이크가 너무 가까워 스피커에서 윙윙 소리를 내는 소음과 같은 스피치에 청중들은 놀라 자빠져도 자기 스타일을 버리지 못한다.

또 나이 드신 화자(스피커)는 자고로 말이란 엄숙 경건해야 하고 품위를 지켜야 한다는 일념 하에 격조 높은 스피치, 본이 될 만한 강의 위해 청중들을 꿈속으로 인도하기 바쁘시다.

또 스피치는 맛있고 깊은데 표정이 너무 표독스럽다거나, 음색이 너무 탁하거나 딱딱해 내용을 제대로 알아 듣지 못해 결코 만족한 결과나 반응은 기대하기 힘든 항목이다.

더구나 청중의 반응을 읽지 못하고 스피커(화자) 위주로 몰아붙이는 스피치엔 대책이 보이질 안는다. 그런 경우엔 말의 속도까지 빨라 청중과의 감정의 교류가 이루어지질 않는다.

일방적인 스피치로는 청중을 휘어잡을 수가 없다. 소위 인터액티브(Interactive)한 방식의 스피치만이 청중과의 교감과 이해를 끌어 낼 수 있다.

스피치도 프레젠테이션(presentatation)처럼 하라

프레젠테이션(presentatation) 의 기본은 보여주고 설명하는 것이다. 스피치도 표정과 몸짓으로 보여주고(연기하고) 설명해야 한다. 사람들은 어떤 사실을 인지할 때 시각 청각 후각 미각 촉각으로 인지한다. 그런데 프레젠테이션(presentatation) 은 PPT를 만들어 빔으로 보여준다. PPT의 3대 원칙은 단순화, 구조화, 칼라화이다. 스피치도 말하고자 하는 요지를 단순하게 구조화해야 하며 칼라화는 삼삼하게 떠오르도록 성명하라는 것이다.

1) 목적을 정하여 이야기한다

다른 사람이 결혼 피로연 등에서 재치 있는 이야기를 하고 있는 것을 듣더라도 "뭐 저 정도의 이야기라면 나도 할 수 있다."라고 마음속으로는 대수롭지 않게 여기지만, 이러한 사람이 뜻밖에 지명이라도 받게 되면 대개는 당황해서 "실은…… 아무런 이야기할 준비가 되어 있지 않아서……" 이라고 말하든지, "나는 말솜씨가 없어서… "따위로 대단히 곤란한 변명의 말로 이야기를 시작하는 경우가 태반이다. 이와 같은 식으로 이야기하는 근본 원인은. 누구라도 간단하게 할 수 있으므로 그만큼 실상 어려운 것이기 때문이다.

우리들은 무슨 일을 할 때, 반드시 어떤 목적을 위해서 행동한다. 하지만 그럼에도 불구하고 한번 그것이 '이야기'로 되면, 몹시 만연(漫然)하게 되어 실제로는 무엇을 위해서 이야기하는가 하는 목표도 없이 다만 생각나는 대로 이야기를 계속해서 나가는 일이 퍽 많다.

마치 서울역에서 청량리역까지 승용차로 이동하는데 생각 없이 가다 보면 시간이 많이 걸리게 되는데 머릿속에 신호등이나 정체하는 곳을 생각하면서 노선을 그리며 운전을 하면 보다 빨리 당도할 수 있는 것처럼 사람이 말을 할 때 목적이나 목표 의식 없이 말을 하면 실수하거나 허튼 사람이 되기 쉽습니다. 따라서 지금 무슨 말을 하고 있는지 무엇을 말해야 하는지 분위기를 잘 파악해서 말하는 습관이 무엇보다도 중요한다.

이야기가 잘되지 않았을 경우, 어째서 그렇게 되었는지를 한번 검토해 볼 필요가 있다. 사람들이 어떤 용건을 가지고 있으면서도 생각나는 대로 이야기할 때에는, 이야기가 마침내 옆길로 빗나가서 이야기의 목적을 충분히 달성할 수 없거나 뜻밖의 역효과를 내는 경우도 있다.

이럴 때, 어째서 그렇게 되었는지를 생각해 보면 다음과 같은 반성이 필요하게 된다.

1. 이야기의 목적을 잘못 알지 않았는가?
2. 목적을 도중에서 바꾸지 않았는가?
3. 이야기의 목적이 빗나가지 않았는가?
4. 이야기를 몇 가지로 분산시켜 버리지 않았는가?
5. 이야기의 목적을 다른 것과 혼동하지 않았는가?
6. 목적도 없이 방만하게 이야기하지 않았는가?

과연 이런 이야기를 해서 최종적으로 어떤 이해득실이 있는지를 계산하고 말하는 습관이 무엇보다 중요하다.

스피치라는 것은 이쪽이 처음부터 어떤 목적을 가지고 이야기를 시작했다 하더라도, 상대방이 흥미를 가지고 화제에 끌려 들어올 때 상당히 능숙하게 이야기의 장면 전환을 하지 않으면 상대방의 페이스에 말려

들어가 효과적인 이야기를 할 수 없게 된다.

 그렇다고 해서, 성급하게 너무 강제적으로 자신의 이야기의 목적으로 화제를 유도해서는 어쩐지 강요당하는 것 같아서 상대방이 호의적으로 이쪽의 이야기에 관심을 보이려고 하지 않으므로, 이럴 때 임기응변의 술책이라고 할까, 아무튼 주의를 끌 수 있는 요령이 필요한다. 그러면 사소한 이야기라도 어디서부터 시작해야 효과적일까, 어떻게 상대방에게 결론을 제시해야 좋을까 하는 따위의 기술도 필요하게 된다. 그러므로 다시금 상대방의 호의를 얻거나 설득을 하는 스피치의 필요를 통감하게 된다.

2) 한여름 밤 재즈 훼스티발같은 열정을 담아라

 깊은 여름 밤 시원한 맥주를 먹으며 보는 재즈 훼스티발!
 멋진 낭만과 열정이 어우러진 음악의 향연처럼 스피치엔 그런 끔과 향기와 노리를 담고 있어야 한다.
 음성은 마음의 가락이다. 때에 따라서는 따뜻하고 정감 어린 어조로 분위기를 이끌고, 또 어떤 때는 여름날의 시원한 소나기처럼 열정적으로 퍼부을 수 있어야 하며, 대로는 삭풍이 몰아치는 차가운 겨울바람 같은 매섭게 몰아치는 현기증마저 넘나드는 변화의 기교를 갖춰 보자.

3) 세상을 꿰뚫는 식견을 가져라

 주말을 이용해 대전근교에 있는 계족산을 올랐다. 산을 오르다 약수를 마시고 있는데 자기 머리카락과 필자의 머리카락을 비교하며 누가

더 백발인지 비교를 하는지라,

'내 머린 모두 새치입니다' 라며 응수했더니 자칭 '산신령(?)'이라며 말을 붙여 왔다. 속으로 '당신도 꽤나 허풍쟁이로군...'으로 치부했는데 말을 나눌수록 진국임을 느꼈다.

모 은행장으로 명퇴한 그 분은 '잡학의 대가'였다. 풍수지리, 음양론... 지명 해설, 부동산을 비롯한 재테크, 골프를 비롯한 스포츠, 미술... 본인 말씀대로 '잡학의 대가(!?)...'

하루에 한번 등산을 하다 중간에 있는 팔각정에서 등산객을 대상으로 무료 특강(?)을 한다고 한다. 오늘도 중간지점에 있는 팔각정(할아버지가 컵라면과 막걸리를 파신다)에서 등산객을 상대로 무료 특강(?)을 펼치신다.

물론 일정한 주제는 다양하다. 기대 이상의 웃기고 울리는 명강이다. 그는 말한다. '알프스 산을 외롭지 않다'고...

'위용과 아름다움이 있는 한 사람들은 알프스 산을 혼자 내버려 두지 않기 때문이다..'

사람도 아름답고 깊은 산과 같이 사람들을 포용할 수 있는 능력(박식함, 사랑, 재미와 유익을 줄 수 있는 인품..)을 겸비한다면 그 주변에 사람이 끝이질 않을 것이란 말이다.

그분의 강의 내용은 말 그대로 무제한이다. 시간적으로는 고금을, 내용적으로는 동서를 넘나든다.

'사물을 꿰뚫는 안목으로.... 무제한적 화제로 열정적으로 지론을 펼치고 있는 바에야 어찌 사람들이 현기증을 일으키며 그의 말에 빠져들지 않겠는가...'

'명스피커'는 모름지기 '박식'하다 못해 '잡놈(잡학의 대가)'이란 소리를 들어야 하지 않을까?

시공간을 초월한 폭넓은 화제의 전개, 상상을 뛰어 넘는 명쾌한 해설... 그러기 위해서...사전에 충분한 지적호기심 발동으로 자료 수집과 공부가 필요함에야 두말할 필요가 없으리라.

4) 혼이 담긴 스피치를 하라

아무리 청산유수처럼 쏟아 놓는 약장수의 말솜씨를 칭찬하는 사람 보았는가? 왜 그의 말이 감동적이지 못하고 칭찬을 받지 못하는 것일까?

그것은 그들의 말엔 혼(마음, 자기 몰입)을 담지 못했기 때문 아닐까. 단지 객관적인 사실이나 정보만을 전달하는 수준의 드라이한 스피치이기 때문이다.

청산유수처럼 퍼붓는 약장수의 말엔 판에 박힌 말만을 들어 놓는 앵무새에 지나지 않기 때문이다. 그의 말에는 피와 눈물과 땀으로 얼룩진 애환의 스토리속에 녹아있는 사상이나 철학이 들어 있는 않기 때문이다.

극단적인 예를 들자면 김기창 화백이 한국 화단에 불멸의 자취를 남기며, 87세 나이로 타계하셨는데 그는 귀가 들리지 않는 청각 장애자 이었다. 그래도 다행스럽게 뒤늦게 당신의 어머니의 지극한 정성으로 언어를 그럭저럭 구사할 수 있게 되었다.

그 화백의 말은 물론 부정확한 발음과 호흡으로 알아 들기 힘들 정도의 말인데도 불구하고 그 분의 말을 들으며 공감하고 감동했던 이유는 어디에 있을까?

그에겐 넘볼 수 없는 그만의 세계 그만의 철학이 녹아 있기 때문일 것이다.

말에는 무엇보다도 깊이 있는 사상과 세상을 꿰뚫는 예지와 통찰력을 겸비한 박식한 이론과 다양한 체험에서 우러나오는 감성적 휴먼스토리 속에 숨어있는 혼이 담겨 있어 울림을 주기에 열광하게 하고 공감하게 하며 신뢰와 믿음을 갖게 한다.

말에는 사상이 녹아 있어야 한다.

말에는 예리한 통찰력으로 추출된 남다른 식견이 담겨 있어야 한다.

말에는 뜨거운 가슴으로 내품는 열정이 담겨 있어야 한다.

그것은 말하는 이가 그 주제에 몰입할 수 있을 때 가능한 일이며, 가식적이거나 수사적인 표현이 아닌 진솔한 마음을 담았을 때 가능한 것이다.

우리는 명연설가로 도산 안창호 선생을 손꼽는다. 그 분은 강연엔 각(깨달음)이 살아 있다. 말할때 마다 온 힘을 다하기 때문에 말이 끝나면 늘 등줄기에 땀이 흔건히 젖었다고 한다.

같은 내용일지라도 호흡속에 담겨진 혼을 넣은 목소리로 표현하기에 감흥이 새로워진다. 억양의 변화가 없는 생기 없는 목소리로는 청중을 사로잡을 수 없다.

무릇 생동감 있는 스피치란 때론 잔잔한 호수의 평화스런 정경을 보듯 숨죽인 듯 고요함을 표현하는가 하면, 때론 여름날의 천둥과 번개를 동반한 소나기처럼 열광적으로 퍼붓는 맛이 있어야 한다. 빠르고 느림의 조화와 강하고 약함의 조화가 사람을 끌어 들인다. 적절한 곳에 악센트를 넣고, 강약을 표현하고, 고저가 있어야 긴장감과 스릴감 속에 청중은 빨려들게 된다

5) 거역하는 마음에 불을 질러라

　가르침의 방법에는 크게 나누어 2가지가 있습니다. 섭수(攝受 : 攝取와 客受의 준말)와 절복(折伏 : 折破催伏의 준말)의 방법이 바로 그것이다.
　섭수라고 할 때의 '기록할 섭' 자는 기록한다는 뜻 이외에 '끌어잡다', '거두다', '몰아잡다', '기르다'라는 뜻도 있다.
　포섭(包攝)한다는 말에서 보듯이 받아들여서 거두어 기르는 것, 부드럽게 참으며 단계적으로 가르치는 것이 섭수다. 또한 자비로운 마음으로 두둔하고 보호하는 것도 섭수라고 한다. 선량하고 양순한 사람이라면 섭수의 방법이 좋지만, 반항적이고 줏대가 센 사람에게는 관용과 사랑만으로는 통하지 않는 때가 있다.
　이럴 때 심한 질책을 하거나 모욕을 주거나 후려치거나 꿇어 엎드리게 하는 방법을 절복이라고 한다. 이처럼 반발심이나 거역하는 마음을 일으켜 스스로 가르침을 깨닫게 하는 것을 통칭하여 역화(逆化)라고 부른다. 분한 마음을 일으키는 것이다. 굴욕감이나 열등감이 오히려 분발하게 하는 것이다.
　역화의 방법은 상대에게 쇼크를 주어서 "당신이 뭐야, 어디 두고 보

자. 나도 할 수 있단 말이다" 하는 반발심이 생기도록 하는 충격요법이라고 할 수 있다. 어떤 방법이 좋으냐 하는 것은 때와 장소에 따라 특히 상대가 어떤 사람이냐에 따라 달라야 할 것이다.

말에게만 당근과 채찍이 필요한 것이 아니라 가정이나 사회에도 당근과 채찍이 필요하다. 어떤 분은 자기 스스로를 다스릴 때에도 당근을 주기도 하고 채찍을 주기도 한다고 한다. 때론, 채찍과 같은 말 반발심을 자극하는 말이 필요하기도 하다.

학생에게 체벌을 금지하자 학부형들이 회초리 보내기 운동을 한 적도 있다. 스피치에도 극단적인 이런 쇼크화법을 사용할 필요를 느낄 때가 있지 않을까?

그러나 자주 사용하는 것은 절대 금물이다. 신중히 고려해야 한다. 마지막 수단으로 사용하는 화법이니만치 신중에 신중을 기해야 할 화법임을 강조해 두고자 한다.

6) 현재 시제로 이야기하도록 노력할 것

현재 시제로 이야기를 하면 이야기가 더 긴박감과 호소력을 얻게 된다.

대체적으로 많은 사람들은 한정된 시제에 국한하여 말을 한다. 현재 상황이면 현재의 상황만을, 과거의 일이면 과거의 일에 대한 얘기를 국한하여 말을 한다는 얘기다. 그러니까 스피치의 폭을 넓혀 갈 수 없다. 그러나 사람들에게 타임머신을 탄 것처럼 종횡무진 현재를 얘기하다가 과거로 거슬러 올라가 마치 지금 벌어지고 있는 냥 현재 시제로 말하면 청자는 오줌을 지릴 정도로 현기증을 느끼며 당신의 말에 매료될 것이다.

<예문> 우리 민족은 지금까지 총 931회의 전쟁을 치렀다고 합니다. 그것은 5년 주기로 외세의 침략을 받았다는 얘기지요. 그 외세의 침략 속에 이 민족을 지킨 위대한 장군이 있었으니 '이순신'장군을 첫 번째로 꼽을 수 있을 것이외다.

제가 임진왜란 당시 태어났더라면 아마 장군이 되어 외적을 무리치지 않았을까... 생각합니다.

지난번 저의 고향인 '아산'에 갔을 때 이순신 묘를 참배하게 되었는데, 전 이장군의 묘 앞에서 그 분의 순고한 애국충정의 넋을 위로하며 이런 얘기를 했답니다.

윤 장군: "이 장군, 편안하시오!"

이 장군: "윤장군, 이게 얼마만이오. 반갑소. 국민들은 편한 하신지요?"

윤 장군: "지금 국민들은 경제 사정이 좋지 않아 고통을 당하고 있소만 우리 민족의 근성인 끈기가 있는 한 잘 극복하리라 믿소. 너무 걱정 마시오."

이 장군: "허허...그래도 걱정이 되는구려."

윤 장군: "이 장군 너무 심려하지 마시오. 제가 있지 않소...." 라며 인사했지 않겠소!

만약, 제가 임진왜란 당시에 태어났더라면 이 장군과 함께 노량해전에 참전했을 것이오.

이 장군이 마지막 승전고를 올리기 직전에 불행하게도 왜군이 쏜 독화살에 맞지 않았겠소. 그러나 군사들의 동요를 막기 위해 이 장군은 자신의 한 몸을 아끼지 않았지 않소!

　　이 장군: "윤 장군! 내가 왜군의 독화살에 맞았다는 말을 알리지 마시오. 윤장군만 믿소!"

　　윤 장군: "이 장군 아니 되외다. 이 장군이 살으셔야 이 민족을 지킬 수 있소. 정신 차리시오....이 장군~" 라며 긴 칼을 빼들고....

　　"이 비열한 놈들아~ 나의 칼을 받아라....."라며 이 장군의 원수를 갚을 수 있었으련만 왜? 제가 그 시대에 태어나지 못했단 말인가요......

　　"그러나 제가 이 시대에 태어난 것은 저에게 주어진 일이 있을 것외다.

　　저의 할 일을 다 하는 것이 이 장군의 한을 풀어 드리는 길이라 생각하오...

- 장경동(중문교회) 목사 설교중에서

7) 수채화를 그리듯 감각적으로 묘사하라

　　말을 잘하는 사람은 현장감 있고 실감나게 말한다. 마치 풍경화를 보는 것처럼 말이다.

　　〈**예문**〉 증기 기관차가 다닐 때의 옛날이었어요. 어머니가 빨래를 하러 강가로 갔는데, 어쩐 일인지 강으로 건너는 철길이 끊어졌어요. 아마도 서울에 있는 성수 대교처럼 가운데가 끊어졌던 모양이에요.

이 철길을 기차가 그냥 지나간다면 어떻게 되겠어요. 어머니는 이 같은 사실을 알려야 하는데 어떻게 알릴 길이 없었어요. 마을까지 가자니 길이 멀고 그렇다고 10리 길이 넘는 역으로 뛰어갈 수도 없고, 그때 먼 곳에서 기적 소리가 울렸어요. 바로 기차가 온다는 신호이지요.

어머니는 자기의 손가락을 물어뜯어 피를 내었지요. 그리고는 흰 빨랫감에다가 피를 묻혔어요. 빨랫감은 금방 피로 물들어 빨갛게 되었지요. 어머니는 그것을 들고 기차가 오는 쪽으로 뛰어가며 빨갛게 물든 빨랫감을 흔들었어요. 산모퉁이를 돌아 기차가 오고 있었어요.

"기차를 세워요. 다리가 끊어졌어요."

어머니는 빨래를 흔들며 소리쳤어요. 기관사는 이 같은 것을 보고는 무슨 일이 생겼나 싶어 기차를 세우려 했어요. 그러나 가속도가 붙은 기차는 쉽사리 서지를 못하고 끊어진 다리, 거의 다와서 멈췄어요. 여러분! …

8) 시적(詩的)으로 표현하고 문학적으로 말하라

사람은 딱딱한 것보다는 부드러운 것을, 차가운 것보다는 따뜻한 것을, 무미건조한 것보다는 정감 있는 것을 좋아하기 마련이다. 말을 할 때도 부드럽고 따뜻하고 감각적인 언어(詩語)로 문학적인 감각을 살려 스토리화해서 말을 할 때 사람의 뇌리와 가슴을 파고 든다.

· 밤바다에 뱃길을 밝혀 주는 것은 등대요, 우리의 갈 길을 밝혀 주는 이는 위대한 영도력을 가진 애국자입니다.
· 이제 봄이 온 모양이다. 꽃은 웃고 나비는 춤을 추며 날아다닌다.
· 천지여, 말하라! 산천이여, 대답하라!!
· 야속한 가을바람은 내 마음을 흔들어 놓고야 말았습니다.

- 여성의 아름다움을 흔히 반짝반짝 빛나는 눈매에서, 방실방실 웃는 웃음에서 혹은 포동포동한 살결에서, 보들보들 윤기 나는 입술에서 찾습니다.
- 인생이란 화려한 장미를 꺾으려다 앙상한 낙엽을 안고 돌아오는 방랑 길에 비길 수 있습니다...

사실적인 내용만 드라이하게 말하는 것보다는 느낌과 감성을 동원해 극적 묘사를 가미해 스토리화 할 때 사람들은 서스펜스와 스릴을 느껴 긴장하게 되고 흥미를 갖기 시작한다.

일테면 정중동(靜中動)이란 낱말을 설명한다 치자.

사실적으로만 설명하자면 '정중동(靜中動)이란 겉으로는 조용해도 속으로 부지런히 움직이는 것을 말한다' 정도로 그칠 수 있지만 감성을 동원해 문학적으로 표현하자면 '정중동(靜中動) 호수가에 한가롭게 떠 있는 백조와 같다. 저 백조를 보라. 얼마나 평화롭고 유유자적(悠悠自適)한가. 그러나 물 위에 떠 있는 백조의 평화로운 모습과는 달리, 보이지 않는 발은 물속에서 그렇게 바쁠 수가 없다. 잠시도 쉬지 않고 갈퀴질을 하고 있는 것이다. 그것을 바로 정중동(靜中動)이라 할 것이다.'라 설명하면 사실적인 설명이나 묘사보다는 감성적인 설명(표현)이 훨씬 부드럽고 따뜻한 느낌으로 다가가 이해와 공감이 빠르게 나타나게 된다.

사람은 한평생 감성의 이슬이 마르지 않도록 연극이나 영화를 자주 보거나 음악과 자연을 가까이 할 필요가 있다. 사람의 감성이란 스스로 만들어 내는 것이다. 젊은 날에는 작은 기쁨에도 멋지게 휘파람을 불며 즐거워했는데, 나이가 먹어 갈수록 웬만한 일에는 감동조차 하지 않게 된다. 길을 가다가도 음악소리에 귀를 기울일 줄 알고, 아름다운 꽃을 보고 경탄할 줄 알며 구름 저편의 하늘을 바라보고 시(詩)라도 읊조릴 수 있는 감성의 이슬을 메마르게 해서는 안 된다.

　감성이 풍부해서 문학적인 향기를 지닌 사람에겐 왠지 모를 매력을 느끼게 된다.

연설 잘하려면

"좋은 말의 조건은 진실하고, 명쾌하고, 간결하며, 자연스럽고, 적절해야 한다는 것이다. 따라서 훌륭한 연사가 되려면 인격과 지식, 적극적인 태도를 갖추고 자신감을 가지며 상황을 파악하고 마지막으로 연설의 기법을 숙지해야 한다." 이를 위해 유의할 점은 다음과 같다.

- 내용에 대한 준비를 철저히 한다. 남이 써준 원고라도 반드시 먼저 검토하고 수정·보충할 부분이 있는지를 살핀다.
- 일목요연하고 읽기 쉽게 원고를 작성한다. 수치와 근거(자료출처) 등은 다시 확인한다.
- 내가 무엇을 말하려 하는지 목적을 명확히 한다.
- 청중의 수준과 욕구와 태도, 감정상태, 구성상 특성 등을 파악한다.
- 연설시간은 5분 이내, 길어야 20분을 넘기지 않는다.
- 시간과 장소, 행사 성격 등에 맞춰 내용을 조정한다.
- 연설 첫머리에 좌중을 집중시키는 인상적인 발언을 배치한다.
- 제스처와 연설의 메시지가 조화되도록 한다.
 - 청중이 동참하는 느낌을 갖도록 질문을 던져 대답을 유도한다.

- 간단한 예화나 유머를 넣는다.
- 경제적인 묘사, 창의적인 표현을 사용한다.

* **혼자서도 연습해본다**

- 신문기사 등 간결하고 논리적인 문장을 소리 내어 읽는다.
- 자신이 한 말이 제대로 된 문장인지 받아 적어본다.
- 자신의 말을 녹음해 음성과 어조 등을 분석해본다.
- 거울 앞에서 이야기해보거나 비디오카메라로 녹화해 말하는 태도와 어조 등을 분석한다.
- 사람들 앞에서 말할 기회나, 낯선 사람에게 말을 거는 기회를 자주 만든다.
- 프레젠테이션, 회의, 면접 등 말할 기회가 있을 때는 항상 철저히 준비한다.
- 신문읽기나 독서 등을 통해 평소 풍부한 화제를 만들어놓는다.

11. 공식적인 스피치 요령

공적인 자리나 사적인 자리에서 갑자기 자신의 의견을 제안하거나 본인 생각을 말해야 하는 주제스피치나 인사말을 해야 할 때 말할 거리가 생각이 나지 않거나 어디서부터 어떻게 풀어 가야 할지 모를 때는 이렇게 풀어가라.

첫째, 말하고자 하는데 어떻게 풀어가야 할지 막막할 때가 있다. 그때는 차분히 마음을 가라앉히고 문제의식을 가지고 주제어(key word)를 찾은 다음 그 주제어(key word)에 나뭇가지가 가지 치듯 소주제를 잡아 줄기를 세워라. 냇가를 건널 때 징검다리를 건너가듯 말이다. 예를 들면 이런 것이다. 사랑이란 주제를 가지고 말을 하고 싶을 때 사랑이 도대체 무엇일까?(사랑의 정의) 사랑이란 어떻게 하는 것일까?.(사랑의 방법) 아름다운 사람과 추한 사랑은 차이는 무엇일까?(사랑의 종류)는 식으로 생각을 가지 쳐 나가는 것이다. 그 줄기를 따라 풀어나가면 일목요연하게 논리적으로 스피치를 전개해 나갈 수 있는 것이다.

둘째, Pause로 먹히는 말을 하는 것이다. 대개 많은 사람들은 말을 할 때 무엇에 쫓기듯 성급하게 말을 이어간다. 그러니 상대와 교감은커녕 그 말을 이해하려 쫓아가기 바쁘다. 마크트레인은 '말하기에 있어 포스(Pause)보다 더 강력한 무기는 없다'고 강조했다. 포스(Pause)는 결코 어려운 기술이 아니다. 단지 말과 말사이의 쉼을 주는 정도인데 사람들은 끊어 말하는 정도로 착각한다. 포스(Pause)는 끊어 말하는 정도보다 긴 시간의 휴지(休止)를 갖는다. 스피치에 있어 침착한 어조가 사람을 끌어당기고, 때론 침묵이 언어보다 더 강한 메시지를 전달한다. 포스

(Pause)는 끊어 말하는 정도보다 조금 더 쉼을 줌으로 상대(대상)와 호흡(생각)을 나누는 효과를 얻을 수 있다. 말과 말 사이에 쉼을 줌으로 대상(상대)과 교감하여 먹히는 말을 하라. 포스(Pause)를 효과적으로 사용하기 위해서는 시선맞춤(eye-contact)을 하면서 무언의 교감을 느끼게 하라.

세 번째는 짤막하게 압축된 말 - 콘셉트워드(concept word)로 촌철살인(寸鐵殺人)이 아닌 촌철활인(寸鐵活人)과 같이 강한 임팩트(impact)를 남겨라. 이 **콘셉트워드(concept word)**야 말로 깨달음(覺)으로 사람을 각성시켜 행동을 유발하고 변화를 끌어 낼 수 있게 된다. 여기서 짤막하게 압축된 말은 곧 **콘셉트워드(concept word)**라 할 수 있는데 주제어를 하나의 문장으로 만들면 되는 것이다. 이것이 곧 핵심 메시지가 될 수 있다. 일테면 사랑이란 나란히 앉아 같은 곳을 바라보는 것이다. 이처럼 따로 손보지 않고도 그대로 광고의 **카피(capy)처럼 강력한 메시지를 만들 수 있게 된다.** 짧은 단어나 문장으로 압축이 가능하다는 것은 그만큼 콘셉트가 명료하고 단순하며 덕분에 힘이 있다는 얘기다. 또한 기억하기도 쉽다. 긴말은 군더더기가 많고 짧은 말이 정곡을 지른다. 따라서 지금까지 말한 것은 한 문장으로 압축하든 짧은 명언으로 끝내라.

12. 리더의 성공적인 스피치 스타일

사람들은 어떤 모임이든 참석하게 되면 자기를 내세우기 위해 모든 방법을 다 동원한다. 그것을 필자는 소위 '노래방 마이크 쟁탈전'이라 칭하고 싶다. 한번 잡으면 자기의 레퍼토리를 다 털어 놓아야 속이 후련해지는 심리가 바로 그것이다. 주제나 모임의 추지와 관계가 전혀 없는 말이라도 한 말씀 하셔야 체면이 서는 것처럼 자신의 얼굴을 세우려 골몰하는 사람들이 얼마나 많은가?

세계를 공포로 몰아넣은 히틀러이지만 그는 멋들어진 첫마디로 대중을 선동하지 않았다. 그는 오히려 베를린 광장에 운집한 사람들 앞에서 5분간의 짧은 침묵을 통해 수많은 대중을 그의 마력 속으로 빠져들게 했다. 정복자 보나파르트 나폴레옹과 여권운동가 엘리자베스 스탠턴이 그러했는데, 그 침묵이 오히려 권위와 파워를 배가시켰다. 성공한 리더들의 화술을 살펴보면

- 침묵으로 말하고
- 강렬한 첫마디로 분위기를 압도하며
- 카리스마를 연출한다. 뿐만 아니라
- 요점을 명확히 하고
- 의미를 압축한 간결한 말로 강한 인상을 남기며
- 자기 암시를 통해 성공 이미지를 연출한다.

스피치에는 **내용(substance)과 포장(style)** 두 가지가 모두 중요 하다. 여기서 **내용은 '키 메시지(key message)'** 가 있어야 한다. 키 메시지가 없는 말은 공허하며 아무리 말을 잘해도 마음에 남지 않는다. 다음은 **포**

장(style)이 중요하다. 아무리 키 메시지가 있더라도 구태의연하고 천편일률적인 표현을 쓰면 아무리 좋은 키 메시지도 묻혀버린다. 스피치를 할 때는 공감할 수 있는 생생한 사건이나 사연 중심, 일상적 소재로 삼삼하게 그림이 그려지도록 말을 해야 한다. 거기에 반드시 말하는 이유, 즉 주제를 생각하면서 말해야 한다. 간결하고도 힘 있는 키 메시지를 만들었다면 적당한 '수사'로 힘을 불어넣어야 한다.

침착한 고양이는 소리를 내지 않고 피아노의 건반 위를 걸을 수 있다. 그러나 놀라거나 흥분한 상태에서는 요란한 소리를 낸다. 사람도 마찬가지다. 흥분하면 지혜가, 총명이 달아난다. 침착하게 말하라. 조용히 설득하라. 뜸 들여 조바심 나게 하라. 숙성되고 발효된 농익은 작품을 내놓아라. 그 강력한 기술이 Pause(포즈)이다. 차근차근 조근조근 썩어서 숙성되고 발효된 스피치로 상대를 녹아들게 하라.

- 충분히 생각하고 가슴으로 말하라.
- 따뜻하게 말하라.
- 훌륭한 청자가 되라.
- 경청하고 있다는 반응을 보여라.
- 상대방에게 말할 기회를 주어라.
- 이야기 도중에 끼어 들지 말라.
- 협력을 구하는 식으로 말하라.
- 유머(humor)를 사용하라.
- 입장을 바꿔 생각하고 말하라.
- 정확하게 말하라.

- 요점을 확인하면서 들어라.
- 말을 가려서 하라.

13. 즉석 스피치와 테이블 스피치

많은 직장인들이나 CEO들의 고충 중에 하나가 대중 앞에서의 인사말이다. 많은 이들은 모임이나 행사의 목적에 맞게 인사말하기가 결코 쉽지 않음을 경험하고 있다. 그 이유가 지나치게 청중을 의식하여 긴장하거나 형식과 격식을 갖춰 말하려다 보니 연사가 말하고자 하는 바를 자연스럽게 전달하지 못하고 만다. 인사말이란 지나치게 격식을 따지지 말고 상황에 맞게 사실적으로 말하면 되는 것이다. 또 경험이 없는 사람은 모델원고를 보고 '자기화(self application)'하여 스피치를 하는 것도 좋은 방법이다. 그렇다면 좀 더 구체적으로 말하는 요령을 살펴보고자 한다.

- **모임의 취지를 잘 이해한다** 어떤 모임이든 그 나름대로의 취지가 있다. 따라서 스피치의 부탁을 받은 연사는 무엇보다 먼저 그 모임의 취지를 잘 이해하야 한다. 취지를 이해하지 못하면 초점을 맞추지 못하게 되고, 초점을 잃은 연사의 스피치는 아무리 그럴듯하더라도 그 모임의 흥을 깨는 역할밖에 못한다.

- **주제를 살리는 화제를 선택한다** 스피치의 승패를 좌우하는 것은 유효적절한 화제를 어떻게 전개하여 주제를 살려내는가의 문제라고 할 수 있다. '대개의 화제란 주제에 대한 자기의 생각이나 경험담, 인상 깊었던 장면이나 에피소드 등을 들 수 있는데, 쉽사리 적당한 재료를 얻지 못했

을 때에는 주제에 합당한 화제는 어떤 것이 있을까?'를 일단 노트에 적어본 뒤 검토하는 편이 손쉽다.

• **목적에 따라 내용구성을 달리한다** 서론→본론→결론으로 화제를 전개하며, 그 처음과 끝에 인사말을 두는 방법이다.

• **스피치에도 양념을 곁들여야 한다** 음식도 양념이 알맞게 가미되어야 제 맛을 내듯이, 스피치 또한 산뜻하고 흥미 있는 화제의 양념이 가해져야 효과를 높일 수 있다. 스피치에 있어서 불필요한 부분은 과감히 생략해야 하겠으나, 중심이 되는 화제에 맛을 첨가하는 일은 필수불가결한 요소이다.

• **삭제해도 좋을 부분을 잘라낸다** 유능한 꽃꽂이 강사는 "필요 없는 부분을 잘라내는 것이 꽃꽂이의 비결"이라고 가르치고 있다. 스피치를 부탁받은 연사는 화젯거리를 수집하여 대강의 줄거리를 세우고 초안을 작성하게 된다. 이단계가 끝나면 그 초안을 들고 실제의 말로 연습을 하게 되는데, 원고에 쓸데없는 말이 들어가지는 않았는가, 언어표현이 적절하게 되었는가, 그리고 주어진 시간에 알맞은 분량인가를 검토하여 필요 없는 부분을 잘라내야 한다.

즉석 스피치_ 크고 작은 공식식장에서 혹은 회식이나 작은 모임에서 갑자기 인사 한마디를 부탁 받아 짤막하게 이야기하는 것이 바로 테이블 스피치다. 이렇게 갑자기 스피치를 부탁 받았을 때는 계속 잘 들리면 상대가 편안해 하고, 생각을 담으면 설명과 설득이 가능하며, 재미있게 말하면, 인기도 얻는다. 그 결과 깊은 인간관계를 맺을 수 있다. 친구가 많아지면 자신감은 덤으로 붙는다. 상대를 배려하는 마음을 갖고 꾸준히 사물을 관찰하고 정보를 수집하면 누구나 말짱이 될 수 있다.

• **소재를 준비해 둔다** 항상 이런 때가 올 것이라고 생각하여 미리미리 스피치의 소재를 많이 준비해 둔다. 그리고 메모지와 필기도구는 항시 소지하고, 그 날 성격에 맞는 화제를 메모하고 몇 번이고 연습을 해 보고 나간다. 무방비로 나가서는 안 된다.

• **갑자기 지명 받았을 때** 먼저 크게 심호흡을 하여 마음을 진정시켜야 한다. 그리고 가볍게 인사말을 하여 긴장을 푼다. 무엇보다 대화하듯이 질문을 던져 마음을 진정시키며 힌트를 잡는 것이 중요하다. 앞에서 스피치한 사람과 사회자의 이야기를 빌려 말을 시작하는 것도 한 요령이다.

• **자신 있는 화제로 끌고 간다** 평소부터 자신의 스피치 패턴을 만들어 둔다. 명언, 격언, 성현의 말씀 등으로 서두를 시작하거나 집약적이고, 결론적인 말로써 분위기를 잡는 것도 좋고, 그날 그 자리의 상황을 화제로 삼는 것도 바람직하고, 어떤 사실을 예를 들어 연상하며 이야기하면 한층 더 구체적인 스피치가 된다.

• **시작과 끝을 분명히 하고 이야기는 짧게 한다** 스피치 할 바에는 흐지부지 하지 말고 절도 있고 박력 있게 말하자. 그리고 한번 두 번 실패하더라도 과감하게 나서보자 스피치하며 망신당하는 것이 스피치부탁을 받고도 우물쭈물 망설이다 부들부들 떨며 바보처럼 망신당하는 것보다 훨씬 낳다.

• **들리게 말을 한다** 들리게 말을 한다는 것을 좀 더 구체적으로 설명하자면 우선 내용을 정확히 전달해야 하기 때문에 생기 있는 목소리로 어미(....입니다.)까지 힘있게 발음하라는 것이다. 생각을 담아 말하라는 것은 객관적인 사실이나 이론적인 나열이 아니라 말하는 사람의 느낌이

나 감정까지 구체적으로 표현하라는 것이다. 그리고 '재미있게 말하라는 것은 너무 고지식하고 진지하게 말하기 보다는 재치 있고 넉살좋은 스피치로 분위기를 살리라는 뜻이다. 쉽지는 않겠지만 재미있게 말하려고 노력하다 보면 누구나 재미있게 말할 수 있는 말짱이 될 수 있다.

14. 사람 앞에서 말을 잘하고 싶은가?

다른 사람들 앞에 서면 모이 굳지는 않는가?
내가 하고픈 말을 하려는데 가슴이 터질 것 같지는 않나?
목소리가 떨리고 작아지지 않나?

1. 몸을 풀어라

사람들 앞에 서면 누구나 긴장한다. 몸이 움츠려 드는 게 당연하다. 움츠린 몸을 풀며 몸과 마음의 긴장을 풀자. 몸을 푸는 데 도움이 되는 몇 가지 방법을 살펴보자.

- 남들 앞에 서기 전에 숨을 길게 들이마시고, '후' 하고 내 뱉어요.
- 입을 크게 벌렸다 오무렸다를 반복해요.
- 혓바닥을 쭉 내밀고 옆으로 흔들거나 입안에서 좌우로 움직여요.
- 목을 움직여요. 좌우로 돌려요. 손으로 턱을 받히며 머리는 뒤로 젖혀요. 두 손을 머리 뒤로 해서 앞으로 당겨요. 좌우로도 당겨줘요.
- 어깨를 위아래로 흔들거나 팔을 둥글게 흔들어요.
- 허리를 돌리며 풀어줘요.

- '앉았다가 일어나기'를 여러 번 해요.
- 남들 앞에 서면 어깨를 쫙 펴고 당당하게 서요.
- 바른 자세로 서되 다리는 조금 벌리고 서는 것이 편해요.

2. 웃어라(쪼개라)

일이 부담스러운가? 그럼 쪼게라. 1/365밖에 되지 않는다. 사람이 부담스러우세요. 쪼개세요. 그도 사람 나도 사람, 부담감을 줄일 수 있다. 삶이 부담스러우세요. 쪼개세요. 살짝~ 웃으면 마음의 여유가 생긴다.

웃는 표정, 편안한 표정이겠죠. 말하는 사람이 웃는 얼굴로 자신감 있게 말하면 내용도 더 잘 들리거든요. 그래서 토론을 하거나 다른 사람들 앞에서 말할 때는 편한 표정이나 웃는 얼굴이 좋아요.

스피치도 부담되면 쪼개라. 쪼개고 보니 What, How, Looks로 나누어진다. What to say 무엇을 말할까? 콘텐츠가 관건이다. 말할 내용이 충실하면 대박이다. 어디 말뿐이겠는가? 사업이나 비즈니스도 마찬가지도 내용이 충실해야 한다. 그 내용을 엮는 것은 Key word다. Key word로 구슬을 꿰어 목걸이를 만들 듯 꿰어 가면 된다. 다음은 How tp say이다. 어떻게 말할 것인가? Towway방식으로 풀어가야 한다. 일방적으로 전달하거나 설명하려 하지 말고 질문법을 써서 함께 쌍방형으로 묻고 대답하고 또 물어 가면 함께 풀어 가야 한다. 다음은 Looks이다. Looks는 비언어적 커뮤니케이션으로서의 제스처(Gesture)는 말에 날개를 다는 격이다. 그냥 말하지 말고 금난새 지휘자처럼 현란한 제스처(Gesture)로 말을 풀어라.

3. Frank(솔직)하라. Frank(솔직)함에는 진정성과 간절함이 배여 있다. 하여 사람들과 인간적 공감대를 형성하게 된다. 그 공감대를 통해 울림과 공명을 줌으로 사람을 감동시키는 힘을 갖게 한다.

4. 처음 시작하는 말을 크게...

남들 앞에 서 본 경험이 많지 않은 사람은 대부분 첫 말에서 목소리가 작다. 그래서 처음 하는 말을 일부러 크게 하는 것이 좋다. 처음부터 크고 당당하게 말하면 듣는 사람들도 그 사람의 당당함에 빠져든다.

여기서 크게 말한다는 것은, 내가 말하는 소리가 가장 뒤에 있는 사람까지 또렷하게 잘 들리는 정도라 생각하세요. 그리고 천천히 말하세요. 남들 앞에 서면 자기도 모르게 말이 빨라지기 쉽다. 그러니 일부러 천천히 하려는 생각을 갖는 것도 좋다.

5. 쉬운 말로...

잘 아는 것처럼 보이려고, 알고 있는 것을 자랑하고 싶은 마음에 어려운 말을 하는 사람이 있어요. 그런데 그건 좋은 말하기라고 할 수 없어요. 쉬운 우리말로 알아듣기 쉽게 말하세요. 너무 어려운 말을 하면 듣는 사람들이 힘들어해요. 토론이라면 토론하는 주제를 잘 모르는 사람에게 설명하듯 쉽게 말하는 게 좋아요. 말하는 사람도, 듣는 사람도 알아듣기 쉬운 우리말로 해요. 이렇게 쉬운 우리말로 설명하려면 내용을 내가 잘 알고 말해야 합니다.

6. 자기 자신을 믿어라

사람들 앞에 서기 전에, '난 할 수 있어'라고 스스로에게 말해 주세요. 그러면 조금 더 자신감이 생길 겁니다. 이렇듯 나를 믿어야 해요. '잘할 수 있다'는 자기최면을 거는 거죠. 내가 좋아하는 사람을 떠올리면서 '지금 순간만큼은 내가 ○○○이다.'라고 생각하는 것도 좋아요. 그리고 듣는 사람들을 믿어보세요. 사람들 앞에 처음 설 때 앞에 있는 사람들을 두려워해서 떨곤 하는데, 그 사람들은 적이 아니고, 내가 하는 말을 들으며 함께 웃고 손뼉쳐줄 사람들임을 잊지 마세요.

그런데 이 방법보다 더 좋은 게 있어요. 보통 때 남들 앞에서 자주 말하는 거예요. 경험만큼 좋은 방법은 없는 것 같아요.

맛집에는 음식이 맛있어야 한다. 말에도 맛이 있는데 맛있는 말이란 듣는 사람이 맛있게 들을 수 있어야 한다. 물론 그 음식을 담아내는 그릇이 예쁘면 금상첨화이다.

맛있는 말을 했을 때 먹히는 말이 될 것이요.

한 강연가로 강의에 대한 소신은 재미있어야 하고 생활에 바로 적용할 수 있는 실용적인 학습효과가 있어야 한다고 생각한다.

삶을 슬기롭게 풀어가는 지혜를 말하고 있으며 내적으로 강력한 동기를 얻어 외적으로 강력한 성장 동력과 살아가는 추진력을 얻을 수 있는 긍정 에너지를 생성하여 세상에서 만나는 많은 이들과 소통하고 공감하는 방법과 행복한 삶의 방식을 체득하게 된다.

긍정의 힘은 위력을 발휘한다. 긍정적 관점, 긍정적 마인드, 긍정적 삶의 태도, 긍정적 행동, 긍정적 표현보다 더 아름답고 위대한 것은 없다. 세상을 긍정적으로 보면 안 될 일도 됨을 익히 알고 있다. 그러나 긍정적으로 생각하고 긍정적으로 행동하고 긍정적으로 표현하기가 쉽지 않다. 그럼 어떻게 하면 긍정적 관점으로 긍정적 태도로 긍정적 말과 행동을 할 수 있을까?

스피치의 진정한 고수는 '말을 삼갈 줄 아는 경지에 오른 사람'이다. 이는 분별력과 판단력을 필요하다. 말속에 인격이 있고, 행동 속에 품격이 있다. 물고기가 입을 잘못 놀려 미끼에 걸리듯 사람도 입을 잘못 놀려 화를 자초하는 법이다. 화가 났더라도 순화시켜 표현할 줄 아는 절제력이야말로 그 사람의 인격의 바로미터다. 화가 나면 화를 내자. 다만 긍정적으로..

15. 클라이언트Client를 내편으로 만드는 발표 (프레젠테이션Presentation)

옛말에 '지피지기면 백전백승'이라고 하였다. 거래처 방문이나 영업, 또는 상담 등에서 프리젠테이션시 상대방이나 또는 거래처에 대한 충분한 사전조사는 성공적인 프레젠테이션을 위해서 매우 중요하다. 그러나 실제로 적지 않은 사람들은 '대충 알고 가서 만나 보면 무슨 좋은 수가 있겠지' 하면서 대충 알고만 간다든가 또는 전혀 사전 확인이나 조사도 없이 상대방이나 또는 업체를 방문 하여 상담이나 프레젠테이션을 진행하는 경우도 심심찮게 보게 된다. 그러나 업무를 성공적으로 수행하기 위해서는 반드시 사전조사를 철저히 하는 것이 좋다. 그것도 대충이 아닌 마치 수사관의 심정으로 철저히 하는 것이다. 강한 자신감이나 확신과 열정에 찬 설득이나 프레젠테이션은 바로 충분한 사전 조사와 지식, 그리고 철저한 준비로 무장 되었을 때 나오는 것임을 간과해서는 안 될 것이다.

- client는 누구이며, 핵심인물은 누구인가?
- client는 정확히 무엇을 원하고 있는가?
- 최종 목적 달성을 위한 아킬레스건은 과연 무엇일까?

1. 전략을 쓰라

TOP전략, 즉, 그 진행하는 목적에 정확히 맞는 프레젠테이션을 준비하는 것이 좋다. 상대방에 맞는, 그 진행하는 프로젝트에 적합한 프레젠테이션을 반드시 준비하여 진행하는 것이 좋다.

2. SSE 기법을 잊지 말라
- E: Expensive: 백화점의 고급 넥타이처럼 팔아라

귀하는 과연 얼마짜리의 프레젠테이션을 팔고 있다고 생각하는가?
- 프레젠테이션에 대한 내용은 값어치가 있어 보이는가?
- 프레젠테이션 자료에 대한 준비 또한 깊은 정성이 들어가 있는가?
- 진행하는 프리젠터의 자세 역시 품위가 있어 보이는가?
- S : Simple-쉽게, 명료하게 만들어라
- S: Short-길게 하지 마라(20~30분) | 우리 인간은 남의 이야기를 관심 있게 집중 할 수 있는 심리적인 시간이 약 20~30분 정도라고 심리학자들은 주장한다.

3. 열정적으로 전달하라
- 확신에 찬 말과 모습으로 전달하라!
- 최고의 전문가인 것처럼 행동하라
- 열정적으로 전달하라

4. 6:4원칙을 준수하라
- You First!: 상대방에게 먼저 기회를 주어라

"고객은 왕이다"란 말이 있다. 진정 고객을 위한다면, 먼저 고객에게 이야기를 먼저 할 수 있는 기회를 주라. 우리 인간은 누군가와 대화 시

자기의 이야기를 가장 잘 들어 주는 사람들을 좋아하는 기본적인 심리를 갖고 있다. 즉, 이는 그저 긍정적으로, 적극적으로 경청하는 것만으로도 상대방에게 깊은 신뢰감을 줄 수 있기 때문이다.

- **60:40 비율 - 상대방에게 더 많은 기회를 제공하라**

현명한 영업맨이나 또는 뛰어난 프리젠터는 대게 상대방에게 더 많은 말할 기회를 준다. 당신이 진정으로 상대방을 위한다면 상대방에게 10%의 더 많은 말할 기회를 주라. 그러면 당신은 실질적인 10%이상의 그 무언가를 얻게 될 것이 분명하기 때문이다.

커뮤니케이션에서의 EOB법칙

- **E-Example** : 예화로 이야기를 시작한다. 특히 본인의 이야기나 또는 실제 일어난 실화를 바탕으로 근거 있는 실례가 가장 좋다.(70~80%)
- **O-Outline** : 핵심 정리 ㅣ 전달하려는 내용을 간략히 핵심을 정리한다.
- **B- Benefit** : 이익 ㅣ 전하려는 이야기가 주는 이익이 과연 무엇인가?

과연 내가 하는 이야기가 상대방에게 어떤 이익을 주는 가에 초점을 맞추어 주는 것이 매우 현명하다고 할 수 있다.

5. Showmanship을 보여라

- **온몸을 이용하여 전달하라** TV의 연기자들은 자기들의 주어진 한 대역을 위하여 자기들의 혼신을 다하여 의사표현을 하려고 노력 한다. 그러한 혼신을 다한 연기야 말로 수많은 시청자들에게 심금을 울리기 때

문이다. 뛰어난 프리젠터가 되려면 온몸으로 의사전달 하는 사람이 되려고 항상 노력하라.

- **50:50의 비주얼 법칙을 잊지 마라**

6. Seeing is Believing!

- **객관적 근거나 증거물로 설득하라** ㅣ 'Seeing is believing!"즉, '보는 것이 믿는 것'이란 말이 있다.

- **바구니 하나에 한 개의 계란만 담아라!** 가장 적절한 것은 한 장의 시트에다 한 개의 비주얼을 담는 것이 오히려 청중들을 설득하거나 또는 이해를 시키는 측면에서도 매우 효과적이라 할 수 있다.

7. PMP원칙(Practice Makes Perfect!)을 잊지 마라

- **리허설을 않고는 진행을 하지 마라!** 최고의 프리젠터가 되는 가장 좋은 최고의 비결 중의 하나가 바로 끊임없는 자기개발을 위한 노력과 더불어 반복적인 연습이라고 할 수 있다.

16. 생활스피치 면접&인터뷰Interview 요령

우리는 형식이 좀 다르기는 하지만 사람을 만나면 인터뷰하듯 대화를 나누기도 하고 일인 미디어 시대를 맞아 실제로 여러 형태의 인터뷰를 하는 상황에 많이 노출되게 된다. 물론 면접과 같이 평가를 받아야 하는 면접도 흔히 있는 일이라서 인터뷰와 면접 요령을 정리해 본다.

1. 긴장을 풀고 진행자를 똑바로 응시해야 한다.

2. 질문의 요지를 파악하라

진행자나 상대방의 질문이나 이야기에 대해 적절하고 필요한 대답을 하지 않으면 대화는 끊어지고 자기의 생각도 제대로 표현하지 못하여 어색한 분위기를 연출할 수 있게 된다.

3. 가급적 간결하게 말하라

한 가지 사실을 이야기하거나 설명하는 데는 3분이면 충분하다. 복잡한 이야기라도 어느 정도의 길이로 요약해서 이야기하면 상대도 이해하기 쉽고 자기의 생각도 정리할 수 있다. 긴 이야기는 오히려 상대를 불쾌하게 하는 수가 있다.

4. 결론부터 말 한 뒤 구체적인 사례를 들어라

대화나 인터뷰시 결론을 먼저 이야기하고 나서 그에 따르는 설명과 이유를 나중에 덧붙이면 논지가 명확하게 되고 이야기가 깔끔하게 정리된다.

5. 말끝을 분명히 하라

말끝이 사라져버리는 대화는 다른 사람에게 어두운 인상을 준다. 또한 입속에서 중얼중얼하다가 언짢은 것처럼 이야기하는 사람도 의외로 많다. 그러나 이것은 절대 금물이다. 산뜻한 인상을 주는 화법을 연습하자.

6. 명확하게 바른 자세로 전달하라

말하는 방법이나 내용보다 비언어적 요소인 자세와 표정 제스처 등이 더 중요하다는 메라비안(Mehrabian) 법칙이 있다. 상대의 눈을 보며 적당한 톤과 스피드로 성의를 갖고 진지하게 이야기하면 상대에게 호감을 주게 된다.

7. 자신의 언어로 이야기하라

명확하게 이해하지 못하는 말을 무리하게 사용한다든가 유행어를 함부로 사용 한다든가 하면 경박하게 보이게 된다. 또한 너무 훌륭하게 표현하려 하다가 자신의 이야기에 도취되어 흥분되는 수도 있다. 지나치게 어렵거나 경박한 용어를 사용하는 일 없이 평소 자신의 언어를 조리 있게 구사하는 것이 중요하다.

8. 모든 질문에 대해 적극적으로 답하라

〈인터뷰시의 금기사항〉

1. 지나치게 유창하게 말하려 하지 말 것

간혹 '청산유수'같이 이야기해야 한다는 강박관념에 사로잡혀 오히려 인터뷰를 망칠 수 있다. 가능한 한 느긋하면서 간결한 말씨를 사용하여 유창하지는 않지만 풋풋한 인상을 심어줘라.

2. 지나치게 과장, 거짓 대답은 피한다

인터뷰에 대한 거짓이나 과장은 금물이다. 필요 없는 사족을 달면서 너절하게 수다를 떠는 것도 좋지 않다. 간단명료하면서 정확히 이야기하면 된다. 모르는 것은 큰 죄가 되지 않지만, 모르면서도 아는 체하는 것은 바람직스럽지 못한 태도이다.

3. 지나치게 평론가적인 언동은 삼가라

예컨대 시사 문제나 읽은 책에 대한 감상을 물었을 때, 섣불리 TV에 나오는 평론가의 흉내를 내거나 어쭙잖은 허세는 오히려 자신의 인격만 깎아 내리는 행동이 되므로 주의해야 한다. 설사 표현 방법이 세련되지 못했다 하더라도 솔직하게 비쳐질 수 있다.

4. 다변이나 궤변은 금물 욕심이 지나쳐 필요 이상의 말을 한다든가 하는 잘못을 범해서는 안 된다. 특히 집단 인터뷰을 할 경우 주의해야 할 점은 논리에 맞지 않는 궤변보다는 자기 나름대로의 소신을 분명하고 간결하게 펼쳐 보이는 게 중요하다.

Chapter6
프로다운 자세와 태도를 가져라

• **내 말한 대로, 내 마음먹은 대로, 내멋에겨워서, 나답게' 사는 법_** 성공하면 두 가지로부터 자유를 누릴 수 있다 합니다. 첫째는 경제적인 것으로부터의 자유, 둘째는 시간으로 부터의 자유인 것입니다. 거기에 하나 더 사람 앞에의 자유입니다. 이제 스피치로 세 가지 자유를 다 누리시기 바랍니다.

'말과 삶'이 거침이 없어야 합니다. 주볏주볏 눈치나 보거나, 망설여서는 힘을 받을 수 없는 것입니다. '거침이 없으려면~' 어떻게 해야 할까요?

도그마(dogma: 다른 사람들의 생각이나 평가 혹은 시선)

'도그마'로 부터 탈피입니다. '도그마'로부터 탈피되었을 때 진정 '자유인'이 될 수 있습니다.

― 윤치영 화술박사

최근 필자는 책을 내면서 프로필 사진을 많이 찍었다. 한 스튜디오에 사진을 찍기 위해 들어섰다. 그 집 주인인 사진작가는 중앙대 사진학 석사를 마친 사람이었다.

그런데 찍자는 사진은 안 찍고 대화를 나누자며 차 한 잔을 내 놓은 것이 아닌가?

"시간이 급한데 오늘 찍을 수 없을까요?"

"윤 선생님! 진정 좋은 사진을 원하신다면 오늘은 말씀만 나누시는 게 좋을 듯싶습니다. 왜냐하면 오늘 대단히 피곤해 보이시기 때문입니다. 그리고 제가 선생님에 대해 좀 더 자세히 알아야 선생님 내면의 표정을 카메라에 담을 수 있기 때문입니다."

필자는 그 스튜디오 주인의 그 말 한 마디에 믿음이 갔다. 그리고 이어지는 말이

"선생님은 전문인이십니다. 전문인이라면 프로패셔널한 포즈가 있어야 합니다. 앉으실 때 약간 앞으로 당긴 듯한 자세로 앉으시면 더욱 돋보이실 수 있습니다."라 했다.

그렇다. 사람을 사로잡을 수 있는 매력, 그 힘은 지식과 교양과 인품 그리고 말씨뿐 아니라 자세에서도 나온다는 사실이다.

프로패셔널한 포즈!

아무리 비싸고 좋은 의상을 입어도 자세가 올바르지 않으면 아름답게 보이지 않는 것은 물론 돋보일 수 없다. 마찬가지로 스피치를 전개할 때 경박스럽거나 불안정한 느낌을 주는 자세이거나 성실한 태도라면 좋은 결과를 얻을 수 없다.

시간이 흐를수록 우리 신체는 습관적인 자세로 굳어진다. 바른 자세와

밝은 표정은 사람을 사로잡는 힘을 가지고 있다.

어떤 일에 있어서든 자신감은 인생을 승리로 이끄는 데 상당한 영향력을 발휘한다. 역시 자세와 표정에서도 마찬가지다.

평소 당당한 태도(퍼스쳐)와 따뜻하고 촉촉한 표정을 지어라!

1. 태도가 모든 것을 말해준다

태도는 마음의 거울이다. 보이지 않는 생각을 알 수는 없지만 태도라는 거울을 통해 그 사람의 생각을 볼 수 있다. 태도는 눈으로도 알 수 있지만 소리를 통해서도 알 수 있다. 어떤 회사 직원이 "안녕하십니까? 누구입니다."라고 할 때, 그는 단순히 인사만을 하는 것이 아니다. 그는 이 짤막한 인사를 통해 무언의 메시지를 보내고 있다. "나는 당신을 좋아합니다. 당신을 소중한 사람이라고 생각하지요. 나는 이 회사가 자랑스럽고 내 일이 좋답니다. 무엇을 도와드릴까요? " 하지만 또 다른 직원은 똑같은 말을 통해 전혀 메시지를 당신에게 알리기도 한다. "왜 전화를 하셨어요? 참 귀찮아 죽겠네. 저는 이 회사도 싫고 일도 지겹답니다. 제발 저를 귀찮게 하지 말고 내버려두세요..."

사람이 가진 생각이나 마음은 숨길 수 없고 어떤 형태로든지 그것을 표출하는 것이 인간이 가진 속성이다. 거만한 태도, 무시하는 말투로 사람을 기분 상하게 해 놓은 상대방이 미안한 마음에 겉으로는 "내가 자네를 얼마나 생각하는지 잘 알고 있지 않은가? 제발 쓸데없는 오해는 하지 말게..."라고 얘기하기도 하지만 이미 상대방은 그 사람이 나한테 어떤 감정을 가지고 있는지 정확히 파악하고 있는 것이다. 그 사람은 표정, 제스처, 어투 등 밖으로 나타나는 태도를 통해 자신의 의도를 이미 전달했기 때문이다. 상대방에 대한 호의나 사랑을 전할 때 꼭 말이 필요한 것은 아니다. 더불어 그에 대한 미움과 경멸도 굳이 말로 표현할 필요는 없다. 우리들의 생각은 태도를 통해 모두 전달된다.

인류의 오랜 역사에서 오늘날과 같은 언어를 가진 것은 최근의 일이다. 그 전에는 기껏 비명이나 신음소리 같은 걸로 의사를 전달했을 것이다. 오랜 세월 사람은 언어가 아닌 몸짓과 얼굴 표정 등으로 다른 사람과 의사소통을 했다. 기분 나쁘면 입을 내밀고, 화가 나면 미간을 찌푸리고, 경멸하는 마음이 들면 입을 비틀고, 기분이 좋으면 만면에 미소가 나타나고... 그리고 그것은 지금도 마찬가지다. 태도가 모든 것을 말해준다.(Attitude is everything)

올바른 자세와 당당한 태도로 프로다운 면모를 보이기 위해서는 기풍을 세워야 한다. 어깨선에 넘치는 퍼스쳐(pauster)를 갖기 위해선 신체의 네 곳을 올려야 한다.

4 끝을 올리고 긴장감을 갖고 살면 훨씬 젊고 아름다운 모습으로 살 수 있다. 더구나 매력적인 모습으로 상대에게 다가갈 수 있게 된다.

첫째 히프를 올려라. 히프가 쳐지면 노인처럼 행동이 느려지고 긴장이 풀리게 된다. 히프를 올리려면 발꿈치를 들고 발끝으로 움직여라. 그러면 괄약근을 강화시켜 피부를 탱탱하게 할 뿐만 아니라 생명력도 강화시켜 건강과 장수를 보장한다.

둘째, 배(단전)을 올려라. 단전에 힘이 들어갔을 때 기(氣)가 들어가 박력과 배짱이 생기게 된다.

셋째 턱을 당겨야 한다. 사람이 턱이 빠지면 촌스럽기도 하지만 정신 나간 사람처럼 보여 만만하게 보이기 쉽다. 턱을 당겨라. 턱을 당기면 적당히 긴장감이 감돌아 정신 집중을 도울 수 있기도 하다.

넷째 입 꼬리를 올리는 것이다. 입 꼬리가 올라가면 스마일 상(像)이 되어 따뜻하고 친근한 인상으로 어필할 수 있게 된다.

2. 이미지 메이킹

당신이 알고 있는 한 사람의 모습을 떠올려 보자!

그 사람의 얼굴 생김, 말씨, 옷차림, 태도, 성격, 신용 등이 한꺼번에 느낌으로 와 닿는 게 있다. 그 느낌이 바로 그 사람의 이미지다. 당신의 이미지는 자신이 모르는 사이에 당신의 성격이나 인품 또는 말씨나 행동 등을 통해서 다른 사람들에게 각인된다.

외적(얼굴 표정, 자세, 옷차림, 화장, 헤어스타일, 말씨)인 요인과 내적(성격, 태도, 사상, 가치관)인 요인이 하나의 형체를 만들고, 우리 나름의 사고, 취향에 따라 편집되어 만들어진 그 사람에 대한 생각, 특유한 감정, 고유한 느낌, 이것이 바로 이미지다.

다시 말해 이미지란, 내가 타인에게 공개하도록 선택한 나의 부분들의 총체를 타인이 보고 느낀 바로 여러분의 모습이다.

그 이미지로 인해서 사람들로 하여금 같이 앉아 교제하고 싶어 하고 신뢰하게 하고 마음을 열어 놓게 한다. 어쩌면 허상에 불과할지도 모르는 당신의 이미지가 당신의 현실, 나아가서는 당신의 인생까지 좌우할 수 있는 마력을 지닌 채 마구 휘둘러진다고 생각한다면, 그저 다른 사람의 주관적 사고에만 맡겨둔 채, 수동적이고 무기력하게 방관할 수만은 없다. 자신의 이미지를 유리하게 활용할 줄 알아야 남들에게 인정받고 성공할 수 있다.

- **이미지 평가 요인**

  1) 능력적인 평가 차원 2) 사회적인 평가 차원 3) 감정적인 평가 차원

和氣(화기)가 행운을 부른다

중국 고전에 '화기는 행운을 부른다 - 화기치상(和氣致祥)'는 말이 있는데, 화기는 따스하고 부드러운 분위기를 말한다.

사람의 유형을 둘로 나눌 수 있다면 귀인(貴人)형과 천인(賤人)형으로 나눌 수 있다. 귀인과 천인의 차이는 어디에 있을까?

오늘의 운세나 연초에 가끔 보는 사주 관상에 '귀인을 만나 길이 열릴 것이요!'란 풀이가 나오면 가장 좋은 쾌일 것이다.

여기서 말하는 귀인이란 도술을 터득한 도인(道人)이나 권력을 행사할 수 있는 재벌가나 권세가일까?

필자는 얼굴이 화기(和氣)가 있는 사람을 귀인(貴人)이라 말하고 싶다. 얼굴 표정이 따뜻하고 밝은 사람은 평소의 긍정적인 마인드로 세상을 밝고 깨끗하게 살아 온 사람은 얼굴 표정이 부드럽고 온화하며 밝기 때문인 것이다.

표정이 좋은 사람은 비교적 삶 자체도 성공적이며 행복하다. 그런 사람은 다른 사람을 만나면 성공과 행복을 전파시킬 수 있는 유전인자를 가지고 있기 때문이다.

'끼리끼리 법칙'이 있다. 같은 것끼리 뭉친다는 얘기다. 성공인은 성공인 끼리 모여 성공을 얘기하고 실패자는 실패자 끼리 모여 인생을 비관한다.

사람의 운명은 사주팔자나 관상 손금에 있는 것이 아니라 마음 자세에 있다. 사주팔자가 아무리 좋아도 관상이나 인상보다 못하고 관상이나 인상이 아무리 좋아도 마음 자세보다 못하다.

3. 삶 자체가 감동적인 사람이 귀인(貴人)

넨센스 문제이다. 첫 번째, 옷을 한 벌 빠는데 20분 걸렸다. 그럼 옷 세벌을 빠는데는 몇 분 걸릴까? 두 번째, 접시 안에 사과가 다섯 개 들었다. 그 중에 세 개를 먹었다. 몇 개가 남았을까? 세 번째, 한 달은 30일도 있고 31일도 있다. 그럼 28일이 있는 달은 총 몇 달일까? 네 번째, 58에서 2를 모두 몇 번 뺄 수 있을까?"

첫 번째 답은 20분이다. 요즘 손빨래 하는 사람은 없을 것, 세탁기에 넣으면 몇 벌을 함께 빨아도 소요시간은 동일하다. 두 번째 답은 무엇일까. 두 개? 물론 산술적인 답을 요구하진 않았을 이다. 그래서 더욱 아리송해져 간다. 답은 세 개다. 왜냐하면 '우리 엄마가 그러는데 먹는 게 남는거랬으니까!' 그렇다면 세 번째 문제의 답은 무엇일까? 28일 = '윤달' 그렇다면 한 달이다. 그러나 그 고정관념이 바로 함정이다. 답은 12달이다. 왜냐면 28일이 있는 달은 1월부터 12월까지 모두 있기 때문이다.

이쯤해서 네 번째 답을 물으면 모두 뒤로 나자빠지고 만다. 물론 58÷2 이니 '스물아홉 번'이란 답을 요구하진 않았을 테고... 무엇일까. 철학적으로 접근하면 문제는 쉽게 풀릴 수 있다. 여기에서 요구하는 답은 단 한 번뿐이다. 58에서 2를 빼면 56이 되니 이미 58이란 숫자는 존재하지 않기 때문이다.

우리는 매일 매일 아침을 맞이한다. 그러나 우리는 어제와 같은 오늘의 이아침에 그리 의미를 부여하지 않을 수 있다. 더구나 내일도 모레도 어김없이 찾아오는 아침이기 때문이다. 사람들은 58에서 2를 뺄 수 있는 횟수가 29번이나 되는 것처럼 매일 매일 열리는 아침도 수없이 많은 아침이 반복해서 열리고 있다는 착각이 바로 사람들을 '매너리즘'에 빠지게 한다. 그러나 매일 맞이하는 이아침은 전혀 새로운 오늘만의 아침이란 사실이다. 오늘의 이아침은 새로운 창조물이란 것이다. 이 사실을 깨달은 사람들은 오늘 이 하루를 무의미하게 보낼 수 없다. 더구나 짜증을 내거나 권태롭게 소일할 수 없을 것이다.

"오늘 하루는 어제 죽어간 이가 그토록 그리워하던 내일이다. 그러나 많은 사람들은 하루하루의 일과에 쫓겨 하루의 소중함을 느끼지 못하며 지내기 일쑤이다. 하루의 소중함을 의식한다면 하루하루 감사한 삶이 될 것이며 그 삶의 모습은 가히 감동적이지 않을까?

4. 당신의 호감도를 높여라

누구나 밝고 건강한 이미지를 가진 사람과 가까이 하고 싶어 한다. 당신의 이미지는 어떤가? 강한 인상으로 뇌리에 각인되는 첫 만남의 30초를 위해 당신이 투자해야 하는 모든 것의 ABC.

1) 첫인상, 왜 중요한가?

사람의 이미지 형성에서 가장 중요한 것이 첫인상이다. 고덴 엘포트(Gorden Allport)는 그의 **대인지각 이론**에서 30초 동안에 처음 만난 상대의 성별, 나이, 체격, 직업, 성격, 깔끔함, 신뢰감, 성실성 등을 어느 정도 평가할 수 있다고 했다.

이렇게 우리가 사람을 처음 만났을 때 상대에 대한 어떤 느낌을 갖게 되는데 그것을 첫인상이라고 한다. 우리는 한 번의 만남을 통해 상대의 모든 것을 판단할 수는 없지만 '다음에 다시 만나고 싶다', '이 사람과 사귀어 보고 싶다', '이 사람과 거래를 해보고 싶다'는 판단을 할 수는 있다. 그래서 첫인상을 관리하는 일은 아주 중요하다. 첫 만남에서 매력적이고 강한 인상을 주지 못하면 그 이상의 관계가 불가능하기 때문이다.

첫인상이 형성될 때는 **부정성 효과와 초두(初頭)효과, 인지적 구두쇠효과가 작용**한다.

부정성효과란 긍정적인 특성보다 부정적인 특성(예를 들어 '표정이 딱딱하다' '거만하다')이 그 사람을 평가하는데 더 많은 영향을 준다는 것이다. 그러므로 단점보다 장점이 많아도 어떤 단점 한 가지에 의해 전체적인 평가가 부정적이 될 수도 있다. 그래서 누군가를 처음 만날 때는 사소한 부분까지 신경 써서 긍정적인 부분만 보여지도록 하는 것이 가장 중요하다.

초두효과란 먼저 제공된 정보가 나중에 제시된 정보보다 더 큰 영향력을 발휘하는 것을 말한다. 그래서 흔히 남자들이 여성을 만날 때 묻지도 않은 자기 자랑을 지겹도록 늘어놓는가 보다. 좋은 첫인상을 주려면 처음 만났을 때 가능한 한 자신의 장점을 부각시키도록 해야 한다.

마지막으로 **인지적 구두쇠효과**란 사람들이 인상형성에서 뿐만 아니라 전반적으로 세상을 판단할 때 가능하면 노력을 덜 들이면서 결론에 이르려고 하는 경향이 있는데 이 속성을 인지적 구두쇠라고 한다. 만약 독자들 중 '사실 난 알고 보면 좋은 사람인데'라고 스스로를 생각하는 분이 있다면 미안하지만 그 생각을 바꿔서 첫인상으로 승부할 수 있는 방법을 찾아보자. 상대는 우리에게 그렇게 여러 번의 기회를 주지 않을 테니까.

2) 표정관리

첫인상이 형성될 때 가장 많은 영향을 주는 부분이 시각적인 요소다. 시각적인 요소에는 얼굴 표정, 옷차림, 액세서리, 보여지는 자세 등이 있는데 그 중 사람을 처음 만났을 때 시선이 가장 먼저 가는 곳이 바로 얼굴이고 얼굴의 표정에 의해 그 사람의 인상이 결정된다.

많은 사람들을 만나다 보면 그 중에는 늘 밝고 활기찬 표정으로 다른 사람까지 즐겁게 하는 사람이 있는가 하면 자신도 모르게 늘 어두운 표정으로 상대방의 기분까지 나빠지게 하는 사람이 있다. 표정이 밝은 사람은 대체적으로 성격도 밝고 적극적인 경우가 많다. 누구나 밝고 건강한 이미지를 지닌 사람과 가까이 하고 싶어 한다.

내가 아는 어느 남자 사업자는 미국에서 어렵게 생활하고 있던 어느 날 우연히 주위 사람에게 "○○씨는 한 번도 웃는 얼굴을 본 적이 없는 것 같아요"라는 말을 듣고 상당한 충격을 받았다고 한다. 그때까지 자신의 얼굴에 대해 별 관심이 없었던 그로서는 자신의 표정이 그렇게 어두운지, 그래서 상대에게 부담을 주고 있었는지를 전혀 알지 못했던 것이다.

그 후 그는 의식적으로 하루에 15분씩 아침 샤워하는 동안에 웃는 연습을 시작했다고 한다. 처음에는 갑자기 웃는 자신의 모습이 무척 어색했지만 꾸준히 연습한 결과 한달 쯤 지나서부터는 점차 자연스러워졌고 지금은 만나는 사람들 대부분 어쩌면 웃는 모습이 그렇게 자연스럽고 멋있느냐, 비결 좀 가르쳐 달라는 말을 종종 듣는다고 한다. 밝아진 표정 때문인지 지금은 사업도 잘 되고 그때보다 경제적으로도 상당히 좋아졌다고 한다.

이렇게 밝은 표정은 자신의 성격뿐만 아니라 사업에도 많은 영향을 준다. 밝은 미소를 짓는 것은 생각으로만 되지 않는다. 우리의 얼굴 근육은 평소 쓰는 부분만 발달되어 있기 때문에 평소 웃지 않던 사람이 갑자기 웃으려고 하면 어색하고 근육 경련이 일어나기도 한다. 표정 훈련은 매일 조금씩 꾸준히 연습하는 것이 중요하다. 지금부터 얼굴 근육훈련을 통해 표정을 바꾸는 요령을 알아보자.

(1) 평소 거울을 자주 보는 습관을 기르자.

거울을 보면서 자신의 표정이 얼마나 딱딱한지를 느껴 보자. 그리고 자신의 입 꼬리가 위를 향하는지 일자(一字)인지 아래를 향하고 있는지 잘 살펴보자. 만약 입 꼬리가 처져 있다면 살짝 위로 잡아당겨 보자. 이런 동작을 여러 번 반복한다. 성격이 예민하거나 신경질적인 사람 중에는 양미간에 세로 주름이 나 있는 경우가 많다. 자신의 미간에 세로주름이 한 줄 혹은 두 세줄 있는 사람은 지금부터 많이 웃는 노력을 해야 한다. 그 주름이 오래되면 골이 파여서 쉽게 지워지지 않는다. 관상학자들을 이곳을 명궁이라고 부르는데 이 명궁은 복이 들어오는 대문이라고 해서 아주 중요한 부위에 해당한다. 이곳이 넓고 두둑해야 운이 좋아진다고 하니 주름이 잡혀서 좁아지지 않도록 자주 웃어서 명궁을 펴주도록 하자.

(2) 다음은 눈썹을 살짝 올려본다.

눈썹이 올라가면서 눈도 살짝 크게 떠질 것이다. 마음이 열리면 눈도 같이 열리게 되는데 눈썹을 살짝 올려줌으로 해서 기분도 좋아질 것이다. 이때 '안녕하십니까?'라는 인사도 함께 소리 내서 해보면 목소리도 밝게 나는 것을 느낄 수 있을 것이다.

(3) 다음은 자신의 웃는 얼굴을 여러 가지 만들어 보고 그중 가장 자연스럽다고 생각하는 입모양을 찾아 기억해 둔다. 그리고 반복해서 연습한다.

(4)호탕하게 웃어라

폭소클럽이 미국에서 인기를 끌고 있다. 올해에만 미국 내에 20개 이상이 새롭게 문을 열었다. 폭소클럽은 1995년 인도에서 의사 마단 카타리아(Madan Kataria)에 의해 시작됐다. 인도 대도시에는 현재 수백 개의 폭소클럽이 활발하게 활동 중이다.

폭소클럽은 유머나 농담에 의존하지 않는다. 폭소클럽에서는 웃는 행위 그 자체에 초점을 맞춘다. 웃음은 스트레스를 배출시키며 건강한 심호흡을 유도한다. 최초의 '하하'와 '히히'는 진행자에 의해 강제로 실시된다.

클럽 회원들 간 서로 눈 맞추기는 필수. 초면의 어색함을 풀어주는 효과가 있다. 그러나 일명 '사자 웃음'을 시행할 때가 되면 자연스럽게 폭소를 터뜨리지 않는 사람이 거의 없다. 마치 한 마리의 사자가 된 양 혀를 쭉 내밀고 눈을 희덕거리면서 두 손으로는 사자의 앞발 흉내를 낸다.

미 오하이오주 콜럼버스의 '세계 폭소 투어'를 운영하며 '공인 폭소 지도자'를 양성하는 심리학자 스티브 월슨(60)은 "웃는 척 하는 사람들이 초반에는 있게 마련"이라며 "그러나 일반 '발동이 걸리면' 미친 듯이 웃게 된다"고 말했다.

시애틀에서 폭소클럽을 운영하는 스테파니 로시는 '인도의 폭소클럽'이라는 TV 다큐멘터리 프로그램을 통해 폭소클럽에 흥미를 갖게 됐고, 월슨의 세계 폭소 투어에서 폭소 지도자 자격증을 취득했다. 그는 인도에서와 마찬가지로 자신의 클럽을 시민공원 잔디운동장에서 매주 3회, 오전 7시에 열고 있다.

각 폭소클럽은 고유의 웃음을 개발할 것을 권유받는다. 로시의 폭소클럽에서는 비가 내리는 광경을 묘사한, 손가락을 펄렁거리며 아래로 내리는 동작을 취하며 웃는다. 한 클럽회원은 이 동작을 "시애틀 빗방울 웃음"이라고 말했다. 시애틀은 일 년 내내 비가 많이 내리기로 유명한 지역이다.

웃는 것만큼 명약이 없다. 웃으면 웃는 것만큼 마음이 맑아지고, 웃으면 웃는 것만큼 행운이 도래하고, 웃으면 웃는 것만큼 좋은 일이 생긴다.

인생을 성공적으로 살고 싶은가?

그러면 웃어라!

프하하하...푸하하하,,,,우하하하...

웃음은 마음을 마사지 하는 효과가 있어 답답한 마음, 증오, 미움, 질투, 시기와 같은 부정적인 마음을 정화시키고 스트레스를 일소하는 치료제이다.

또한 웃음은 만국공통어이다. 웃는 얼굴에 침 뱉지 못하고 웃는 사람 앞에 부정적인 얘기 할 수 없다. 웃는 것 하나 만으로도 고객에게는 최상의 서비스를 제공하는 것이며, 사랑하는 사람에게는 기쁨을 줄 수 있을 뿐만 아니라 나쁜 감정을 가진 사람과의 관계를 개선하는 처방이기도 하며 마음과 마음의 교감을 얻게 하는 최고의 언어이기도 한 것이다.

(5) 평소 밝고 좋은 생각만 하는 훈련을 한다.

근육의 훈련만으로는 표정이 자연스럽게 밝아지지가 않는다. 자신의 표정을 정말 밝게 바꾸고 싶다면 자신의 생각과 생활을 아주 긍정적으로 바꾸는 것이 가장 좋은 방법이다. 기분 좋은 생각을 많이 하고 농담을 즐기고 마음의 여유를 갖도록 자신을 바꿔보자. 그러면 주위사람으로부터 인기도 높아질 것이다.

3) 패션 이미지

우리는 사람을 처음 만나면 그의 옷차림을 보고 그의 직업이나 생활환경을 추측한다. 지나치게 외모에 치중하는 것이 바람직하지는 않지만 타인에게 보여지는 가장 큰 메시지가 의상이기 때문에 의상연출도 전략적으로 할 필요가 있다.

의상 연출시 가장 중요한 것은 T.P.O(Time, Place, Occasion)에 의한 연출이다. 먼저 내가 무슨 목적으로 어느 곳에 가서 누구를 만나는가를 먼저 고려해서 그 상황에 적합한 옷을 입는 것이 가장 중요하다.

정치인이 선거 유세를 위해 지역을 방문하거나 연설할 때도 대상이나 방문하는 곳이 어느 지역이냐에 따라 의상연출은 수시로 바꾸게 된다. 예를 들면 생활형편이 어려운 지역을 방문할 때는 후보자도 점퍼차림에 운동화(유명 상표가 아닌)를 신고 간다. 이렇게 의상연출은 내가 기분 내키는 대로 입는 것이 아니라 항상 자신의 직업과 위치 주변 환경을 고려해 옷을 통해 내 이미지가 더 부각될 수 있도록 해야 한다.

(1) 사업가의 바람직한 의상연출

• 정장차림이 가장 상대에게 신뢰감을 주고 품위 있게 보인다.

• 가장 포멀한 정장은 아래위 같은 옷감과 같은 무늬로 된 한 벌의 슈트를 의미한다. 이때 남성의 경우는 흰색 드레스 셔츠에 투 버튼 슈트를 말한다. 여성의 경우 스커트 길이가 무릎위 5cm를 넘지 않아야 하고 구두의 높이도 5cm 이내여야 한다.

- 단정하고 깔끔한 옷차림을 한다.
- 어떤 옷을 입느냐도 중요하지만 잘 다려진 옷, 깨끗하게 손질된 옷을 입는 것도 그에 못지않게 중요하다. 가끔 여자 주부 사업자중 바빠서인지 얼룩이 진 옷을 그대로 입고 나오는 경우가 있는데 이런 사소한 부분이 전체 이미지를 흐리게 하는 경우가 있다.

정장에 무난한 색상은 감색과 회색계열이다.

- 색상 중에서 가장 신뢰감을 주는 것은 청색이다. 흔히 곤(紺; こん) 색이라고 하는 짙은 감색은 신사복의 유니폼과 같다. 누구나 짙은 감색 양복 한 벌은 준비하는 것이 좋다. 만약 자신의 피부가 하얗고 인상이 날카로워 보여서 고민하는 사람이라면 밝은 색의 양복을 입어 줌으로써 보완하는 것도 좋은 방법이다. 검정은 자칫 타인에게 너무 권위적으로 보일 수 있으니 편안하게 상대에게 다가가길 원한다면 밝고 가벼운 느낌의 옷을 입는 것이 좋다. 남성에 비해 여성은 좀 더 여러 가지의 색상을 선택할 수 있는데 와인색, 카키색, 베이지 계열도 무난하다.

- 액세서리는 최소한의 것으로 한다.

지나치게 많은 액세서리는 비전문가로 보이게 할 우려가 있다. 한두 가지 포인트를 줄 수 있는 것으로 하고 여성의 귀걸이는 드레스 차림이 아니라면 달랑거리지 않는 부착형으로 하는 것이 무난하다.

- 활동성 있는 옷차림을 하자.

비즈니스 슈트는 활동성이 있어야 한다. 지나치게 타이트한 옷은 움직이기 불편하고 보는 사람도 부담스럽다. 옷을 자랑하러 온 건지 일을 하러 온 건지 구분이 안가는 옷차림은 곤란하다.

(2) 남성복 연출시 주의할 점
- 한 벌 수트는 한벌로만.
- 노타이에 밖으로 드러낸 셔츠 깃은 NO.
- 허리띠와 멜빵은 함께 하지 않는다.
- 뛸 때 뛰더라도 구두로는 뛰지 말도록!
- 슈트차림에 흰 양말은 무좀을 광고하는 꼴.
- 상의 왼쪽 가슴에 있는 포켓은 비워라.
- 신사는 자신의 현금을 드러내지 않는다.
- 세 가지 이상의 색상을 사용하지 않는다.

5. 이미지를 점핑시켜라

조직 사회에서 서로 대충대중 알고 지내는 속에서 마음씨 좋은 옆집 아저씨 같은 '우리 부장님'의 이미지만으론 부족하단 얘기다. '부장감'에서 '임원감'으로의 이미지 점핑이 있어야 하는데 그것은 적극적인 이미지 관리가 필요하다. 특히 부정적인 이미지는 자신의 잘못된 행동까지 고쳐가며 없애가야 한다. 2,3차만 가면 혀가 꼬부라지고 위아래 가릴 것 없이 상소리를 내뱉는 '주사(酒邪)파 라면 술자리를 피해야 할 것이고, 부하나 후배들 술값을 낼 수 없는 여유나 호기가 없다면 부하나 후배들 관리를 포기해야 한다. 부하나 후배는 아무리 같이 먹고 나눠 냈더라도 '

쫀쫀'하다는 이미지를 떨칠 수 없으면 그런 선배를 이해할 수 있으나 존경하진 않는다.

어제까지나 신입사원의 이미지를 갖고 조직에서 생활할 것인가. 누구라도 부정 못할 실력과 업적을 쌓아야 하고 정말 좋아하고 잘하는 분야가 있어야 하지만 조직 속에서 얽히고 섞여 실수도 있고 인간적인 고뇌도 있어 '실력'과 '일'에 대한 이미지 보다는 이런 '인간성'의 이미지가 강하다면 승진에 걸림돌이 될 수 있다는 것이다.

초원의 전사, 몽골 군대는 파괴와 잔혹행위의 상징이었다. 대학살, 대파괴는 적들을 겁주기 위한 '공포이미지' 연출 전략이었다는 것이다. 그래서 몽골군이 닥치면 겁을 집어먹고 항복하는 지역이 줄을 이었다. 몽골군대의 예에서 극명하게 들어난 것처럼 모든 승리의 뒤에는 훌륭한 전략이 있다.

집단에서 자신을 제대로 알리고자 하는 당신의 이미지, 당신의 브랜드, 당신의 트레이드마크는 무엇인가?

우리 그룹에서 학벌, 초고속 승진 경력, 막강한 인맥, 외국어 실력 등 당신의 존재를 하나의 전설을 만들어 보아라. 지금 성공궤도에 올라서 있는 사람들은 찬부적인 본능으로건 아니면 의도적인 전략으로 건 자기의 이미지를 강하고 진취적이며 신뢰할 수 있는 것으로 심기위해 노력한 사람들이다.

- **칭찬을 받아 드려라.**

필자가 오랜만에 만나 귀부인에게 "여사님, 오늘 입으신 옷이 정말 잘 어울리십니다. 색상도 그렇고 디자인도 대단히 우아하군요!" 했더니 "교수님도 참, 이거 중앙시장 좌판이 내 놓고 파는 거 만원주고 산거 예요.. 이걸 가지고 좋다고 하니 이상하시네요. 호호호..." 라고 응수하는 데는 그 다음 할 말을 잃었다. 설령 시장바닥에서 사 입었다 하더라도 다른 사람이 높여 줄때는 "예쁘게 봐 주셔서 감사합니다."라 하면 어디 덧나나...ㅋㅋㅋ

지나친 겸손은 다른 사람들을 불쾌하게 만들 수 있다. 정말로 성공하는 사람들은 다른 사람들의 칭찬을 우아하게 받아들인다.

• **남을 칭찬하라.**

자기 자신이 얼마나 가치 있고 귀한 존재인지 깨달으려면 다른 사람들이 정말 아름답다는 것부터 깨달아야 한다. 단점을 보기로 얘기하면 사귈 사람이 어디 그리 있을까? 결국 무인도에 가서 살아야 할 형국이 올고야 말 것이다. 사람에게 어디 단점 없는 사람이 있을까. 인간관계에서 상대의 장점을 보아야 한다. 그러면 칭찬은 절로 나오게 되어있다.

• **자기 자신과 자신의 행동을 분리하라.**

사람의 행동이 그 사람의 가치와 곧바로 연결되어 있는 것은 아니다. 어쩌다 다른 사람의 차를 들이받고, 술이 취해 횡설수설했다고 해서 그것 때문에 나쁜 사람이 되는 것은 아니다. 그저 실수했을 뿐이다. 한 번 실수는 병가지상사라 했는데 한 번의 실수를 가지고 고민하고 스트레스 받지 말자는 얘기다. 지난 과거사의 나쁜 기억들을 빨리 잊는 것이 정신 건강에 좋다.

- **언제 어디서나 자신을 좋게 말하라.**

　어떤 이는 무조건 자기를 낮춘다. 낮추는 선을 넘어 아예 자신을 비하시켜 버리고 만다. '제 주제에...', '가방 끈도 짧고, 경험도 비천해서...'라고 말이다. 겸손도 겸손 나름이다. 이 정도 되면 사람들이 붙일 리 만무하다. 자신을 스스로 높여 대접하라. 자신을 좋게 말하는 것도 훈련이 필요한 것 같다. '전, 이 분야에선 자신 있습니다!', '전 행복한 사람입니다!' 좋게 말할 것이 아무것도 없으면 차라리 입을 다물라.

- **어떤 대접을 받고 싶은지 사람들에게 알려라.**

　생일날 입 다물고 있으면 누가 알아주랴! 자신의 생일날 이렇게 해 주면 좋겠다는 생각을 말하라. 그래야 주변에서 챙겨 줄 것 아닌가. 가만히 입 다물고 대법해 주기만 바라고 기대치에 못 미친다고 투덜대 봐야 나만 손해다. 자신이 대접받고 싶은 기대치를 알리는 것이 오히려 현명한 처세법이 아닐까? 물론 대접받고자 하는 말을 알릴 수 있는 평소의 관계가 중요할 것이다. 특히 자기 자신을 어떻게 대접하는지를 보여줌으로써 당신들도 이렇게 해 달라는 신호를 보내야 한다.

- **자신 모습이 어떤지를 생각하지 말고 장차 어떤 모습이 되고 싶은지를 향상 마음속에 그려라.**

　사람 일이란 많이 생각하는 쪽으로 기울게 마련이다. 우리가 진정으로 바라는 것들- 사랑과 충족감, 기쁨, 건강과 아름다움, 풍요로움과 내적 평화...에 대한 긍정적인 생각들을 마음속에 그려라. 편안한 자세로 깊게 숨을 쉬고 바라고 원하는 것들을 마음에 눈으로 바라본다.(시각화)

6. 말로 가꾸는 이미지

첫인상이 중요한 것은 초두효과, 부정적 효과, 구두쇠효과 때문이다 첫인상이 한 번 각인되면 바꾸려 하지 않는 구두쇠효과가 있으면 좋은 것 보다는 부정적인 것이 잘 각인된다. 첫인상이 10년을 좌우한다는 말이 여기서 나온 말이다. 첫인상보다 중요한 것인 첫말이다. 첫말을 인상적으로 한다면 얼마나 각인효과가 있을까?

사람은 저마다 자신만의 분위기를 가지고 있다. 분위기는 첫인상과 더불어 그 사람에게서 느낄 수 있는 이미지를 결정하는 요소라고 할 수 있다. 누구나 편안한 분위기를 좋아한다. 아무리 잘 생겼다고 하더라도 마주하고 있으면 어딘지 모르게 불편하고 어색한 사람은 분위기가 좋지 않은 사람이다.

반면에 뭐하나 변변하게 내세울 것도 없는 사람이 인기 있는 경우도 얼마든지 있다. 비록 외모는 받쳐주지 못하더라도 전체적으로 풍기는 분위기가 상대에게 편안함을 주기 때문이다. 좋은 분위기를 연출하기 위해서는 깔끔하게 꾸민 외모와 활짝 웃는 얼굴로 그 자리의 분위기를 살리려는 마음가짐을 갖고 있어야 한다.

- **긍정적인 질문은 긍정적인 대답을 부르며, 부정적인 질문은 부정의 결과를 부른다.**

사람은 대부분 '아니오'라는 대답 보다는 '예'라는 대답을 하려는 성향이 있다고 한다. 가령 ' 이 모자 서보면 안 될까요?'라고 묻는다면 '예'라고 대답하는 확률이 더 높다는 말이다. 그렇다면 결국 부정으로 물어서 '

예'라는 대답을 얻었으니 부정의 결과가 나온 셈이다. 부정적인 질문에는 부정의 대답이 나온다. '이 모자 써보면 안될까요?'라고 묻기보다는 '이 모자 서봐도 될까요?'라고 묻는 게 더 좋다.

- **밝은 표정으로 말하고, 대한다.**

심각한 상황이라고 어두운 얼굴을 해가지고 말한다면 말하는 상대방도 어두움에 전염되어서 같이 부정적으로 생각 해 버리게 된다. 기왕이면 심각한 상황이지만, 해결 가능하고 희망이 있다는 밝은 얼굴로 말해보자.

- **부드러움은 거침을, 밝음은 어두움을 제압할 수 있다.**

상대방의 거침과 난폭함에 똑같이 거칠어진다면 대화와 협상은 난항을 거듭할 수밖에 없다. 옛날 나그네의 옷을 벗게 한 건 매서운 강풍이 아니라, 태양의 따뜻함이었다.

미국의 유명 카피라이터인 핼 스테빈스이 오래전 쓴 책에 나오는 말이다. "퉁명하지 않으면서 짧게 말해라. 기발하되 교활하지 마라. 할 말을 해라. 언제 멈출지 알아라." 원문으로도 같이 보시면 느낌이 더 다가올 수 있다."Be brief without being curt.Be bright without being smart. Say your say. Know when to stop."

짧게 말하고, 브라이트하며, 자신의 말을 하라. 그리고 무엇보다 언제 멈출지를 알아야 한다.

스피치 고수는 침묵할 줄 안다_ 고수는 결코 잘난 척, 아는 척, 분별없이 설치지 않는다. 때에 맞는 말, 분위기에 어울리는 말을 할 줄 안다. 분별력이 이를 가능케 한다. - 화술박사 윤치영

같은 말을 하더라도 말을 조리 있게 잘 하는 사람이 있는가 하면 그렇지 못한 사람이 있고, 같은 말인데도 듣기가 거북스러운 말이 있는가 하면 듣기 좋은 말이 있다. 그것은 바로 말솜씨 때문이다.

상대방이 듣기 좋게 말하는 것이 좋은 말솜씨라고 할 수 있다. 따라서 말 한마디를 하더라도 따뜻하고 정감 있게 하는 것이 좋다. 여러 사람이 어울리는 미팅에서 자신을 드러내기 위해 너무 튀다 보면 자칫 상스러운 단어를 사용할 수도 있으므로 주의를 해야 한다. 아울러 상대방을 비하시키는 듯 한 말투나 지나치게 자기주장을 하는 것은 바람직하지 않다.

두 사람이 만나는 것이 아니고 여러 사람이 만났을 때 조리 있고 매끄러운 말솜씨는 쉽게 드러나기 마련이다. 그리고 상대의 이야기를 잘 들어 주는 것도 서로 말솜씨와 더불어 중요하다.

사람은 유머 감각이 있고 재미있어야 쉽게 친해질 수 있다. 그러나 무엇보다 세련된 화자(話者)는 신중히 듣고 성심껏 이야기한다. 보다 자신의 이미지를 업그레이드시키기 위한 화술의 원칙을 제시하고자 한다.

- 상대에게 기회를 주어라.

그의 이야기 도중에 당신에게 긴박한 이야기 거리가 갑자기 생각난다 해도 참는 것이 좋다. 상대의 이야기가 끝난 다음에 당신의 이야기를 꺼내라.

- 이야기의 맥을 놓치지 말라. 다음 화제로 대화의 줄거리를 옮기려 하지 말라.

- 이야기가 끝난 것 같이 보이더라도 잠시 기다려라. 그로 하여금 충분

히 이야기할 기회를 주라.
- 당신이 다른 생각으로 인해 이야기의 흐름을 놓쳐 버렸을 경우 정중히 사과한 다음 다시 이야기를 부탁한다. 이런 태도는 오히려 당신을 성실하며 총명한 사람으로 보이게 한다.
- 긴장을 풀고 이야기에 전념하라.
- 겸손하라. 물론 당신이 그보다 아는 것이 많다 할지라도 겸허해야 한다.

7. 심리행동학 (보디랭귀지로 상대방의 심리 파악하기)

무더운 여름날, 한 사내가 바닷가에서 산책을 하고 있었다. 그는 수영복이 없었으나, 너무나 더웠고 근처에 아무도 없었기 때문에 옷을 모두 벗고 바닷물로 뛰어 들었다. 하지만 시원한 시간도 잠시, 저쪽에서 중년의 여성 두 명이 걸어오는 것이었다. 그는 재빨리 물에서 나왔지만 옷까지는 너무 멀었다. 당황하던 중 그의 앞에 버려진 양동이가 눈에 들어왔다. 그는 양동이를 잡고 중요한 부분을 가렸고 안도의 한숨을 쉬었다. 여자들이 가까워지자 그는 어색하게 옷이 있는 쪽으로 가려했다. 그러자 한 여자가 얘기했다.

"이봐요, 청년. 내가 마음을 읽는 재주가 있는데.. 한번 맞춰볼까요?"
"예? 내 마음을 읽는다구요? 말도 안 돼요!"
여자는 다시 얘기했다.
"음.. 지금 청년은 그 양동이에 밑바닥이 있다고 생각하고 있죠?"

'마음의 창', 어느 시인은 눈을 이렇게 표현했다. 마음은 주머니에서 동전 꺼내 보여주듯 보여줄 수 없는 것이기에 거기에 무얼 담고 있는지 알기 어렵잖은가?

그것만 알면, 상대방이 어떤 사람인지 훤히 들여다 볼 수 있을 텐데. 그래서 그 마음을 대신해서 보여줄 수 있는 것이 바로 눈이라고들 하는 것이 아닐까?

그렇게 보면, 사랑하는 데 있어서도 눈은 중요한 것 같다. 어쨌거나 사랑도 마음의 일종이니까. 그러니까 남자의 눈을 보면 그 '바지'가 날 사랑하는지 그렇지 않은지 단박에 알 수 있다는 것이다. 이처럼 사람의 표정이나 몸짓을 읽으면 그 사람의 마음을 간파할 수 있다.

1) 얼굴
．눈, 코, 턱 등의 얼굴 일부분을 만진다. - 자기의 허약함을 감추려는 의사표시다.
．맞장구를 치지 않고 가벼운 미소를 짓는다 - 완곡한 거부나 상대방이 귀찮다는 표시다.
．잠시 웃음을 짓다가 곧 웃음을 걷는다 - 속으로 무언가 계산하고 있는 사람이다.
．갑자기 미소를 중단한다 - 쓸데없는 행위에 대한 무언의 경고 "너 참 썰렁하다!!"
．여성이 특정 남성에게 무관심한 표정을 짓는다 - 그 남성에게 호의를 갖고 있다는 의사 표시이다. "꽤 괜찮은 사람이군!"

2) 눈
．상대방을 보지 않는다 - 무언가 숨기려는 마음이 있는 경우 "눈치 채면 안 되는데.."

.상대를 곁눈질로 쳐다본다 - 대화 내용에 불만이 있거나 의문을 품고 있는 것 "너 그거 뻥이지?"

.상대를 위아래로 훑어본다 — 상대를 불신하거나 경멸하고 있는 상태

.눈을 크게 뜨고 상대를 바라본다. / 상대를 오래도록 주시한다 - 상대에 대해 강한 흥미 나 관심을 느끼고 있는 상태

3) 입

.말을 하면서 손으로 입을 가린다 - 상대를 경계하면서 본심을 감추려는 행위

.손을 입에 대고 묵묵히 있는다 - 더 이상 대화하고 싶지 않다는 의사표시

.입술 양끝을 약간 뒤로 당긴다. - 상대의 이야기를 경청하고 있다는 뜻

4) 코

.이야기 도중 코를 만지작거린다 - 부탁 따위에 대한 부정적인 의사표시이다.

.코에 손을 대고 앞으로 숙인다. - 당신의 말이 의심스럽다는 불신의 표시이다.

.콧날을 잡고 심사숙고하는 동작을 취한다.- 상대의 시선을 끌어들이기 위한 제스처이다.

5) 턱

.턱을 만지작거린다. - 불안이나 고독한 기분을 전환키고 싶어 하는 심리 상태

.대화중에 두 손바닥으로 턱을 고인다. - 누군가에게 위안을 받고 싶어 하는 상태

6) 목
.기계적으로 고개를 끄덕인다. - 기계적으로 단순히 끄덕이는 것은 형식적인 동조로 상대방의 말을 제대로 듣고 있지 않는다는 뜻이다.
.데이트 신청을 받은 여자가 고개를 갸웃한다. - 망설이고 있다는 증거이다. 이땐 재빨리 고개를 끄덕이도록 유도해야한다.

7) 머리
.머리를 긁적인다. - 불만이나 난처함 또는 수줍음이나 자기 혐오 등의 솔직한 표현
.머리를 쓰다듬는다. - 긴장되어 있거나 머릿속으로 뭔가를 재빨리 생각하고 있을 때
.자기의 머리를 툭툭 친다. - 머리를 써서 생각하고 있음을 강조하는 경우
.인지, 중지, 약지 세 손가락을 나란히 하여 가볍게 머리를 두드린다. - 당황하거나 난처한 입장에 처해 있다는 뜻.
.대화도중 음성을 낮추면서 머리를 숙인다. - 대화를 중단시키고 싶어 하는 상태.

8) 손
.대화도중 손가락으로 톡톡 소리를 낸다. - 상대의 말에 동의할 수 없다는 뜻이다.
.주변의 물건을 만지작거린다. - 긴장하고 있다는 뜻이다.

9) 팔
.심장부나 젖가슴 위로 팔짱을 낀다. - 상대에 대한 거절이나 방어의 표현
.비스듬히 팔짱을 낀다. - 상대의 말을 비판적으로 듣고있다는 뜻

.대화도중 웃으면서 팔짱을 낀다. - 상대방의 이야기를 경청하고 있다는 뜻

10) 어깨와 배
.어깨를 움츠린다. - 불쾌, 당황, 의혹 등 상대에 대한 방어적 심리상태
.배를 구부려 안쪽으로 감추려고 한다. - 불안하거나 불만을 품고 있다는 뜻

11) 다리와 발
.다리를 꼬고 앉는다. - 상대를 받아들이지 않겠다는 거부의 뜻
.여성이 다리를 자꾸 바꾸어 꼰다 - 남성에 대해 관심이 많다는 증거이다.
.눈에 띄지 않을 정도로 다리를 흔든다. - 마음이 불안하거나 조바심이나 있는 상태
.발바닥으로 땅을 두드린다. - 불안하고 초조하며 안달이 난 상태.
.꼬고 앉은 다리의 위쪽 발을 흔들거린다. - 상대에 대해 긴장을 풀고 있다는 뜻. "자! 딱딱하게 굴지 말고 편안하게 합시다."

8. FunFun하게 말하기

♪ 사람들은 즐거움 앞에서는 거부하지 못한다 ♪

대전 탄방동에 있던 살구나무집이 충남대 앞으로 이전했다.
살구나무집은 한정식으로 유명하다. 각종 계절에 나는 나물에 생선과 된장에 푹 고은 씨래기국이 일품이지만 그에 못지않게 여사장의 걸쭉한 입맛 또한 빼놓을 수 없다. 그 여사장의 입맛 또한 뒤집는 반전의 묘미

가 있다. 예약된 방을 한 바퀴 순회하면서 찾아온 손님들에게 웃음을 선사하곤 한다. 그 비결은 어디에 있을까?

　아가야, 뒤집어!
　생후 4~5개월 된 젖먹이에게 온 가족이 박수를 치면서 성원을 보낸다. 그 애는 젖 먹은 힘을 다해서 배 뒤집기에 성공한다. 그 댄 온 가족이 환호한다.
　우리 일상생활에 예상을 뒤집고 반전하는 것을 모구가 선호한다. 천하장사씨름판에서도 막판뒤집기에 관중이 열광한다.
　사람이 살아가면서 수많은 기회를 포착해 반전함은 자신뿐만 아니라 주변 모두를 열광시킨다.
　삶에도 반전이 있어야 생기가 돈다.
　말에도 역시 반전이 있어야 귀를 기울인다. 뒤집어라 그러면 뒤집힌다.

1) 유머 원리

• 심리적 격차로 웃음을 만든다. 트럭으로 온 동네를 누비며 수박을 팔아서 생계를 유지하는 수박장수가 있었다. 저녁때가 됐지만 수박은 더 이상 팔리지 않았다. 수박장수는 장사를 접고 집으로 가고 있었다. 홧김에 신호도 무시하고 과속도 하면서 차를 몰았다. 그런데 뒤에서 빵빵거리는 소리와 함께 사이렌을 울리며 경찰차가 따라오고 있었다. 최고속도를 내며 경찰차를 따돌리기 위해 안간힘을 쓰는 수박장수. 포기하지 않고 따라오는 경찰차. 추격전을 벌인지 20여분여 수박장수는 결국 경찰 따돌리기를 포기하고 갓길에 차를 세웠다. 차에서 내린 경찰관 수박장수에게 달려오며 한 마디…. - "아저씨! 수박 한 덩이만 주세요!!"
　우스운 장면이나 유머를 보고 듣게 될 때, 기대 결말과 전혀 다른 엉뚱한 실제 결말이 나타날 경우 심리상으로 양자 간의 격차(황당함)가 만들어진다. 그 격차를 크면 클수록 웃음의 폭발력은 커진다. 그러나 그 격차가 거의 없거나 비슷할 경우 웃음을 자아낼 수 없다.

• **사실감(유얼리티)이 클수록 유머 폭발력이 크다.** 아내가 빨래를 널며 말했다. "방 좀 훔쳐요" 난 용기 있게 말했다. "훔치는 건 나쁜 거야!" 그리곤 아내가 던진 빨래 바구니를 피하려다가 걸레를 밟고 미끄러져 엉덩이가 까졌다. 유머 내용의 앞뒤가 자연스럽게 연결되거나 유머의 내용이 실제 사실과 가깝게 개연성을 지닐수록 실감나는 느낌을 주게 되어 더 큰 웃음이 나온다. 엉뚱한 결말을 자연스럽게 이끌어낼 수 있는 개연성 있는 연결고리가 있어야 한다.(유얼리티)

• **유머의 결말을 우회적으로 표현하라(유즈닝)** 어느 날 남편이 저녁이 되어 아내를 그윽하게 바라보며 말했다. 여보~ 오늘은 둘이 위치를 바꿔 보는 게 어때? 그러자 아내는 넘 기쁘고 반가운 표정으로 대답했다. "그래요! 내가 소파에 앉아서 TV를 볼 테니까 ..." 실제 결말을 우회적으로 표현하여 상대들이 스스로 의미를 깨닫게 하는 것이 직설적으로 표현하는 것보다 더 큰 재미와 웃음을 준다.

• **성적인 소재를 사용하여 상대방으로 하여금 해방감을 느끼게 하라.** 호텔을 처음 간 신혼부부가 첫날밤을 보내고 체크아웃을 하려고 프런트로 내려갔다. 신랑은 호텔 직원에게 물었다. "사용료가 얼마입니까?" "객실 사용료는 1회 7만원입니다." 신랑은 그만 입이 딱 벌어져 한참 동안 서 있다가 제정신이 든 듯 지갑을 열며 투덜거렸다. "젠장, 무지막지하게 비싼 방이로군....여기 있어요. 70만원...." 해방감이란 성적 욕구, 속마음 등과 같은 인간의 본능과 생존을 억압하는 사회, 도덕적 금기와 두려움이 깨질 때 통쾌해지고 가슴이 뻥 뚫리는 것처럼 시원해지는 감정을 말한다.

• **자기를 낮추고 상대방을 높여줌으로써 상대방에게 우월감을 가지게 하라.** 또 유머가 상대에게 우월감이나 해방감을 느끼게 한다면 그 더 큰 웃음을 만들게 된다. 우월감이란 타인이 바보스럽거나 실수하거나 망가지는 것을 볼 때 다른 사람과의 비교와 경쟁에서 이겼다고 느끼게 되는 승리의 감정을 가리킨다. 얼마 전 필자가 제대군인을 대상으로 '제2의 인생'이란 주제로 강의를 하게 되었는데 '윤치영스피치커뮤니케이션연구소 대표이시고, 인천시 자문위원이시며, KBS, SBS, MBC... ...' 사회자의 소개가 너무 장황(?)했다. 그래서 필자는 강의에 들어가기에 앞서 "안녕하십니까? 저는 논산군번 12169691으로 입대해 병장으로 제대한 윤치영입니다. 이곳에는 소령 중령,대령으로 예편하신 장교님들을 모시고 강의하게 되어 영광입니다. 충성!..."하고 인사하니 웃음이 떠져 나왔다. 유머는 下下下(하하하)-자신을 낮추고, 好好好(호호호)- 좋은 감정을 가지고, 喜喜喜(희희희)-기뻐야 하고, 虛虛虛(허허허)=마음을 비워야 하며, **解解解(해해해)**-스트레스를 풀어야 웃을 수 있다.

2) 유머감각을 키우려면 평소의 관심과 뱃심이 필요하다

교통사고가 났을 때 미국에서는 제일 먼저 교통경찰이 달려와 사고경위를 조사하고 처리결과를 알려주고 일본에서는 제일 먼저 보험회사 직원이 달려와 보험 약관과 보험금 지급 내용을 알려주는데 한국에서는 온동네를 진동시키며 여러 대의 레커차가 달려온다.

이처럼 유머는 일상생활속에 널려 있다. 사소하게 넘어가는 일들도 우스운 내용이라면 반드시 본인이 주인공이 되어 머릿속으로 여러번 그려보아야 한다. 그냥 웃어넘기는 일들이 다음에 유사한 상황에서 적절하게 사용할 수 있는 말들이 많기 때문이다. 그러므로 일상생활에서 한번 웃었던 일들을 머릿속에 기억하여 두었다가 그와 비슷한 상황이 벌어졌을 때 응용하여 써먹을 수 있게 된다.

3) 언어를 시각화하라

  트럭으로 온 동네를 누비며 수박을 팔아서 생계를 유지하는 수박장수가 있었다. 그날도 여느 때와 같이 수박을 파는데 유난히 수박이 팔리지 않았다. 저녁때가 됐지만 수박은 차에 한 가득 실려 있었고 더 이상 팔리지 않았다. 수박장수는 기분이 좋지 않아 장사를 접고 집으로 가고 있었다. 홧김에 신호도 무시하고 과속도 하면서 차를 몰았다. 그런데 뒤에서 빵빵거리는 소리와 함께 사이렌을 울리며 경찰차가 따라오고 있었다. 최고속도를 내며 경찰차를 따돌리기 위해 안간힘을 쓰는 수박장수. 포기하지 않고 따라오는 경찰차. 추격전을 벌인지 20여분여 수박장수는 결국 경찰 따돌리기를 포기하고 갓길에 차를 세웠다. 차에서 내린 경찰관 수박장수에게 달려오며 한 마디…. "아저씨! 수박 한 덩이만 주세요!!"

  말은 하고자 하는 내용 속에 시각적 요소가 많으면 많을수록 인상을 강렬하게 전달할 수 있다. 사람은 언어를 전달하고 받아들이는데 동작의 보조를 받는다. 내용의 전달이 충실하기 위해서는 언어를 동작과 얼마만큼 조화시키느냐에 달려 있다. 다시 말하면 언어의 시각화가 잘 이루어지면 상대가 이해하기에 수월하다는 것이다. 그러나 언어의 시각화란 동작과 조화되지 않는 언어를 가지고 이상스러운 몸짓만 크게 한다고 하는 것과는 다르다. 말을 듣고도 동작적인 영상이 머릿속에서 그려질 수 있는 시각적인 언어를 찾아 사용하라는 말이다.

4) 격차이론

  옛날에 고집 센 사람 하나와 똑똑한 사람 하나가 있었다. 둘 사이에 다툼이 일어났는데 다툼의 이유인 즉, 고집 센 사람이 4x7=27이라 주장하고, 똑똑한 사람이 4x7=28이라 주장했기 때문이다. 둘 사이의 다툼이 가당치나 한 얘기인가? 답답한 나머지 똑똑한 사람이 고을 원님께 가

자고 말하였고, 그 둘은 원님께 찾아가 시비를 가려줄 것을 요청 하였다. 고을 원님이 한심스런 표정으로 둘을 쳐다본 뒤 고집 센 사람에게 말을 하였다. "4x7=27이라 말하였느냐?" "네, 당연한 사실을 당연하게 말했는데, 글쎄 이놈이 28이라고 우기지 뭡니까?" 고을 원님은 다음과 같이 말 하였다. "27이라 답한 놈은 풀어주고, 28이라 답한 놈은 곤장을 열대 쳐라!" 고집 센 사람은 똑똑한 사람을 놀리며 그 자리를 떠났고 똑똑한 사람은 억울하게 곤장을 맞아야 했다. 곤장을 맞으면서 똑똑한 사람이 원님께 억울하다고 하소연 했다. 그러자 원님의 대답은... "4x7=27이라고 말하는 놈이랑 싸운 네놈이 더 어리석은 놈이다. 내 너를 매우 쳐서 지혜를 깨치게 하려한다."

사람들이 유머를 듣고 웃는 이유는 유머의 전개상 예상했던 결말(정상적인 결말) 대신 엉뚱하고 황당한 결말이 제시되었을 때 그 두 결말간의 격차는 심리적 불안을 유발시키는 데, 바로 이 불안정을 해소하기 위한 인체의 반응이 바로 웃음으로 나타난다. 예를 들어 '세상에서 가장 많이 쓰이는 말은 영국 말이 3위, 중국말이 2위, 그렇다면 1위는?"의 질문에 대한 답이 '거짓말'이라고 했을 때의 경우가 해당된다. 다시 말하면 '영국말, 중국말' 식으로 나가서, 그럼 1위는 과연 어느 나라말일까 하고 궁금(예상 결말)이라고 할 때 바로 이 예상 결말과 실제 결말간의 격차가 웃음을 유발한다는 것이다.

수술복을 입은 환자가 병원에서 도망치다가 정문에서 수위와 마주쳤다. "무슨 일이죠?" 환자가 가쁜 숨을 몰아쉬며 말한다. "아! 글쎄, 간호사가 맹장수술은 간단한 거니까 겁내지 말라는 거예요." " 그럼요, 겁내지 마세요." "어떻게 겁을 안내요? 간호사가 의사보고 그러던데." 유머의 이야기 구성방법은 결론을 먼저 이야기 하고 원인을 나중에 이야기 하는 것이 효과적이다. 여기에서 유머의 포인트는 원인이다. 결론을 이야기 하는 1단계에서 사람들의 고정관념을 확실히 자리 잡게 할 수 있도록 분위기를 연출하고 상대방이 나름대로의 고정관념에 사로잡혀 누구나 상상할 수 있는 일반적인 원인을 상상하도록 유도를 한 후 그 사람이 생각한 것과 방향이 다른 엉뚱한 원인을 이야기 하게 되면 웃음을 유도할 수 있다.

5) TPO(Time, Place, Occasion)법칙

유머는 때와 장소와 상황 등 분위기에 맞춰 사용되어야 한다. 그 때와 장소와 상황을 맞추지 못하면 자칫 듣는 사람으로 하여금 불쾌감이나 뒤 끝이 씁쓸한 블랙유머가 될 수 있다. 좋은 말이지만 해서는 안 될 말이 있다. 목사님에게 "당신은 살아 있는 부처님입니다." 올해 연세가 아흔 아홉이신 할머니께 ;"할머니, 백 살까지 사셔야 해요!" 직구밖에 못 던져 좌절하고 있는 투수에게… "당신은 정직한 분이군요."

스피치에 있어서 유머를 너무 남발하게 되면, 스피치의 격조가 떨어지고 가벼워 질 염려가 있다. 그러나 유머구사시 TPO(Time, Place, Occasion)가 적절히 고려되었다면 밋밋한 스피치보다는 청중들의 관심을 불러일으키고, 행동의 변화를 촉구하는데 크게 도움이 될 것은 분명하다.

6) 언어의 순서를 역전시켜라

저널리스트 사회에서는 이미 널리 알려진 이야기지만 개에 대한 이야기가 퍽 재미있어 소개하고자 한다. 어떤 경우든지 '개가 사람을 물었다' 하면 뉴스 면에 게재될 성질의 것이 못되지만 '사람이 개를 물었다'한다면 자못 귀추가 주목되는 이야기가 아닐 수 없다. 이것은 주어와 목적어의 개념이 역전되어 평범한 화제가 쇼킹한 반향을 불러 모은다는 상징적인 말이다. 언어는 이처럼 항시 의외성을 만들 수가 있다. 수평적 사고의 창시자인 '에드워드 보노'는 신선한 사고의 원동력은 '사물의 관계를 의식적으로 역전시키는 데서 산출된다'고 말한다. 여기에서 그는 모든 대인관계에서도 언어의 도치를 활용할 것을 주장했다. 우리가 평소 사용하는 상투어도 단어의 순서를 뒤바꾸어 놓으면 보편적인 개념을 탈피하게 된다. 또한 신선한 기분을 갖게 하기 때문에 이야기의 파급과 전달 효과가 아울러 증대된다.

스피치에 있어서 보편적인 이야기를 강하게 인상 지워 주려면 언어의 순서를 역전시켜 볼 일이다. 언어의 순서는 항상 일정해서 고착된 선입감일 수도 있으므로 고정 개념을 탈피하면 새로운 감동을 얻을 수 있는 신선함을 발휘할 수가 있다.

7) 유머를 생활화 하라

(1) 매사에 호기심을 가져라. '가로등은 세로로 서 있는데 왜 '세로 등'이라 하지 않고 가로등이라고 하지?' '짐승만도 못한 사람과 짐승 보다 더한 사람이 있다면 누가 더 나쁠까?' '화장실 벽에 낙서 금지라고 쓰여 있는 것은 낙서일까? 아닐까?' 이렇게 생뚱맞게 다르게 보고, 유연하게 생각하는 데서 유머 감각이 길러진다. 유머 실력을 쌓으려면 평소에 호기심을 갖고 사물을 다른 각도에서 보라.

(2) 유머를 발굴하고 수집하라_ 어느 교육장의 한 장면, 강사가 열심히 강의를 하고 있는데 교육생이 졸고 있었다. 그래서 "저기 자는 분 좀 깨워 주시지요 라고 했더니" "재운 사람이 깨워 야지요."라고 했다나.... 생각할 수록 재미있는 장면이지 않은가. 유머를 담은 책도 많고 인터넷에도 유머가 넘쳐난다. 하지만 실제 쓸 만한 것은 그렇게 많지 않다. 마치 보석을 캐는 심정으로 자기에게 맞는 내용을 발굴해야 한다. 특히 짧고 간단하면서도 재미있는 유머들을 위주로 발굴하라. 너무 긴 유머는 오히려 지루한 감을 줄 수 있다. 짧은 넌센스 퀴즈가 순간적으로 웃기기엔 적절할 때도 있다.•'개가 사람을 가르친다'를 4자로 줄이면(개인지도)•보내기 싫을 때는(가위나 바위)•전세계적으로 세 여자는(대서양, 태

평양, 인도양)•여자가 남자보다 조금 더 오래 사는 이유는(저승으로 떠나기 전 화장할 시간이 필요하기 때문)… 그리고 반드시 유머 메모장을 하나 만들자.

(3) 생활 속에서 실현하라_ 한 사내가 백화점 안내 데스크에 앉아 있는 젊은 여성에게 다가가 말했다. " 저 실례하겠습니다. 제 아내를 찾지 못해서 그러는데 저와 잠시 대화를 나눌 수 있을까요?" 이상한 생각이 든 여성은 되물었다. "뭐라고요? 그게 무슨 …." 그러자 사내가 말했다. " 제 아내는 제가 예쁜 여자와 이야기만 하면 어김없이 나타나거든요"

유머라고 해서 반드시 유머 책에 있는 것을 달달 외워서 해야 할 필요는 없다. 생활 속에서 여유로운 마음과 유머 감각을 잃지 않으려는 자세로 살면 자신도 모르게 생각지도 못했던 유머가 자연스레 터져 나오기도 한다.

8) 유머 백전백패

우선 서론과 설명이 너무 길면 안 된다. 결론을 듣기도 전에 듣는 이가 질려버리기 때문이다. 분명한 목소리로 말하는 것도 중요하다. 상대방이 못 알아들어 중간에 말을 끊고 되묻는다면 김이 새기 마련이다. 또한 자신이 내용을 정확하게 파악하고 있어야 한다. 얘기하다 말고 중간에서 내용이 가물가물하면 안 하느니만 못하다. 웃음을 참는 인내력도 필요하다. 유머를 들려주면서 얘기하는 사람이 먼저 웃느라 정신을 못 차리면 듣는 이는 아직 내용도 모른 채 어안이 벙벙해진다.

• 억지로 웃기려고 하지 말 것-무조건 상대를 웃겨야만 된다는 중압감으로 저속한 언어를 사용하거나 지나친 모션을 쓰지 않도록 주의해야 한다.

• 상대를 고려해서 사용할 것-듣는 사람의 연령이나 성향에 맞지 않는 유머는 분위기를 썰렁하게 할뿐이다.

• 너무 앞서 가지 말 것-'이것은 아주 웃기는 얘긴데, 결론은 이렇게 됩니다. 웃기지 않습니까?' 말하는 사람이 이런 식으로 앞서 가면 아무리 우스운 이야기도 실패한 유머가 되고 만다.

• 자신이 먼저 웃지 말 것-웃기는 이야기를 해 놓고 연사가 먼저 웃어 버리면 상대방은 얼마나 맥이 빠질까?

• 마음의 여유를 가질 것-유머는 단순한 말재간만으로 이뤄지는 게 아니다. 말하는 사람의 따뜻한 인간성을 전제로 한 좀 더 세련된 지적 표현이다. 그러므로 옹졸하고 신경질적인 심리 상태에서는 명쾌한 유머가 나올 수가 없다.

9) 유머 포인트 12공식

유머능력은 타고 나는 것인가? 그렇지 않다. 누구나 유머 있는 사람이 될 수 있다. 노력해서 키우면 되는 것이다.

1. 유머를 되도록 짧게 하라.
2. 남의 말이 아닌 자신의 말로 하라.
3. 가급적 사투리를 사용하지 말라.
4. 한번 웃으면 끝! 재미있다고 그것을 되풀이 하지 말라.
5. 웃는 사람이 없다면 다시 하지 말라.
6. 설령, 실수를 해서 상대방이 웃을 때 자기는 웃지 말고 시치미를 떼라.
7. 가장 우스운 이야기, 포인트는 제일 마지막에 하라.
8. 유머와 관련된 실제 이름이나 장소, 때를 말하면 더욱 효과적이다.
9. 유머 내용이 듣는 사람과 어느 정도 관계가 있는지 생각하라.(예: 미성년자불가)
10. 듣는 사람이 상처 받을 만한 유머는 하지 말라.
11. 긴 이야기를 하려는 사람은 여러 개의 유머를 준비하라.

12. 분위기가 어색할 때, 논쟁에 열기가 오를 때, 방향을 바꾸거나 전환이 필요할 때

    적절한 유머를 써라.

9. 유머리스트는 유머 리스트가 많아야 한다

가장 행복한 삶이란? '미국식 연봉을 받으며 독일 회사에서 일하고 영국 저택에서 프랑스 요리를 먹으며 일본 와이프와 사는 것'이라면 가장 불행한 삶이란? "북한식 연봉을 받으며 한국 회사에서 일하고 일본 집에서 영국 요리를 먹으며 한국 남자와 사는 것"이라고 하는데 일본여자들은 욘사마를 왜 좋아할까?

  한 부부가 부부싸움을 했는데 아내가 몹시 화가 나서 남편에게 집을 나가라고 소리를 질렀다. 그러자 남편이 "나가라면 못나갈 줄 알아?"하면서 집을 나가버렸다. 그런데 잠시 후 나갔던 남편이 다시 집으로 들어왔다. 아직도 화가 풀리지 않은 아내가 왜 다시 들어왔느냐고 소리를 질렀다. "가장 소중한 것을 놓고 갔어""그게 뭔데?"...그러자 남편 왈 "바로 당신!" 그 말에 아내는 그만 피식 웃고 말았다.

  눈을 만지면서.."아.. 눈 아파!" 그럼 아내는 '왜 그래?'하며 묻습니다. 그럼 이렇게 대답한다.

  "아니... 당신이 하도 눈부셔서.. 눈이 아파..하하하하하" 가까운 가족이나 친구에게 혹은 동료에게 유머를 하게 되면서 친밀감을 타고 행복이 들어온다.

  한참 무슨 생각에 잠겨 있던 여섯 살 난 아들이 말했다. "엄마, 퀴즈 하나 맞춰보세요. 세상에서 바다를 맨 처음 건너간 버스는?" "배도 아니고

바다를 건넌 버스라고? 그게 뭔데?"

그러자 아들이 말했다. "콜럼버~스!"

인삼은 6년째 캐는 것이 최고, 그럼 산삼은 언제 캐는 것이 좋은가? "…… …… …………" "눈에 띄는 즉시..."

- **그거야 간단하지** - 돈이 많은 한 70대 노인이 새장가를 들게 되었다. 그 노인을 너무나 부러워하는 친구가 물었다. "여보게 친구~ 어떻게 20대 여자와 새장가를 들게 되었나?" "여보게 친구~ 그거야 간단하지" "내 나이 90세라고 속였지!"

- **수업시간에 모자를 왜 썼나?** - 한 대학생이 수업시간에 모자를 눌러 쓰고 있었다. 그 모습이 언짢은 교수가 그 학생에게 질문을 했다. "학생 수업시간에 모자를 왜 썼나?" 그러자 그 학생이 교수님께 질문을 했다. "교수님 안경을 왜 쓰셨어요?" "나는 눈이 나빠서 안경을 썼네!" "예 저는 머리가 나빠서 모자를 썼는데요." "... ... 허걱"

- **슬픈 이유** - 어떤 사람이 신문을 손에 쥔 채 통곡하고 있었다. 그 신문에는 백만장자가 죽었다는 기사가 적혀 있었다. 〈세계 최고의 부호, 영원히 잠들다!〉 이것을 옆에서 보고 있던 사람이 위로하며 말했다. "그가 죽은 건 안타깝지만 당신은 그의 친척도 아니고 아무것도 아니지 않소?" 그러자 울고 있던 사람이 대답했다. "그것이 슬프단 말입니다."

- **공처가의 자존심** - 한 친구가 공처가의 집에 놀러갔다. 마침 공처가는 앞치마를 빨고 있던 중이었다. "한심하군! 마누라 앞치마나 빨고 있으니……." 친구가 힐난하자 공처가가 버럭 화를 냈다. "말조심하게 이 사람아! 내가 어디 마누라 앞치마나 빨 사람으로 보이나?" "이건 내 꺼야, 내 꺼라구~!"

- **한 여성이 어떤 남자에게_** 꽤나 심각한 분위기로 계속 폭언을 쏟아대고 있었다. 옆에서 들어보니, 남성의 속이 상할 것 같은 말들을 여성이 계속 쏟아댄다. 묵묵히 듣고 있던 남성이 여성에게 코믹한 투의 목소리로 한마디 한다. "여보세요. 김미숙씨, 예쁘면 답니까?" 그러자 여성이 갑자기 한 방 얻어맞은 것처럼 멍한 듯하더니 금새 '하하' 하고 웃음이 터져 나온다.

- **택시 운전사와 목사님이 같은 날 같은 시각에 죽었다_** 그런데, 운전사는 곧바로 천국으로 보내지고 목사님은 저승 문 앞에서 대기 중이었다. 억울한 마음이든 목사님은 하느님께 따져 물었다. '하나님. 도대체 왜 성직자인 저는 아직 대기 중인데 총알택시 운전사는 바로 천국으로 보내는 겁니까?' 그러자 하느님께서는 이렇게 대답합니다. '목사인 당신이 설교할 때 신도들은 모두 졸았지만, 총알택시 기사가 차를 몰 때는 모두들 기도를 드렸기 때문이니라."

- **어느 교육장의 한 장면_** 강사가 열심히 강의를 하고 있는데 교육생이 졸고 있었다. 그래서 "저기 자는 분 좀 깨워 주시지요." 라고 했더니 "재운 사람이 깨워 주시지요." 라고 했다 한다. 이 시대는 트렌드가 재미이다. 기업도 제품도 사람도 재미있어야 한다. 뱅크 오브 아메리카의 경우 입사시험때 응시자로 하여금 면접관을 웃겨보라고 요청하거나 최근에 남을 웃긴 게 언제였는지 등을 물어 점수에 반영한다.

- **영철이가 친구와 MT에서 쓸 고기를 사러 동네 정육점에 갔다.** 동네 정육점 아저씨는 정말이지 재치 만점에 코믹한 아저씨셨다. 옷도 항상 단정하게 입으셨고, 깨끗한 이미지를 자랑하시는 분이셨다. 영철이와 친구가 정육점으로 들어가 삼겹살 12근을 부탁하자 조그맣게 한숨을 쉬

시면서 중얼거리셨다. '음... 고기가 꽤 많구만. 고기 써는 것도 한참이겠는걸?' 그러시고는 냉장고에서 큰 고기 한 덩이를 도마 위에 철퍼덕, 올려놓으셨다. 그러더니 아저씨 옆에서 도마 청소를 하시던 아주머니에게 손을 탁 내밀며 말했다. 영철이와 친구는 그 말을 듣고 몇일동안 잠을 이루지 못했다.

"메스" ....

- **교회에 올 때**마다 속옷이 아슬아슬하게 보일락 말락 하는 야한 복장으로 오는 자매가 있었다. 그 자매를 보신 목사님 말씀이 "자매님, 여기 이 사과를 드시지요." "목사님, 사과는 왜요?"

그러자 목사님이 하신 말씀: "그 실과를 먹은 즉, 눈이 밝아져 자기들의 몸이 벗은 줄을 알게 되었더라."

- **내로라하는 의사들이 한자리에 모였다.** 그 가운데에는 수의사 한 사람도 끼여 있었다. 늘상 권위 세우기를 좋아하는 한 의사가 수의사가 못마땅해 내쫓을 궁리를 했다. "당신은 개나 돼지만 고친다면서요?" 수의사가 빙그레 웃으며 말했다. "네, 그렇습니다만 어디가 불편하십니까?"

- **영어 선생님이 어휘습득의 중요성에 대해 강조했다.** "한 단어를 8~10회 반복해서 암송하면 그것은 평생 동안 여러분의 것이 될 거예요." 그러자 뒷줄에 앉아 있던 맹구가 한숨을 지은 다음 눈을 감고 중얼거렸다. "송혜교. 송혜교, 송혜교........"

- **자정쯤 한 남자가 약국 문을 밀치고 들어와서는,** "저~ 검은 색 콘돔 좀 주세요." "검은 색 콘돔은 없는데요." 의사가 그렇게 말했지만 남자는 몹시 안절부절못하는 표정으로 잘 찾아봐달라고 했다. 검은 색 콘돔이 있을 리 만무했지만 의사는 그의 행동을 안쓰럽게 여기며, 잠시 물건

들을 뒤지는 시늉을 하다가, "근데 왜 하필 검은 색 콘돔이어야 하는 거죠?" 그러자 그 남자는, "저~ 전 지금 상중이거든요."

• **한 청년이 산길을 걷고 있었다.** 그런데 갑자기 곰 한 마리를 만났다. 피할 길은 없고 언뜻 어렸을 때 읽었던 곰과 친구 이야기가 떠올랐다. 그래서 재빠르게 엎드려 죽은 척 하고 있었다. 그런데 그 곰은 아주 착한 곰이었다. 곰을 길을 가다가보니 사람이 쓰러져 있는 것이었다. 그래서 착한 곰은 입으로 그 사람을 물어다 양지바른 곳에다가 땅을 파고 묻어주었다고 한다.

• **아이들이 강아지를 좋아한다.** 그래서 자기 아버지에게 강아지를 사달라고 졸랐다. 그런데 이 식구들은 아파트에 살았기 때문에 아버지는 늘 마음에 걸렸다. 그런데도 불구하고 철없는 아이들은 자기 아버지를 졸랐다. 아버지는 결국 아이들의 성화에 못 이겨 퇴근길에 강아지를 사오고야 말았다. 아이들은 좋아서 어쩔 줄을 몰랐다. 아빠가 아이들에게 그 강아지를 건네면서 강아지 삼행시가 시작된다.

강: 강아지 여기 있다. 이 녀석들아~ 아: 아부지, 고맙습니다아앙~ 지: ....지금 삶아라아~

• **모 여대의 생물학 시간이었다.** 교수가 여학생에게 물었다. "학생, 환경의 변화에 따라 크기가 평소보다 여섯 배로 확대되는 인체의 장기가 무엇인지 말할 수 있나?" 이 질문에 놀라 얼굴이 빨갛게 달아오른 여학생이 차가운 목소리로 대답했다. "교수님, 여학생에겐 적합한 질문이 아니라고 생각합니다. 뼈대 있는 집안에서 조신하게 성장한 저로서는 대답을 드릴 수 없어요." 그 말을 들은 교수는 다른 여학생에게 똑같은 질문을 했다. 그 여학생이 일어나 또박또박 대답했다.

"어두워졌을 경우 눈의 동공입니다." "맞아요."라고 교수가 중얼거리더니 처음의 여학생을 향해 말했다. "학생, 학생에게 지적할 세 가지가 있어요. 첫째 학생은 예습을 하지 않았어요. 둘째, 학생은 엉뚱한 상상을 했어요. 셋째, 학생은 언젠간 지독한 실망(?)을 하게 될 거예요."

10. 성공한 리더들의 화술

　세계를 공포로 몰아넣은 히틀러이지만 그는 멋들어진 첫마디로 대중을 선동하지 않았다. 그는 오히려 베를린 광장에 운집한 사람들 앞에서 5분간의 짧은 침묵을 통해 수많은 대중을 그의 마력 속으로 빠져들게 했다. 정복자 보나파르트 나폴레옹과 여권운동가 엘리자베스 스탠턴이 그러했는데, 그 침묵이 오히려 권위와 파워를 배가시켰다. 난장판 국회를 만들고 거듭된 말실수로 국민들의 불신을 자초하는 정치지도자들이 이 스피치 기법을 익힌다면 훨씬 나은 세상이 되지 않을까.

　대화든 사람들 앞에서 발표든 말하고자 하는데 어떻게 풀어가야 할지 막막할 때가 있다. 그때는 차분히 마음을 가라앉히고 주제어인 그 키워드를 나뭇가지가 가지 치듯 줄기를 잡아 내려가라. 냇가를 건널 때 징검다리를 건너가듯 말이다. 예를 들면 이런 것이다. 사랑이란 주제를 가지고 말을 하고 싶을 때 사랑이 도대체 무엇일까?(사랑의 정의) 사랑이란 어떻게 하는 것이다.(사랑의 방법) 아름다운 사람과 추한 사람은 차이는 무엇일까?(사랑의 종류)는 식으로 생각을 가지 쳐 나가는 것이다. 그 줄기를 따라 풀어나가면 일목요연하게 논리적으로 스피치를 전개해 나갈 수 있는 것이다.

대개 많은 사람들은 말을 할 때 무엇에 쫓기듯 성급하게 말을 이어간다. 그러니 상대와 교감은커녕 그 말을 이해하려 쫓아가기 바쁘다. 그러니 마크트레인은 '말하기에 있어 포스(Pause)보다 더 강력한 무기는 없다'고 강조하고 있다. 포스(Pause)는 결코 어려운 기술이 아니다. 단지 말과 말사이의 쉼을 주는 정도인데 사람들은 끊어 말하는 정도로 착각한다. 포스(Pause)는 끊어 말하는 정도보다 긴 시간의 휴지(休止)를 갖는다. 스피치에 있어 침착한 어조가 사람을 끌어당기고, 때론 침묵이 언어보다 더 강한 메시지를 전달한다. 포스(Pause)는 끊어 말하는 정도보다 조금 더 쉼을 줌으로 상대(대상)와 호흡(생각)을 나누는 효과를 얻을 수 있다. 말과 말 사이에 쉼을 줌으로 대상(상대)과 교감하여 먹히는 말을 하라.

성공한 리더들의 화술을 살펴보면 •침묵으로 말하고, •강렬한 첫마디로 분위기를 압도하며, •카리스마를 연출한다. 뿐만 아니라, •요점을 명확히 하고, •의미를 압축한 간결한 말로 강한 인상을 남기며, •자기 암시를 통해 성공 이미지를 연출한다.

찬스를 만드는 만남의 기술

고객이나 사업 제휴자와 식사할 때는 한 잔의 칵테일이나 와인 한 잔 이상 주문하지 마세요. 아무도 술을 마시지 않는다면 아예 마시지 마세요.

1. 사람의 본성을 이해하라
사람들이 관심을 두는 것은 타인이 아니라 자기 자신이다.
이것이 성공적인 인간관계의 기본적인 지침이다.

2. 상대방을 대화의 주제로 삼아라

사람들이 가장 관심 있는 것은 자기 자신이니 대화의 주제 역시 상대방이어야 한다.

이것이 대화의 기술이다.

3. 상대방이 자신을 중요한 존재로 느끼게 하라

상대방의 이야기에 귀를 기울이고 호응하며 칭찬하라.

인간의 가장 보편적인 특성은 중요한 사람으로 인정받고 싶은 욕구이다.

4. 다른 사람의 의견에 동의하라

누구나 자기 의견에 동의하는 사람을 본능적으로 좋아한다.

5. 적극적으로 경청하라

말하는 사람에게서 시선을 떼지 말고 적절히 질문하라.

물론 상대방의 주제에 집중해야 하며 방해해서는 안 된다.

6. 상대방이 원하는 것에 집중하라

상대방을 움직이고 싶으면 상대방이 원하는 것이 무엇인지 알아내야 한다.

적절한 질문을 하고 행동을 지켜보며 정성을 쏟아보자.

7. 인용하듯 전달하라

직접적인 전달은 역효과를 낼 수도 있다.

제3자의 입을 빌려 말하라.

8. Yes질문법을 사용하라

상대방이 예스라고 말할 수 있는 질문을 해야 한다.

9. 먼저 미소를 보여라
인간관계의 핵심은 서로 좋아하는 것이다.
눈이 마주친 1, 2초 이내에 마법처럼 정중하고 협력적인 분위기가 만들어진다.
진실한 미소를 보여 좋은 느낌을 전달하자.

10. 구체적인 행동을 칭찬하라
사람을 칭찬하지 말고 구체적인 행동을 칭찬하라.
칭찬은 정신을 위한 음식이다.

11. 긍정적으로 충고하라
사람이 아닌 행동을 지적하고 명령하지 말고 부탁해야 한다.

12. '감사합니다.'라고 말하라
진심으로 감사하고, 분명하게 말해야 한다.
일상에서 늘 감사할 기회를 찾으며 살아가자.

13. 자신을 존중하라
진실하고 열정적인 모습을 보여주어 자신의 가치를 높여야 한다.

14. 효과적으로 표현하라
말하고자 하는 내용을 확실히 이해하고, 간단하게,
상대방을 바라보며, 연설하지 말고 자연스럽게 말하라.

15. 행동하고 또 행동하라
지식은 올바르게 사용할 때 가치가 드러난다.
어떻게 행동했느냐에 따라서 인간의 가치가 결정된다.

에필로그

스피치로 발표를 잘하고, 소통의 도구인 말 잘하는 법

윤치영 화술박사는 충남 아산시 신창면 읍내리에서
겁 많고 부끄럼 많은 촌뜨기로 태어났다.
온달이 평강공주를 만나 온달장군이 되었던 것처럼
지금은 마이크 잡고 강의하는 강연가로 활동하고 있다.
어떻게 그렇게 되었을까?

"이제, 살만해졌는데 스피치가 안 되어서 미치겠어요."
열심히 일해서 기업을 일으키고 부와 명예를 얻고 사회적 신분을 얻었는데 말이 안 되어서 그 성공과 행복을 누리지 못한다는 CEO들이 의외로 많다.
"이곳저곳에서 회장을 맡아 달라고 해서 회장은 되었는데 말이 안 떨어져요. 아는 것도 없고, 어떻게 말해야 할지도 모르겠고, 사람 앞에 서면 눈앞이 깜깜해 지기만 하니 답답합니다."

입심(화력_話力) = 관심(지적 호기심) + 뱃심(무대뽀정신)
입심을 키우려면 관심과 뱃심이 필요하다

잘 말하려면 입심을 키워야 한다. 입심을 키우려면 평소의 관심이 필요하고 뱃심이 필요하다.

"관심을 가지면 사랑하면 알게 되고, 알면 보이나니 그때에 보이는 것은 전과 같지 않으리라."하는 조선 정조때 유한준(兪漢雋)이라는 사람이 남긴 글을 유홍준 교수가 '나의 문화유산 답사기(1)'에서 인용하여 모든 이의 가슴에 새겨 놓은 명언이다. 관심을 가져야 보인다. 그리고 남달리 보인다는 말은 통찰력과 깨달음을 얻는다는 말이다. 관심을 가지고 지적 창고에 지식과 정보와 통찰력과 깨달음을 가득 채워라. 그래야 배고픈 이들에게 나눠줄 수 있게 된다. 배워서 남준다는 말을 바로 실행할 수 있데 된다. 이렇게 말할꺼리가 준비되어 있는데 내 놓지 못하고 나누지 못하는 또 다른 이유는 무엇일까?

그성은 이것저것 계산하거나 눈치 보를 보다가 말할 기회를 놓치거나 말할 용기를 내지 않는 것이다 도그마(다른 사람들의 생각이나 평가 또는 시선)로부터 탈출하는 방법은 무대뽀정신을 발휘는 것이다. 막무가내로 내지르면 다 감당할 수 있게된다. 실수하면 어쩌나? 내놓았다가 감당하지 못하면 어쩌나 망설이지 말고 내질러라. 내지르려면 두둑한 뱃심이 필요하다.

말은 일상적 대화라면 스피치는 공식석상이나 대중앞에서의 발표나 연설을 뜻한다

"말을 잘 하는 것"과 "잘 말 하는 것"은 전혀 다르다. 말을 잘 하는 것은 말솜씨가 좋은 것이고
잘 말하는 것은 상대방에 솔직하게 내 마음을 전하는 것이다. 말솜씨에만 매달리면 오래가지 못한다. 감정과 생각 살아온 그대로 솔직하게 잘

말하는 솜씨여야 한다. 그럴려면 내가 먼저 내 마음의 문을 열어야 한다. 그 다음에 입을 열어야 한다.

스피치는 스토리의 힘이다. 지루한 스피치는 이론이나 정책을 나열하지만 스토리(정담)가 있는 스피치는 인간적 공감대로 사람들을 한 곳으로 결집시킨다. 스토리는 한자로 담(談)이다. 담(談)은 말씀 언(言)과 불꽃 염(炎)자가 합쳐진 글자다. 모닥불, 난로앞에서 나누는 이야기처럼 정담이 담겨져 있다. 이야기는 너와 나를 우리로 묶고, 온기와 끈기, 열기가 교류된다.

좋은 스피치는 연사를 돋보이게 하지만, 위대한 스피치는 청중의 자부심을 돋운다. 매력적 스피치는 내용, 전달력, 변화력 모두 좋은 것이다. 즉 분명한 메시지, 생생한 이미지, 그리고 부드러운 공감의 마사지가 그것이다. 이들 중 하나만 없어도 뭔가 2% 부족해 지루하거나, 따로 놀거나 하기 쉽다. 예컨대 마사지만 있고 메시지가 없으면 '그래서 어쩌라고'의 단팥없는 찐빵이 된다. 반면에 메시지만 있고 마사지가 없으면 그 빡빡함에 피로증이 몰려온다. 메시지와 마사지가 있어도 연사의 진정성이 없으면 단지 '좋은 말'의 향연같을 뿐이다.

한두명 앞에서는 그렇게 수다를 떨던 사람도 공식적인 석상에서 발언을 하라고 하면 말문을 열지 못하는 경우가 허다하다.

왜일까?

첫째, 실수하면 어쩌나 하는 '소심증'때문이다.

그러나 잘 나가는 명배우도 어설펐던 아마츄어 시절이 있었다는 사실을 상기하기 바란다. 이 세상에 처음부터 잘 사람은 없다. 숱한 실수와 시행착오 끝에 아름다운 결정체를 뽑내는 것임을 기억하신다면 실수쯤 이야 하는 담대한 생각을 하는 순간, 그 자리가 그렇게 자유로울 수 있게 된다.

아니 오히려 실수가 성공의 진가를 발휘하게 된다. 요즘 유행하는 실패학을 들먹이지 않더라도 성공한 사람의 과거는 비참할수록 아름답다지 않았던가?

둘째, 공개된 마당(명석)인지라 잘 해야 한다는 강박관념이 또한 말문을 막아 놓는다. 세상만사 욕심이 과하면 죽음을 낳는다고 했거늘 한 퀴에 명예를 잡게다거나, 이미지를 완전히 반전시키겠다는 생각은 그릇된 과대망상임을 알아야 한다.

평판이란 오랜 세월동안 누적된 결과물이다. 따라서 이번 한판에 결단 내리라는 과욕을 버린다면 좀 더 편하게, 있는 모습 그대로, 인간적인 모습으로 사람앞에 설 수 있는 '담대함'이 생기게 될 것이다. 지나친 욕심은 매사 일을 망치고 만다.

명사는 평소의 느낌과 말하는 '스타일'로 편하게 임한다.

만약에 귀하께서도 발표 기피증이 있다면 가면을 벗어 버리고 있는 그대로 인간적인 모습으로 대중 앞에 나서라!

그럼 괴물처럼 보이던 '대중공포', '연단공포', '마이크 공포', '무대 공포'증에서 해방될 수 있으리라!

자, 앞에서 말한 내용을 압축하고 압축해서 간단히 정리하고자 한다. 말할 내용을 키워드(Ketword)로 그림을 그리듯 펼쳐서 하라. 전달은 포즈(Pause)를 주면 경쾌한 리듬(Tempo)이 나와 단조로운 어조에서 탈피하고 즐겁게 말할 수 있게 된다. 제스쳐(Gesture)로 화룡점정(畵龍點睛)과 같이 하늘로 승천하듯 세상을 지휘하라!

말을 잘 하는 사람보다 잘 말는 법을 익히는 것이 중요하다. 그것은 잘난 척, 아는 척, 있는 척하지 말고 근거 있는 내용을 상대방에게 유익하도록 풀어가는 것이다. 그러려면 "힘 빼고 천천히 평소의 언어로 평소의 생각을 대화하듯... 포장하거나 과장하지 않고 본인의 마음속에 있는 말을 자기 언어로 자기화(自己化)해서 '정성스럽게 말할 때 영혼이 있는 말이 되어 상대방에게 울림을 주고 공감을 줄 수 있다. - 윤치영 화술박사

윤치영 박사 출강 및 YCY 핵심강좌

행복한 삶터(일터)를 위한 스피치&커뮤니케이션(화력, 어투, 소통, 공감화술, 발표기술)
리더십과 인맥, 인생경영 코칭

과 정	내 용	시 간
YCY명강사 화요15주과정	나를 찾아 명사로 가는 길_ 나만의 휴먼스토리를 정리하고 그 속에 성공포인트를 녹여 울림이 있는 '킬러컨텐츠'를 만들고 희망시 책을 쓰고, 방송출연 등으로 '매스미니어' 출연 명사로 세상에 우뚝 세는 프로젝트 언제까지 청중석에만 앉아 계실겁니까?_ 말을 통해 진정한 나를 찾아 스토리를 만들고 명사(名士)로 대중앞에 발표(吐說)함과 자기개발, 소통, 리더십, 브랜드파워)를 키워드립니다.	화(19:00~21:30)
CEO과정	・소통&공감 화술, 발표기술(式事,강의,연설) ・감성리더십(몰입,포용,혁신)과 처세화법・행복한 인생경영・화력(말할꺼리, 전달력, 표현력)키우기・긍정화법	수(19:00~21:30) 토(10:00~13:00)
대학일반과정	・발표불안, 대인불안해소 및 자신감・화력키우기(나를 표현하라)・소통 및 공감화법・진로 및 취업코칭・자기소개서 및 면접・삶에 자신감 갖기	수(19:00~21:30) 토(14:30~16:00)
개인코칭과정	・성격개조(긍정, 적극, 창조적 성격)・트라우마 및 불안증 치유・PPT작성 및 PT・보이스 트레이닝・연설,강의,발표기술・방송인터뷰 및 면접&자소서	개인시간 맞춤
외부 출강 위탁 교육	・행복한 삶터를 위한 소통 공감법・감성리더십(몰입,포용,혁신)과 처세화법・4차산업혁명시대의 인생경영과 제2막 인생・당당하게 말하기 (화력키우기)・먹히는 감성 강의기법	
화상강의 스카이프 skype. daesung.com	무언가 갈급한데 저와 직접 대면이 쉽지 않으시죠? 그런 분들을 위해 직접 당장 시도할 수 있는 화상 상담 및 강의를 열어드립니다. ① 스피치 (발표불안, 발표기술, 자신감) ② 커뮤니케이션 (소통 대화기술) ③ 면접 (자소서, 모의면접 트레이닝) ④ 진로 및 인생 고민 등을 아래와 같은 방법으로 신청하면 스카이프(skype.daesung.com)화상으로 1:1로 가장 편리한 시간에 윤치영 화술박사와 직접 만나보실 수 있습니다.	

40권의 책을 쓴 윤치영 박사와 함께하는
YCY스피치독서밴드
읽기, 말하기, 쓰기로 창조적 인생경영

스피치(대화, 발표)를 잘하고 싶으세요? 독서를 통해 지적 수준을 높여야 합니다. 독서삼매경, 깨달음, 일신우일신의 기쁨을 함께합시다. 함께하면 멀리갈수 있습니다.

■ 매달 필독서와 선정도서에 관한 독후감, 깨달음, 명문장에 관한 글을 올리시고 꼬리글로 토론및 의견을 나눌 수 있습니다.

■ 40권의 책을 쓴 윤치영 화술박사의 독서프로그램은 책소개 하기, 필독서, 선정도서 읽기, 말하기(발표, 토론), 창조적 쓰기(自己化)에 관한 정보와 경험을 공유하고 나누는 밴드입니다.

■ 스피치독서 밴드 : https://band.us/n/a6a031C163v1i

■ 여건이 허락되는 분들은 offline 모임-〈YCY금요스피치독서〉에 참여할 수 있습니다. 매월 2회(1주, 3주 금요일 아침 or 오전 or 저녁) 편리한 시간을 택해 필독서〈지적 대화를 위한 넓고 얕은 지식(1,2,3권)〉와 선정도서〈매달 신간 1권〉을 읽고 독서토론, 독서발표, 스피치강의 순으로 진행됩니다.

구분	시간대별 진행 내용		
아침반	아침 6:30~7:00	아침 7:00~7:30	아침 7:30~8:30
오전반	오전 9:30~10:00	오전 10:00~10:30	오전 10:30~11:30
저녁반	오후 6:30~7:00	오후 7:00~7:30	오후 7:30~8:30
진행내용	등록 및 자율독서	독서토론	독서발표

1주 금요일은 필독서〈지적 대화를 위한 넓고 얕은 지식〉(1,2,3권)〉 - '역사, 경제, 정치, 사회, 윤리, 철학, 과학, 예술, 종교, 신비'순으로, 3주 금요일은 선정도서〈매달 신간 1권〉로 독서토론 및 독서발표, 스피치 강의 순으로 진행됩니다.

● 등록비 ('금요스피치독서 강좌'참여자에 한함) : 입회비(30만원), 년회비(30만원)

기통(氣通)-소통(疏通)-신통(神通)-인통(人通)-물통(物通)
FM교육방송스피치제작국 | 윤치영YCY스피치
대전시 서구 대덕대로 242길15(둔산2동 1352번지) / 둔산의 아침빌딩 703호
010-2521-4700

사람들 앞에서 당당하게 말하기

지은이 : 윤치영 화술박사
초판인쇄 : 2020년 03월 15일
초판발행 : 2020년 04월 15일
펴낸곳 : 도서출판 **영혼의 숲**
펴낸이 : 허광빈
편집디자인 : 추혜인
편집실 : 서울 중구 퇴계로 45길 31-15
주 소 : 서울 서대문구 세검정로 61-45
전 화 : 02) 2269-9885
모바일 : 010-5717-6440
팩 스 : 02)2269-9885
E-mail : booksyhs@naver.com
ISBN : 979-11-965145-2-5 (03040)
가격 : 15,000원

※ 이 책의 저작권은 저자와 도서출판 영혼의 숲에 있습니다.
　무단전재와 복재를 금하며 파본은 교환해 드립니다.

이 도서의 국립중앙도서관 출판예정도서목록(CIP)은 서지정보유통지원시스템 홈페이지(http://seoji.nl.go.kr)와 국가자료종합목록시스템(http://www.nl.go.kr/kolisnet)에서 이용하실 수 있습니다.
(CIP2020011550)